AF547647

Nina Friedrich

Ninas zauberhafter Reiseführer

Der unabhängige Wegweiser für Menschen & Mäuse nach Disneyland® Paris

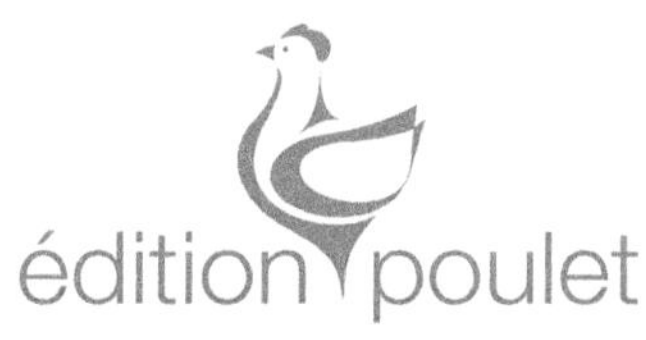

édition poulet

Bibliografische Information der Deutschen Nationalbibliothek: Die Deutsche Nationalbibliothek verzeichnet diese Publikation in der Deutschen Nationalbibliografie; detaillierte bibliografische Daten sind im Internet über www.dnb.de abrufbar.

Verlag: Édition Poulet, Darmstadt 2023
Herstellung: BoD – Books on Demand, Norderstedt
Fotos: Édition Poulet e.K.
Grafiken: Torsten Friedrich
Satz / Gestaltung: Torsten Friedrich

ISBN-Print: 978-3-9821112-7-8

ISBN-E-Book: 978-3-9821112-8-5

Haftungsbeschränkung und Haftungsausschluss

Die Autorin hat sich nach besten Kräften bemüht, diesen Reiseführer in der vorliegenden Form zu erstellen. Die Autorin übernimmt keine Gewähr für die Richtigkeit oder Vollständigkeit des Inhalts dieses Buches und lehnt insbesondere jegliche stillschweigende Gewährleistung der Marktgängigkeit oder Eignung für einen bestimmten Zweck ab und haftet in keinem Fall für Gewinnverluste oder Schäden, einschließlich, jedoch nicht beschränkt auf, Folgeschäden oder andere, spezielle und zufällig eintretende Schäden. Bitte lesen Sie vor dem Betreten der beschriebenen Attraktionen alle Schilder und die Allgemeinen Geschäftsbedingungen. Angegebene Preise sind annähernd und schwankend.

Inhalt

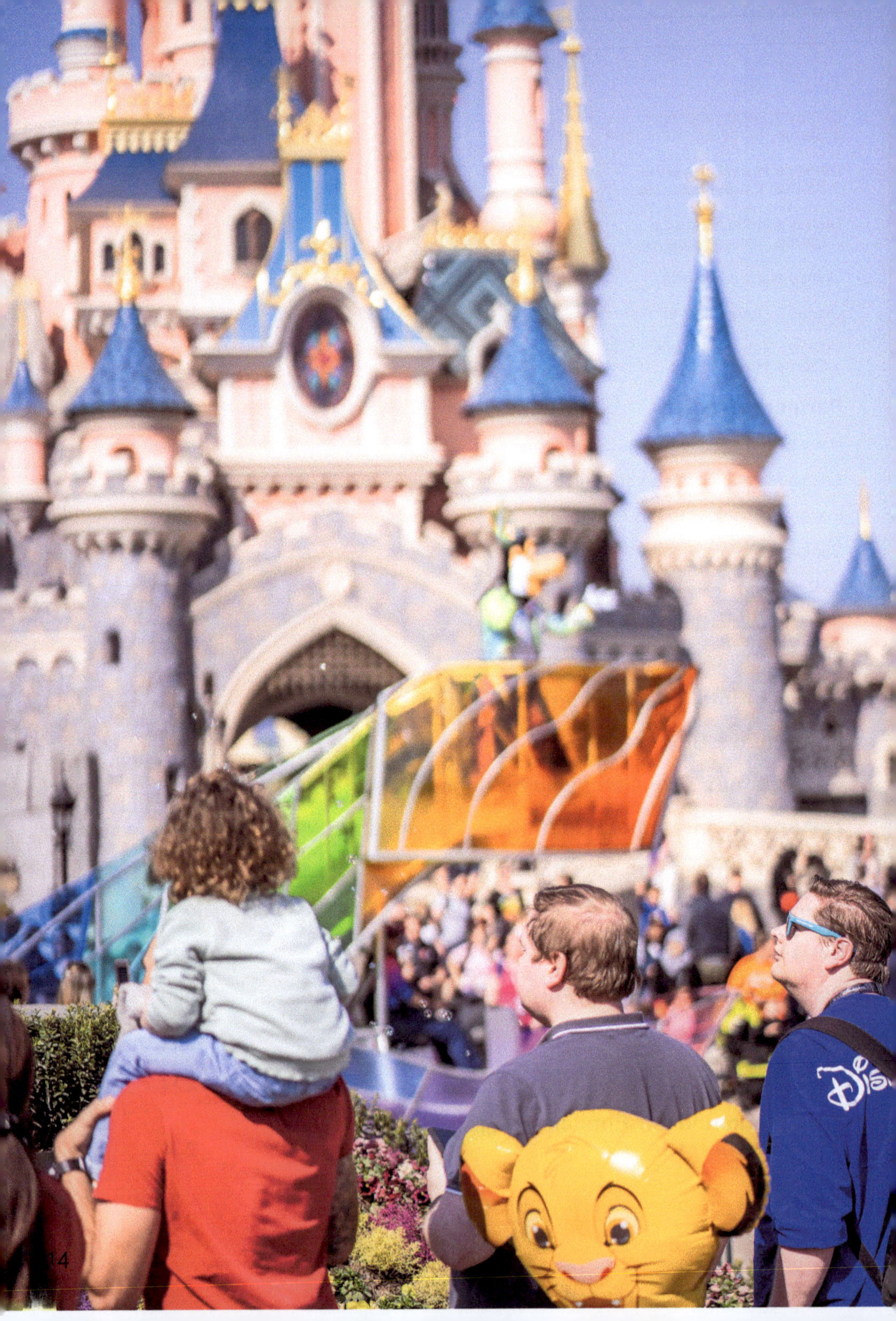

Disneyland® Resort Paris – Micky Maus vor den Toren von Paris

Herzlich willkommen in der wahr gewordenen Phantasiewelt von Disney® – taucht ein in die perfekte Illusion!

Wer dem grauen Alltag entfliehen möchte, ist in Disneyland® Resort Paris genau richtig. Hier kann man Heldinnen und Helden aus der Kindheit wiedersehen und neue kennenlernen – von Dornröschen über Kapitän Hook und von Winnie Pooh bis Buzz Lightyear warten unzählige Disneycharaktere in und um die Parks herum darauf, entdeckt zu werden!

Als ganzheitliches Erlebnis aus Themenparks und umfangreichen Freizeitmöglichkeiten bietet das Resort seinen Gästen weit mehr als reines Freizeitparkvergnügen. Tretet ein und lasst Euch von der Magie verzaubern!

Entstehungsgeschichte Disneyland® Resort Paris

Bereits 1976 gab es erste Gespräche über die Errichtung eines Disney®-Themenparks in Europa, doch erst sechzehn Jahre später, am 12. April 1992, war es soweit: *Euro Disney®* öffnete in der Pariser Peripherie seine Pforten.[1]

Nachdem bereits 1985 die grundsätzliche Entscheidung für die Errichtung eines Disney®-Themenparks in Europa gefällt wurde, musste zunächst die Standortfrage geklärt werden. Aus immerhin 1.200 denkbaren Standorten wurde die Auswahl schließlich auf drei eingeschränkt – zwei spanische Standorte traten in Konkurrenz zu Paris. Die Wahl fiel bekanntermaßen auf Paris, was hauptsächlich an der zentralen Lage und der deutlich vorteilhafteren Infrastruktur lag.[2]

1 Vgl. Eisner, Michael D., Disney ist jeden Tag ein Abenteuer, Wilhelm-Heyne-Verlag GmbH & Co. KG, München, 1999, S. 315ff.

2 Vgl. Eisner, Michael D., Disney ist jeden Tag ein Abenteuer, Wilhelm-

1987 schließlich erwarb der Disney®-Konzern in Marne-la-Vallée ein knapp zwanzig Quadratkilometer großes Areal. Hier entstand innerhalb von fünf Jahren *Euro Disney®*, der erste (und bis heute einzige) Disney®-Themenpark in Europa. Zum Eröffnungszeitpunkt 1992 umfasste Euro Disney® neben dem ersten Themenpark bereits sechs Hotels, die Ranch, Freizeitmöglichkeiten und umfangreiche Wirtschaftsgebäude. Schon damals gab es Planungen zum Bau eines zusätzlichen Themenparks, der jedoch erst 2002 seine Tore öffnete.[3]

Wenngleich Euro Disney® überwiegend nach amerikanischem Vorbild gestaltet wurde, finden sich viele französische Elemente im Park. So sprechen die Figuren in vielen Attraktionen Französisch, Shows sind in der Regel zweisprachig.

Aus Marketinggründen wurde Euro Disney® 1994 in *Disneyland® Paris* umbenannt – auch wenn sich die Bezeichnung Euro Disney® nachhaltiger eingeprägt hat als dies den Verantwortlichen lieb sein dürfte.

Im Zuge der Eröffnung des Walt Disney Studios® Park 2002 wurde aus *Disneyland® Paris* schließlich *Disneyland® Resort Paris*. Damit zog Europa mit den Themenparks in Amerika und Japan gleich, die allesamt bereits den Zusatz *Resort* trugen. Im alltäglichen Sprachgebrauch wird auf de Zusatz *Resort* jedoch weitgehend verzichtet.[4]

Heyne-Verlag GmbH & Co. KG, München, 1999, S. 315ff.

3 ebd.

4 ebd.

Wirtschaftliche Situation

Der Disney®-Konzern war aufgrund hervorragender Gewinnprognosen mit großen Erwartungen in das Europageschäft gestartet. Jedoch blieben die tatsächlichen Ergebnisse von Anfang an deutlich hinter den prognostizierten Einnahmeerwartungen und Gewinnen zurück.

Nicht zuletzt negative mediale Berichterstattung über zu hohe Preise und geringe Auslastungsquoten sowie die ein oder andere Fehleinschätzung seitens der amerikanischen Verantwortlichen bezüglich des europäischen Marktes hatten in den Anfangsjahren des Parks zu ernsthaften finanziellen Problemen geführt. Der Disney®-Mutterkonzern The Walt Disney Company entschied sich daraufhin zu drastischen Schritten, um den Park zu retten: So wurden zunächst die bereits begonnenen Planungen zum Bau des zweiten Parks nach dem Vorbild der MGM-Studios vorerst eingestellt; außerdem wurden zur Deckung der drängendsten Verbindlichkeiten Finanzhilfen seitens des Mutterkonzerns zur Verfügung gestellt. Dieser war jedoch zu weiterer finanzieller Unterstützung zunächst nicht bereit. In Zusammenarbeit mit den an der Finanzierung des Parks maßgeblich beteiligten Banken wurde schließlich ein Maßnahmenplan zur Rettung des Themenparks beschlossen und umgesetzt.

Nur zwei Jahre nach der Eröffnung des Parks entschied man sich im Rahmen dieses Maßnahmenplans für einen Imagewandel: Flankiert von einer Umbenennung des Themenparks in Disneyland® Paris (das finanziell geprägte Wort Euro wurde gestrichen) wurden die Preise für Eintritt, Übernachtungskosten sowie Verpflegung gesenkt. Diese Maßnahmen führten schließlich zu einem Ende der negativen Berichterstattung und zu einem deutlichen Anstieg der Besucherzahlen.

Dennoch rutschte der Themenpark mit Ausnahme weniger Jahre mit ausgeglichenen Bilanzen immer wieder in die roten Zahlen.[5] Zudem belasteten finanzielle Altlasten aus den Anfangsjahren nach wie vor die Bilanzen.

5 Vgl. Eisner, Michael D., Disney ist jeden Tag ein Abenteuer, Wilhelm-Heyne-Verlag GmbH & Co. KG, München, 1999, S. 315ff.

Durch den Rückkauf aller im Umlauf befindlichen Aktien übernahm der Mutterkonzern 2017 schließlich vollständig das Ruder. Aus Übersee wurden umfangreiche finanzielle Mittel bereitgestellt, um die damals nicht nur im Hinblick auf das 25-jährige Parkjubiläum dringend notwendigen Renovierungsarbeiten im gesamten Park durchführen zu können.

Der amerikanische Mutterkonzern setzte voll auf das Jubiläum, das 2017 begangen wurde und ein solch großer Erfolg war, das ein ganzes Jahr lang gefeiert wurde.[6]

Die nach Aussagen von Parkverantwortlichen „größte Touristenattraktion Europas"[7] hat es zuletzt hervorragend durch die schwere Zeit der weltweiten Corona-Pandemie geschafft, so dass trotz pandemiebedingter Schließungen umfangreiche Investitionen getätigt wurden. Mit viel Pomp wurde mittlerweile sogar schon der 30. Geburtstag des Resorts im Jahr 2022 gefeiert - ebenfalls ein ganzes Jahr lang. Im Jubiläumsjahr konnte Disneyland Paris satte 15 Millionen Gäste willkommen heißen.

Ausblick

Durch die Investitionen des Mutterkonzerns wurden in den vergangenen Jahren einige Veränderungen in den Parks vorgenommen. Der große Paukenschlag wurde im Laufe des Geburtstagsjahres 2017 mit dem Bau dreier neuer Themenländer verkündet: Bis 2025 sollen die Publikumsmagneten *Marvel*, *Star Wars™* und *Die Eiskönigin* jeweils ein eigenes Themenland erhalten, das in den Walt Disney Studios® Park integriert (Marvel) bzw. angegliedert (Star Wars™ und Die Eiskönigin) wird.[8] Der

---

6 Vgl. Eisner, Michael D., Disney ist jeden Tag ein Abenteuer, Wilhelm-Heyne-Verlag GmbH & Co. KG, München, 1999, S. 315ff.

7 Eisner, Michael D., Disney ist jeden Tag ein Abenteuer, Wilhelm-Heyne-Verlag GmbH & Co. KG, München, S. 341

8 https://news.disneylandparis.com/de/2018/02/27/disney-kuendigt-mehrjaehriges-erweiterungsprojekt-fuer-disneyland-paris-an/ Artikel vom 27.02.2018

Marvel-Themenbereich eröffnete bereits 2022; die Fertigstellung von *Arendelle* bzw. das Frozen-Themenland ist für 2024/25 geplant. Dreh- und Angelpunkt wird hierbei ein See sein, dessen Befüllen bis zu sechs Monate dauern soll. Für das Star Wars™ -Themenland ist bislang kein genauer Zeitplan bekannt.

Neben den Erweiterungsmaßnahmen in Walt Disney Studios® Park sollen zusätzliche Hotels sowie ein neues Convention Center entstehen. Außerdem wird Disney Village®, der Entertainment-Bereich des Resorts, erweitert. Hier sind die Baumaßnahmen bereits in vollem Gang.

Wegweiser durch das Disneyland® Resort Paris

Das Disneyland® Resort Paris ist zwar ein Freizeitpark, aber doch weit mehr: In den beiden Themenparks *Disneyland® Park* sowie *Walt Disney Studios® Park* gibt es insgesamt rund 60 Attraktionen, die eine bunte Mischung aus thematisierten Achterbahnen, familientauglichen Fahrgeschäften und Walk In-Attraktionen, Wasserattraktionen sowie Paraden und Shows darstellen. Ergänzt wird das Angebot in den beiden Parks durch den Entertainmentbereich *Disney Village®* und sechs angeschlossene, zum Resort gehörende Hotels und eine Ranch.

In unmittelbarer Nähe befindet sich außerdem das *Villages Nature® Paris*, ein Ferienpark mit fünf Erholungswelten, der in Zusammenarbeit mit Center Parcs entstanden ist.

In Val d'Europe, das sich an das Resort-Gelände anschließt, gibt es eigenständige Partnerhotels sowie eine Shopping-Mall mit einer Vielzahl an Boutiquen und Restaurants. Abgerundet wird das dortige Angebot von einem Aquarium der Sea Life-Gruppe.

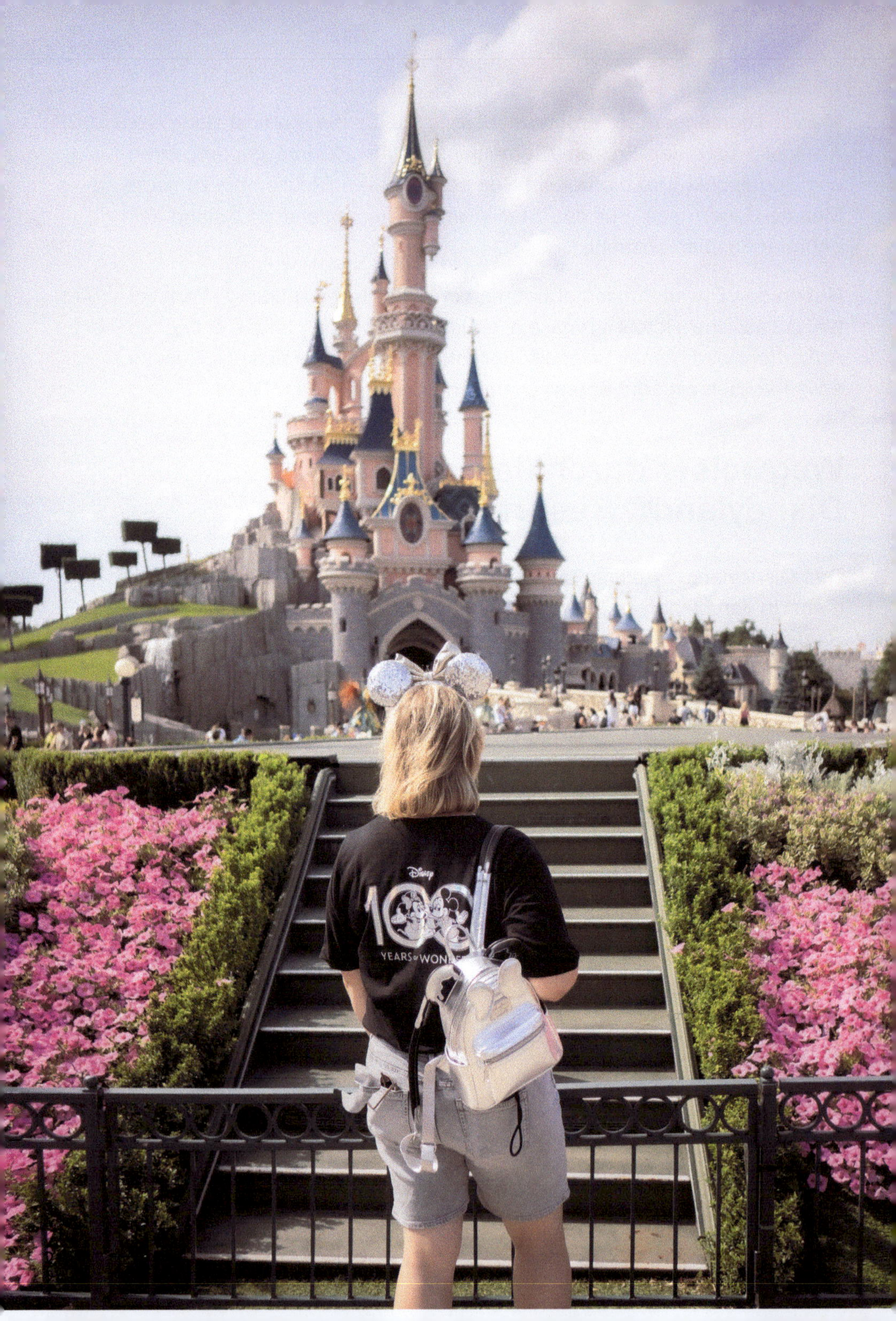
Disney

Disneyland® Park

Disneyland® Park ist der zuerst erbaute und in seiner Konzeption ursprünglichste der beiden Parks. Mit den fünf Themenländern *Main Street U.S.A.®, Frontierland, Adventureland, Fantasyland®* und *Discoveryland* bietet dieser Park ein vielfältiges Angebot an Attraktionen, Shops und Restaurants. An jeder Ecke gibt es liebevoll gestaltete Details und Elemente zu entdecken, die entweder direkt oder indirekt in Zusammenhang mit Disney®-Filmklassikern stehen, sei es in Form von Attraktionen und Musik oder Gestaltung und Dekoration. Diese Details erstrecken sich, so weit das Auge reicht: Lampen, Zäune und Pfosten, Fliesen, Tapeten und Dächer sind immer individuell gestaltet und thematisch passend. Angrenzende Gebäude greifen Elemente nahegelegener Gebäude oftmals auf.

Um den Disneyland® Park komplett zu entdecken, reicht ein einziger Tag bei Weitem nicht aus. Plant also mindestens zwei, besser drei Tage für den Park ein. Und kommt einfach wieder!

Main Street U.S.A.®

Wer den Eingangsbereich passiert hat, erblickt zunächst die *Main Street Station*, den Bahnhof der parkeigenen Eisenbahn. Der Bahnhof ist oft saisonal speziell dekoriert und versetzt Gäste schon ins Staunen, bevor sie den Park überhaupt richtig betreten haben.

Das nächste Highlight folgt direkt: Schon von Weitem ist das *Dornröschen-Schloss* zu sehen, das in der Häuserschlucht der *Main Street U.S.A.®* hervorragend zur Geltung kommt.

Die Main Street U.S.A.® selbst empfängt Gäste mit dem Charme einer amerikanischen Kleinstadt der viktorianischen Ära zum Ende des 20. Jahrhunderts. Hinter mit viel Liebe zum Detail gestalteten Häuserfassaden verstecken sich links und rechts Boutiquen und (Schnell-)Restaurants, die zum Shoppen und Schlemmen einladen.

Die *Central Plaza* an einem Ende der Main Street U.S.A.® ist Dreh- und Angelpunkt des Parks und verbindet die fünf Themenländer miteinander. Sie befindet sich vor dem Schloss und bildet das Gegenstück zum *Town Square* unterhalb des Bahnhofs, gut erkennbar auch am Gasometer. Zur Weihnachtszeit wird dort der riesige Weihnachtsbaum aufgebaut.

Fun Facts: Die Gestaltung der Main Street U.S.A. beruht auf den nostalgischen Erinnerungen Walt Disneys an seine Heimatstadt Marceline in Missouri, USA. Die Häuser sind in einem verkleinerten Maßstab aufgebaut, damit Gäste schnell viel entdecken können, ohne eine große Strecke laufen zu müssen. Durch den kleinen Maßstab erscheint zudem alles viel lieblicher und phantastischer und markiert den Unterschied zwischen der perfekten Illusion innerhalb und der realen Welt außerhalb des Parks.

Links und rechts des Hauptweges befinden sich etwas verborgen die beiden Arkaden *Liberty Arcade* und *Discovery Arcade,* die mehr bieten, als sich auf den ersten Blick vermuten lässt: Mit direktem Zugang zu einigen Shops und Restaurants dienen sie auch als Fluchtmöglichkeit vor unangenehmem Wetter oder den Besuchermassen – und das bei aufwändig verzierten Wänden und detailverliebt gestalteter Inneneinrichtung.

Das Interieur der *Discovery Arcade* ist im retro-futuristischen Stil gehalten und den Visionären der letzten Jahrhunderte gewidmet. So finden sich hier unter anderem Werke von Leonardo Da Vinci und Gustave Eiffel wieder. Die *Liberty Arcade* huldigt der Freiheit (Liberty), die sich europäische Auswandernde in ihrer neuen Heimat Amerika erhofften. Der New Yorker Freiheitsstatue, die wie kaum etwas anderes den amerikanischen Traum symbolisiert, ist in der Arkade sogar eine Walk In-Attraktion gewidmet.

Mithilfe des sogenannten *Forced Perspective-Effekts* erscheint das Schloss beim Betreten des Parks durch die sich ausweitenden Häuserfassaden weiter entfernt, als auf dem Weg vom Schloss zum Ausgang, obwohl die Strecke natürlich dieselbe ist. Wie lange man auf dem Weg nach draußen tatsächlich braucht, hängt natürlich auch davon ab, wie viel Zeit man für den abendlichen Einkaufsbummel in den fantastischen Shops der Main Street U.S.A. benötigt.

FUN FACT: Fünf Kopien der Freiheitsstatue finden sich übrigens verteilt in Paris. Bei einem Trip in die Pariser Innenstadt stehen die Chancen daher gut, die eine oder andere davon zu entdecken.

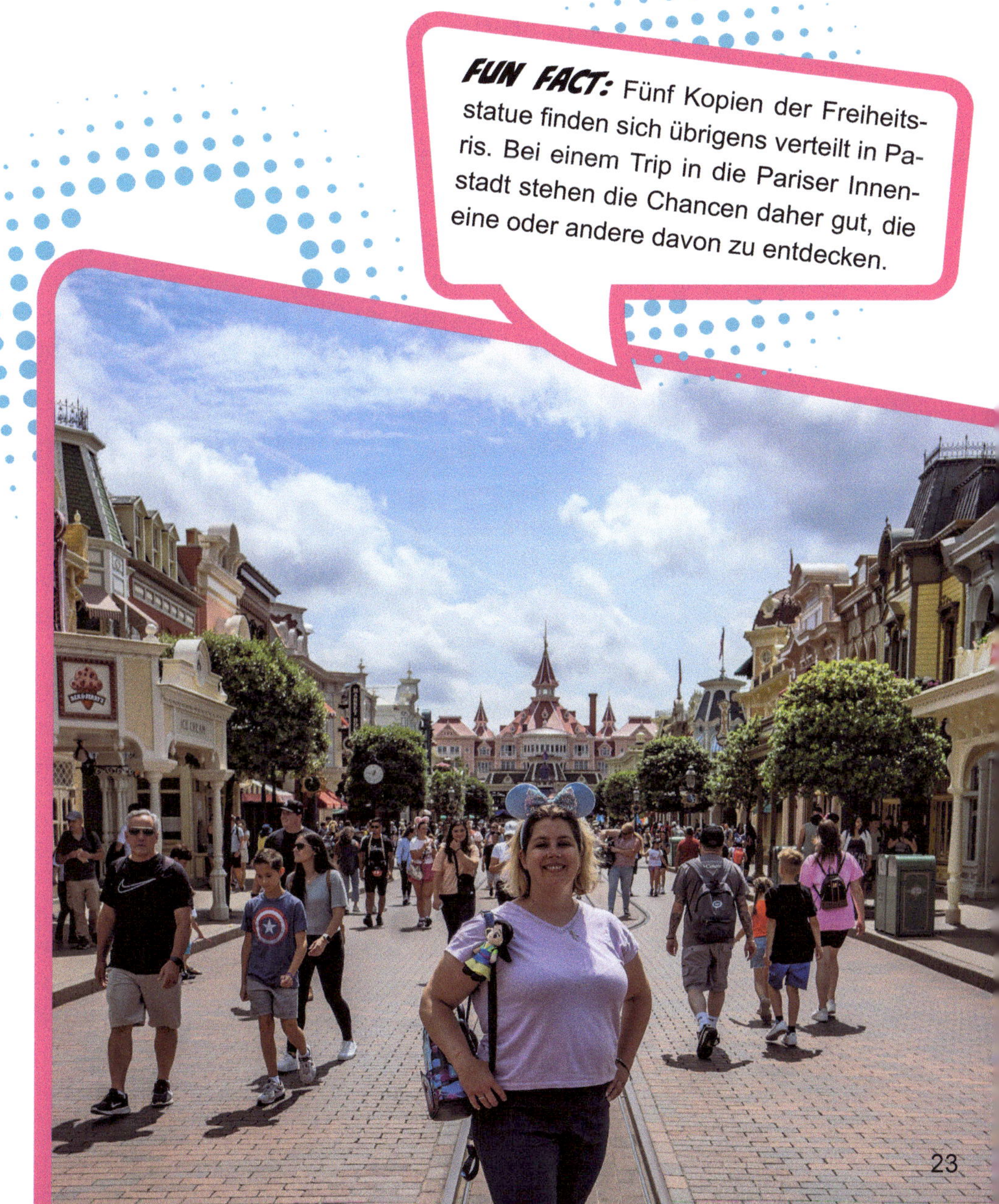

Attraktionen

Disneyland Railroad – Main Street Station

Die *Disneyland Railroad* ist ein Dampfzug, in dem Gäste in seitlich offenen Waggons rund um den Disneyland® Park herumfahren können. Vom Zug aus kann man einen Blick in und hinter die Kulissen werfen: Zwischen Main Street U.S.A.® und Frontierland bekommen Fahrgäste einen Einblick in den Grand Canyon mit seiner vielfältigen Tierwelt. Zwischen Frontierland und Fantasyland® fährt man an der Attraktion *Indiana Jones™ and the Temple of Peril* vorbei und kann in die Attraktion *Pirates of the Caribbean* hineinschauen – mit Blick auf Jack Sparrow. Zwischen Fantasyland® und Discoveryland wiederum fährt der Zug durch die Kulissen von *It's a small world* — Winken nicht vergessen.

FUN FACT: Am gusseisernen Geländer des Bahnhof findet sich ein Hinweis auf den früheren Namen des Parks: Die Initialen *EDRR stehen für Euro Disney® Rail Road.*

Der Bahnhof *Main Street Station* ist der Hauptbahnhof des Parks. Eine komplette Runde dauert mit Stopps an allen Stationen ungefähr 30 Minuten. Selbstverständlich ist der Ausstieg an jeder Station möglich – bei all den spannenden Sachen ist es nur zu verständlich, wenn der Entdeckungsdrang unterwegs zu groß wird.

Diese Attraktion erfordert keine Mindestgröße.

Tipps: Gäste, die den Park das erste Mal besuchen, sollten unbedingt eine Fahrt mit der Disneyland Railroad einplanen und eine vollständige Runde fahren. Mit diesem Fortbewegungsmittel gewinnt man einen guten Eindruck über die Ausmaße des Parks und kann nebenbei die Füße schonen. Am besten steigt man direkt im Bahnhof *Main Street Station* in den Zug ein, da es hier in der Regel die meisten freien Plätze gibt.

Fun Fact: Walt Disney war zeitlebens ein riesiger Fan von (Modell-)Eisenbahnen. Aus seiner Kindheitsleidenschaft wurde ein lebenslanges Hobby, durch das er sich zur Errichtung der Eisenbahn im Disneyland® Resort Anaheim inspirieren ließ.[9]

Main Street Vehicles & Horse-Drawn Streetcars

Es ist ein besonderes Erlebnis, wenn man in einem der unterschiedlichen Fahrzeuge (Paddy Wagon, Omnibus, Fire Truck, Limousine, Horse-Drawn Streetcars) vom Town Square bis zur Central Plaza bzw. von der Central Plaza zum Town Square *kutschiert* wird.

Dort ist die nur wenige Minuten dauernde Fahrt jeweils zu Ende und die Fahrgäste werden in den Trubel vor dem Schloss bzw. der *Main Street Station* entlassen. Abfahrt ist an den jeweiligen Haltestellen.

Tipp: Die außergewöhnlichsten Exemplare unter den Fahrzeugen sind sicherlich die *Horse-Drawn Streetcars,* die von einem echten Pferd (mit Namensschild) gezogene Straßenbahn. Solange sich die Besuchermassen im Rahmen halten, verkehrt sie zwischen Town Square und Central Plaza. Fahrgäste werden zurück in die Zeit versetzt, als es noch keine elektrisch betriebenen Straßenbahnen gab, und kommen in den Genuss der entschleunigten Fortbewegung.

Die *Main Street Vehicles Horse Drawn Streetcars* operieren hauptsächlich vormittags.

Diese Attraktion erfordert keine Mindestgröße.

9 Vgl. https://de.wikipedia.org/wiki/Carolwood_Pacific_Railroad (Stand 07/2019)

City Hall

Die *City Hall* ist keine Attraktion im klassischen Sinne, sondern so etwas wie das Rathaus des Parks. Hier kann man Reservierungen für Restaurants vornehmen, erhält Priority Cards, kann Feedback hinterlassen, nach Fundsachen fragen und vieles mehr. Außerdem bekommt man dort Buttons für Geburtstagskinder (nach Verfügbarkeit).

Statue of Liberty Tableau

Etwas versteckt in der Liberty Arcade befindet sich eine Walk In-Attraktion der besonderen Art: Hinter einem Vorhang aus rotem Samt versteckt, kann man an der Einweihungszeremonie der New Yorker Freiheitsstatue teilnehmen. Originalbilder und -töne versetzen Gäste in das Jahr 1886 zurück, als die beiden Länder Frankreich und Amerika durch die Schenkung der Freiheitsstatue ihre Freundschaft besiegelten.

Dapper Dan's Hair Cuts

Men Only – in *Dapper Dan's Hair Cuts*, einem Barbershop, können Männer eine Auszeit der besonderen Art genießen. In dem stilecht eingerichteten Laden bekommen Kunden einen neuen Haarschnitt verpasst und können sich auf traditionelle Weise rasieren lassen.

FUN FACT: In ruhigen Momenten kann man oberhalb des Barber-Shops Steppschritte aus den Räumen der Stepptanz-Schule hören.

Die Leistungen sind kostenpflichtig. Leider sind Terminvereinbarungen nicht möglich. Die Öffnungszeiten sind (ohne Gewähr) Dienstag bis Samstag 10.30 Uhr bis 12.30 Uhr sowie 14.00 Uhr bis 17.00 Uhr.

Neben dem Haupteingang befindet sich ein weiterer Eingang zum Barbershop in der Ecke des riesigen Souvenirladens *Emporium*.

Restaurants

Walt's – An American Restaurant (À-la-carte-Restaurant)

Als Hommage an den Vater von Micky Maus dient das *Walt's – An American Restaurant*, das beste Lokal am Platz in zentraler Lage auf der Main Street U.S.A.®. Hier werden in noblem Ambiente klassische Gerichte (u.a. Brathuhn, Chili con Carne, Mac&Cheese) serviert. Teilweise sind die Speisen dekonstruiert angerichtet. Ein veganes Menu ist ebenfalls im Angebot.

Bereits der Empfangs- und Wartebereich im Erdgeschoss ist sehenswert: Dort stehen neben einem Klavier und einer echten Laterna Magica einige Repliken von Privataufnahmen der Familie Disney. Am Fuß der Treppe zum Gastraum, der sich im 1. Stock befindet, grüßt Walt in Form einer Büste. Die Wände des Treppenhauses zieren gerahmte Bilder der Filmklassiker.

Der Speiseraum ist in aufwändig dekorierte Erlebnisräume unterteilt, die von den Themenländern Fantasyland, Adventureland, Discoveryland und Frontierland sowie dem Disneyland Hotel und dem Grand Canyon beeinflusst wurden. Die Räume sind gleichermaßen sehenswert wie stilecht eingerichtet.

Das Menu kostet 55 Euro für Erwachsene (75 Euro mit Wein- und Champagnerbegleitung) sowie 30 Euro für Kinder.

Tipps: Von den Tischen am Fenster aus hat man einen einmaligen Blick auf das Treiben auf der Main Street U.S.A.®. Besonders zur Parade lohnt es sich, nach einem Tisch am Fenster zu fragen.

Der barrierefreie Zugang ist über einen historischen Fahrstuhl gewährleistet.

Fun Fact: Die Buttermarke *Beurre d'Isigny*, die im Restaurant serviert wird, hat eine nicht unbedeutende Verbindung zur Familie Disney, denn der Ort ist namensgebend für den Familiennamen des Vaters der Maus. Der Familienname *Disney* entstand durch die Auswanderung der Urahnen von Walt Disney, die aus dem normannischen Örtchen Isigny-sur-Mer stammen (d'Isigny) und von dort über Umwege nach Amerika ausgewandert sind. Die Butter wird bis heute in Isigny-sur-Mer produziert.

Plaza Gardens Restaurant (Buffetrestaurant)

Etwas zurückgesetzt auf der Central Plaza befindet sich das *Plaza Gardens Restaurant*. Durch die außergewöhnliche Architektur des Gebäudes mit dem hübschen Springbrunnen im Vorgarten kann man schnell den Eindruck gewinnen, als ob die Zeit im viktorianischen Zeitalter stehengeblieben wäre. Die Thematisierung ist auch im Innenbereich perfekt umgesetzt – mit Wandgemälden, die das Restaurant in verschiedenen Jahreszeiten zeigen, sowie einer beeindruckenden Glaskuppel und schweren Vorhängen aus Samt.

In diesem Ambiente bietet das *Plaza Gardens* Essen für jeden Geschmack und Hunger. Das Angebot reicht von zahlreichen Fleisch- und Fischgerichten über Pasta und Pizza sowie wirklich leckere Desserts. Das Buffet kostet 45 Euro für Erwachsene und 25 Euro für Kinder und beinhaltet ein Getränk.

Essen mit Figuren

Im *Plaza Gardens* wird Frühstück und Abendessen mit Disney®-Charakteren angeboten. Der Besuch verschiedener Figuren am Tisch und tolle Fotos sind garantiert, jedoch ist das Vergnügen nicht ganz billig. Das Frühstück kostet rund 40 Euro pro Person, das Abendessen 80 Euro für Erwachsene, 40 Euro für Kinder. Aber es lohnt sich!

Aufgrund des dauerhaft großen Besucherandrangs wird ganztägig eine Reservierung empfohlen; für das Frühstück mit Disney®-Charakteren muss zwingend vorab reserviert werden: Entweder direkt bei der Buchung oder ab drei Tage im Voraus über die Telefonnummer +33 160304050.

Es gibt zwei Frühstückszeiten: 8.15 Uhr und 9.45 Uhr.

Hinweis: Zwischen den beiden Frühstückszeiten wird das Restaurant komplett geleert. Daher ist die Zeit für das Frühstück begrenzt.

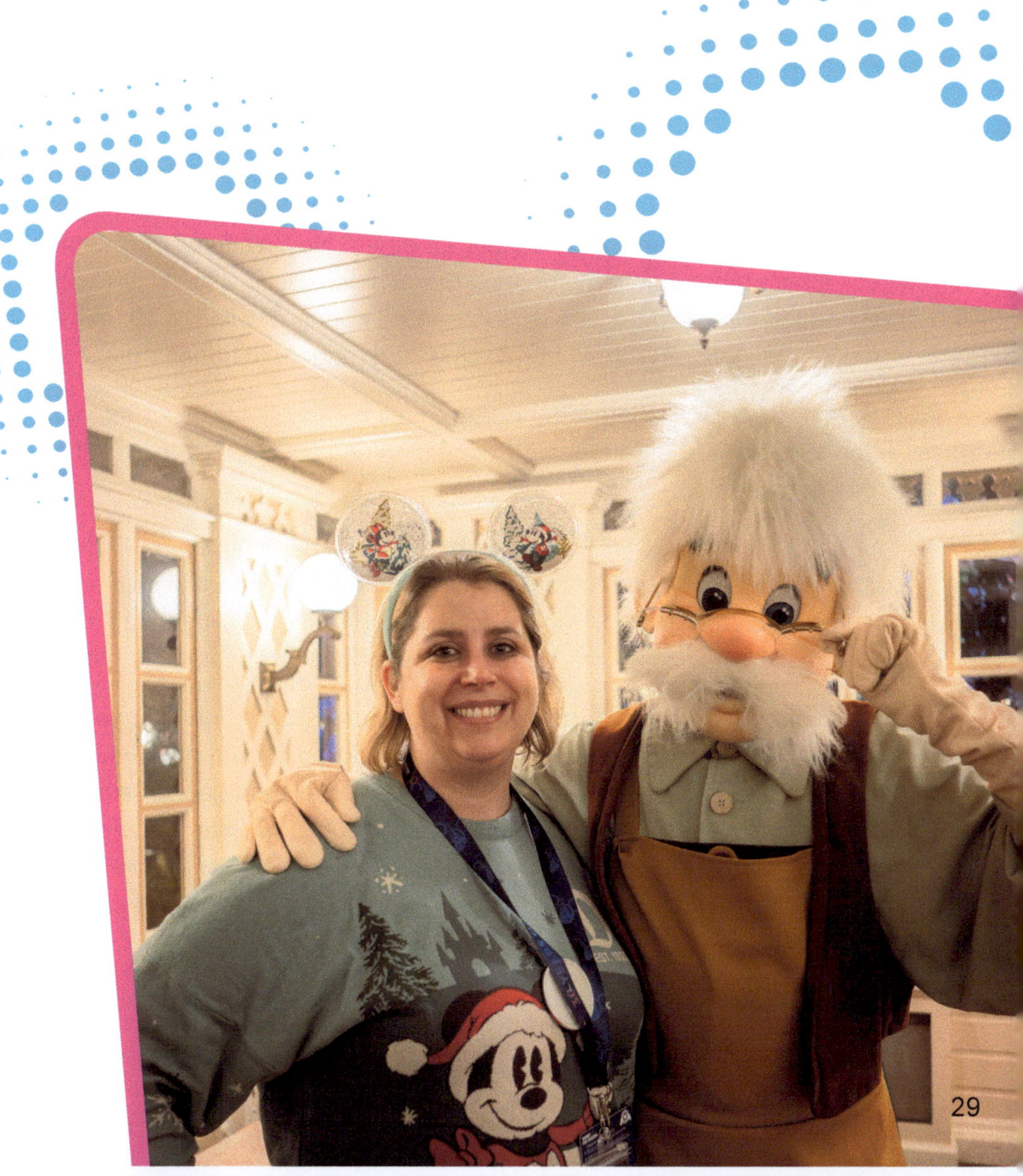

Casey's Corner (Schnellrestaurant)

In *Casey's Corner* dreht sich neben dem Essen alles um Baseball, den amerikanischen Nationalsport. Da Hot Dogs das klassische Essen in amerikanischen Baseball-Stadien sind, bietet das Schnellrestaurant fast ausschließlich Hot Dogs (ab 10 Euro) an, jedoch in verschiedenen Varianten. Das Restaurant ist mit unzähligen Baseball-Memorabilien früherer Baseball-Stars dekoriert.

Market House Deli (Schnellrestaurant)

Das *Market House Deli* bietet leckere Sandwichs wie den französischen Sandwichklassiker *Croque Monsieur* (Schinken und zerlaufener Käse), Wraps und Salat an. Das Interieur ist einem New Yorker Feinkostladen der 20er Jahre nachempfunden. Bei Klaviermusik werden die Gäste schnell in eine andere Zeit versetzt – und können vielleicht sogar nachempfinden, wie es sich im frühen New York angefühlt haben mag.

Besonders schön ist auch der Außenbereich – mit etwas Glück kann man dort einen Platz ergattern und die Stimmung der Main Street auf sich wirken lassen.

Das *Market House Deli* bietet ein kleines, aber feines Frühstück an. Für 7 Euro bekommt man ein Croissant oder ein pain au chocolat (Schokobrötchen) sowie einen kleinen Orangensaft und ein Heißgetränk nach Wahl. Der Café au lait ist besonders lecker.

Fun Fact: An einem der uralten Fernsprecher im *Deli* kann man den Telefongesprächen der Nachbarn aus den anderen Wohnungen lauschen, ganz so wie damals, als sich die Wohnungen eines Mietshauses einen Telefonanschluss teilten und man darauf warten musste, bis die Nachbarn fertig mit Telefonieren waren. Heute bietet sich das *Market House Deli* als perfekter Platz für *People Watching* an – und für die tägliche Parade.

Victoria's Home-Style Restaurant

Hinter *Victoria's Home-Style Restaurant* verbirgt sich ein kleines Café, das dem Speiseraum einer Pension nachempfunden wurde. Im Angebot sind neben saisonal wechselnden, oft zur Jahreszeit passende Snacks und Heißgetränken äußerst leckere Milkshakes sowie alkoholhaltige Getränke. Letzteres ist eine Besonderheit im Park.

Das *Victoria's Home-Style Restaurant* lädt zum Verweilen ein und ist immer gut besucht, was auch an der gemütlichen Inneneinrichtung liegt.

Fun Fact: Aus der Etage oberhalb des Speiseraums kann man Pensionsgäste hören, aber nur, wenn es nicht allzu laut ist.

The Gibson Girl Ice Cream Parlor

Als einzige Eisdiele im Disneyland® Park bietet der *Gibson Girl Ice Cream Parlor* Eisspezialitäten an – in diesem Fall das Eis von *Carte d'Or*. Insbesondere bei schönem Wetter bildet sich eine lange Schlange entlang der Main Street U.S.A.®, die den *Gibson Girl Ice Cream Parlor* schon von Weitem ankündigen. Aber das Warten lohnt sich.

Coffee Grinder Coffee Shop

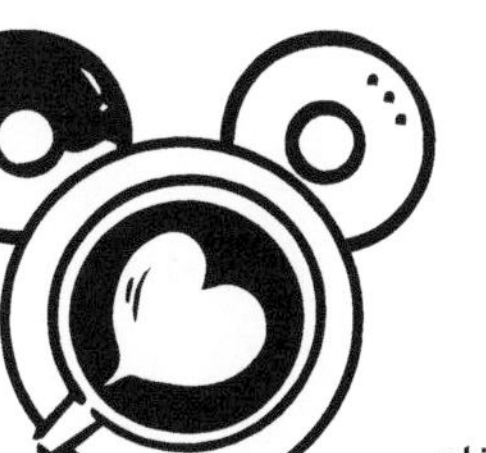

Wer auf der Suche nach Kaffee und süßen Snacks ist, wird im *Coffee Grinder Coffee Shop* fündig. Dort wird schon frühmorgens Kaffee ausgeschenkt – eine Seltenheit im Park.

Der Straßenverkauf ist insbesondere zur Frühstückszeit und während des Wartens auf Paraden sehr beliebt – leicht zu erkennen an der langen Schlange.

Cable Car Bake Shop

Der *Cable Car Bake Shop* entführt Gäste bei leckeren Süßigkeiten wie Muffins, Cupcakes, Cookies und Donuts sowie herzhaften Snacks nach San Francisco, der Heimat der legendären *Cable Cars*. Die Inneneinrichtung besticht nicht zuletzt durch die handgearbeiteten Glaslampen mit hübschem Mosaikmuster, die den Innenraum und die einzelnen Sitzbereiche erhellen. Zeichnungen an den Wänden erzählen die Geschichte der Cable Cars aus San Francisco.

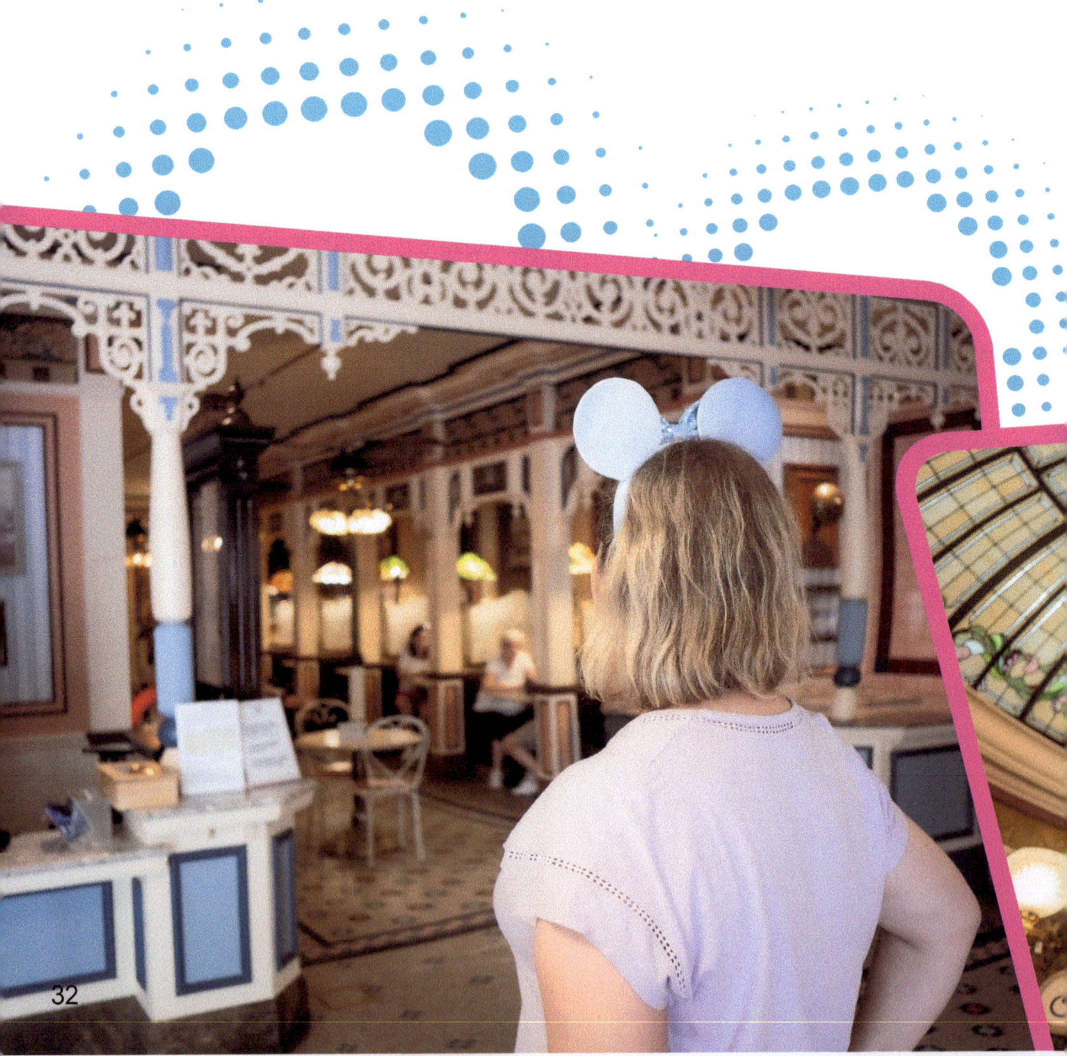

Best of Souvenirs / Shopping

Emporium – ein schier niemals endendes Angebot an Souvenirs, das sich über einen kompletten Block erstreckt. Weiter geht's mit *Lilly's Boutique* sowie *Disney® & Co.*

Harrington's – eine feine Auswahl an Figuren, Kunst und Schmuck – auch von Pandora®. Außerdem beherbergt Harrington's den Store *Disneyana Collectibles* mit Glaswaren, die individuell graviert werden können. Bemerkenswert ist die Kuppel, die sich über dem Kassenbereich erstreckt: Sie überträgt den Schall, so dass man sich über die Kassenbereiche hinweg unterhalten kann.

Ribbons & Bows Hat Shop / Bixby Brothers (am Town Square) führt Schmuck von Pandora, Disney-Haarreifen mit Ohren, Sammlerstücke von Loungefly und andere besondere Stücke.

NINAS TIPP

Ein kleiner Stand auf der Main Street bietet **CHAMPAGNER** an!

Viel romantischer geht es nicht mehr. Ein Glas Champagner (inkl. Souvenirglas) kostet 20 Euro, und lässt sich besonders gut zur Parade oder zum abendlichen Feuerwerk genießen.

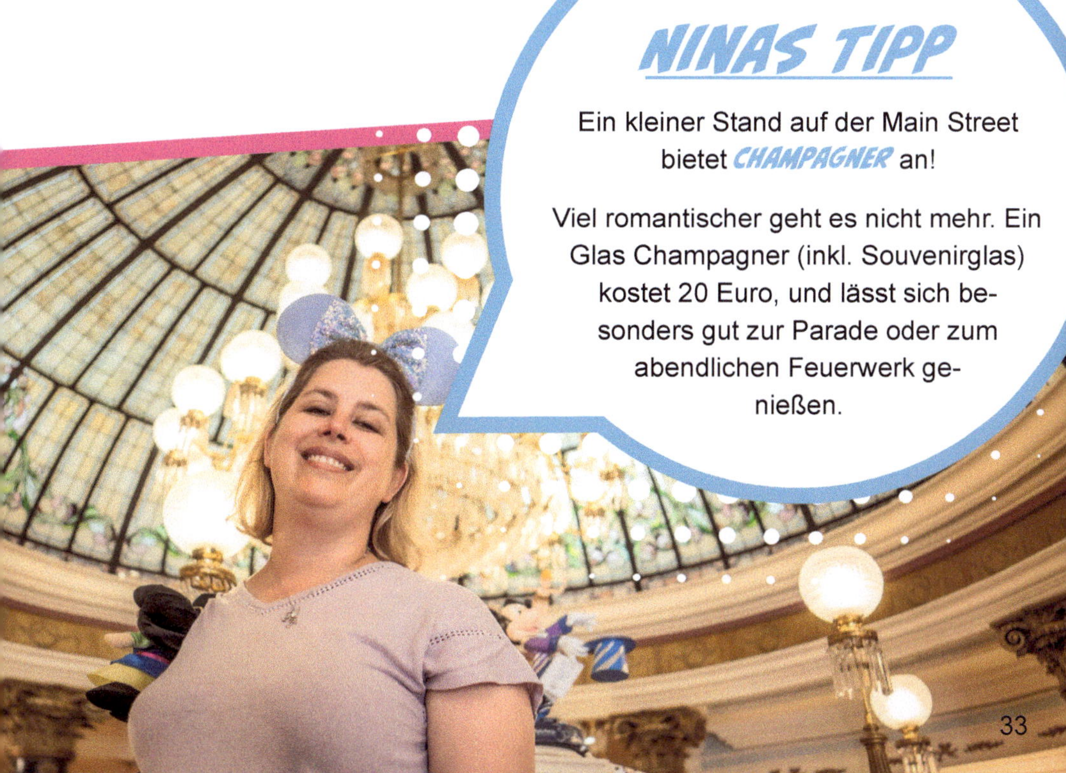

Wissenswertes

Wer genauer hinschaut, dem offenbaren die Häuserfassaden entlang der Main Street U.S.A.® nicht nur Hinweise auf die Familie von Walt Disney und Personen, die an der Entstehung des Parks beteiligt waren, sondern auch auf eine von Zeit zu Zeit rauchende Kaffeetasse, die Werbung für den *Coffey Grinder Coffee Shop* macht. Außerdem sind dort (fiktive) Geschäfte und Arztpraxen untergebracht. Wenn es nicht allzu laut ist kann man sogar hören, was dort gesprochen wird.

Tipp: Um Zeit und Weg zu sparen lohnt es sich, neben dem Ausgang der Liberty Arcade nach links bzw. rechts neben Casey's Corner in einen eher unscheinbaren Stollengang einzubiegen. Außer auf Cast Member trifft man dort in der Regel nur auf einen leeren Gang, der auf direktem Weg ins Frontierland und somit schneller zur Bergbahn *Big Thunder Mountain* führt. Also nichts wie los!

Baby Care Center (neben Plaza Gardens-Restaurant)

Im *Baby Care Center* ist alles für die kleinsten Gäste vorbereitet: Dort können Flaschen erwärmt, in Ruhe der Nachwuchs gefüttert oder Windeln gewechselt werden. Außerdem kann Babynahrung erworben oder einfach etwas Ruhe abseits des Trubels genossen werden.

Tipp: Babynahrung kann übrigens auch in vielen Restaurants selbst erwärmt werden (z.B. im *Chalet de la Marionette* und im *Fuente del Oro*) oder wird als Service erwärmt.

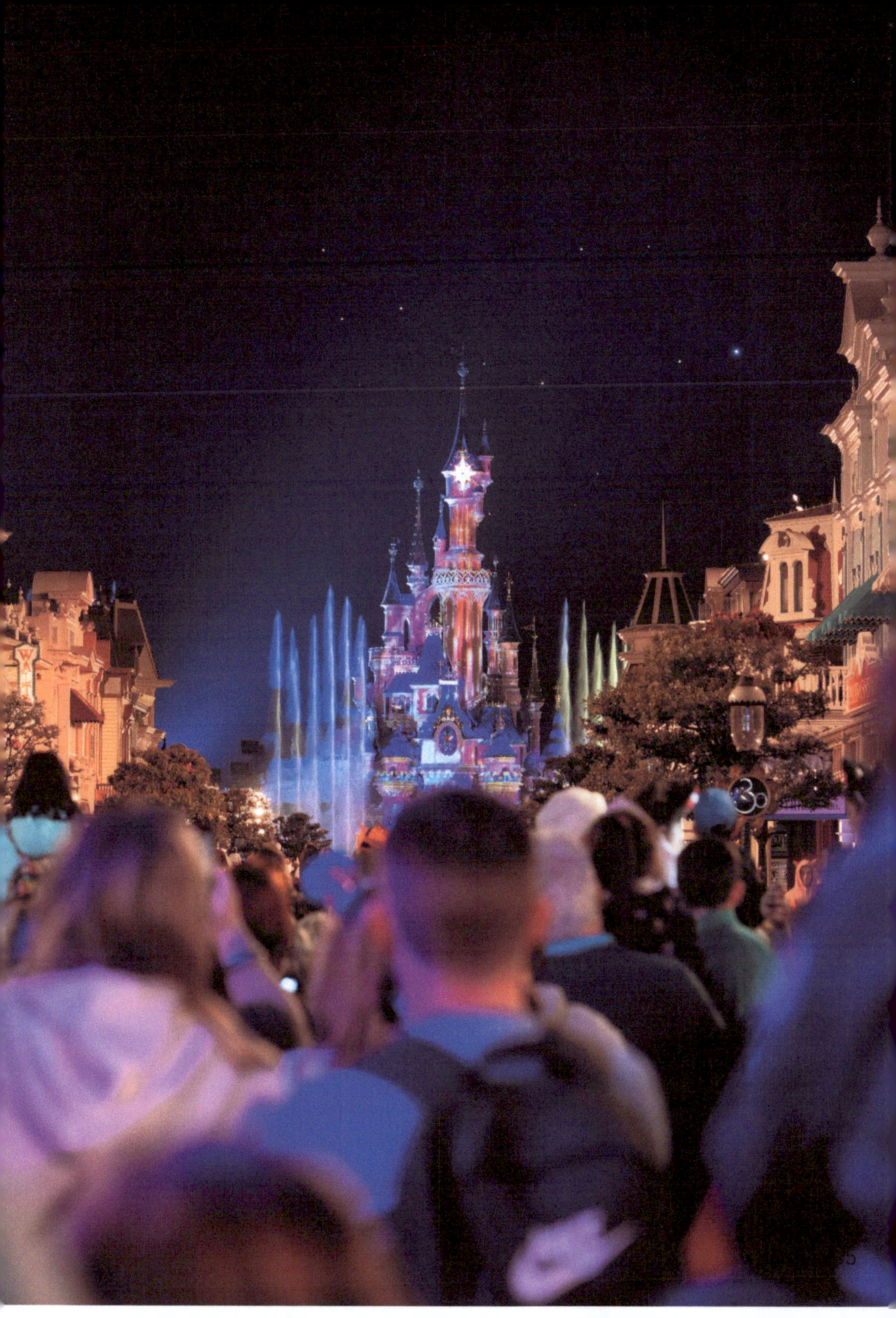

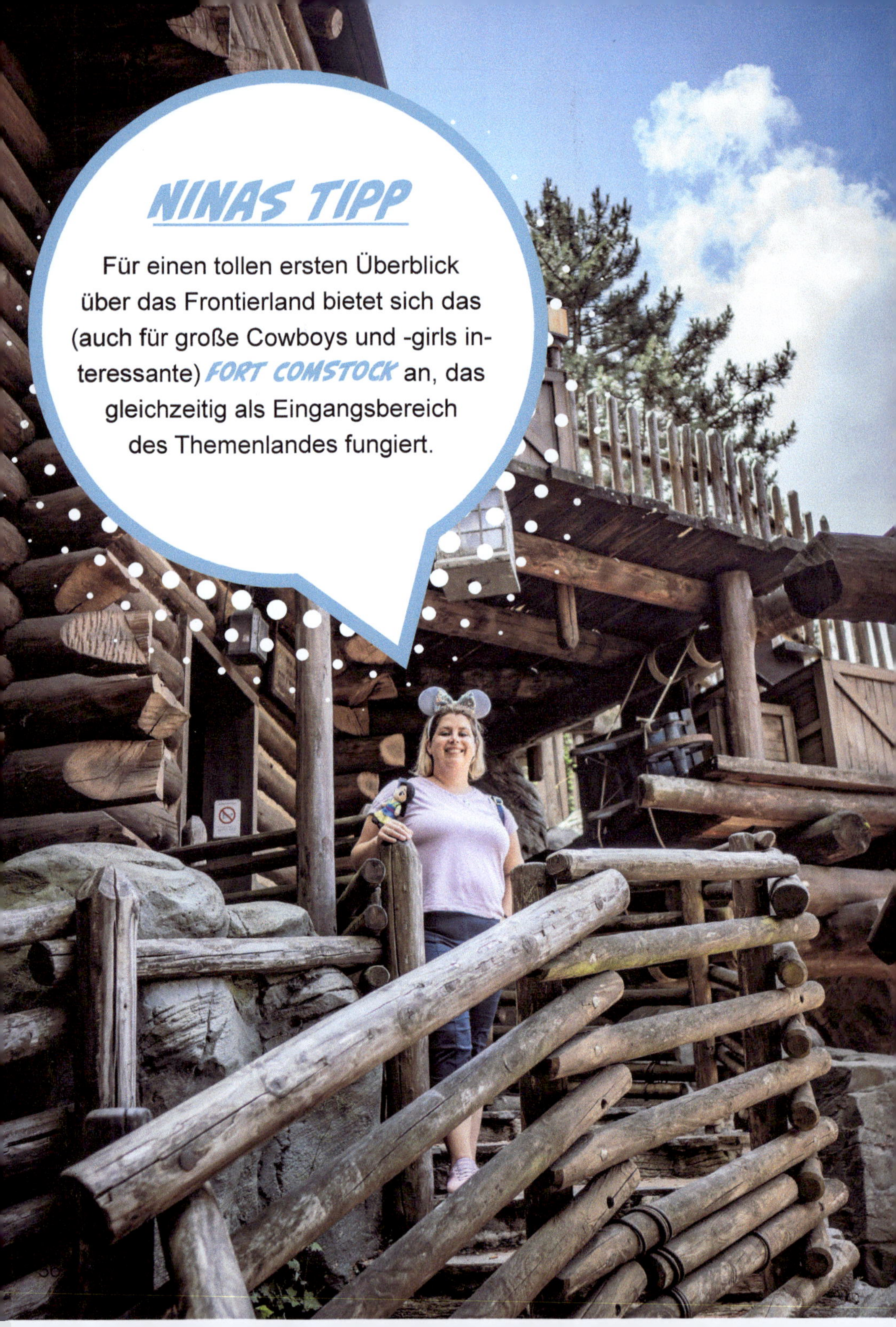
NINAS TIPP
Für einen tollen ersten Überblick über das Frontierland bietet sich das (auch für große Cowboys und -girls interessante) FORT COMSTOCK an, das gleichzeitig als Eingangsbereich des Themenlandes fungiert.

Frontierland

Im Frontierland wird man von Geistern und Cowboys in den Wilden Westen entführt! Die Goldrauschstimmung im Wild West-Städtchen *Thunder Mesa* ist allgegenwärtig und lädt zum Erkunden einer längst vergangenen Zeit ein.

Ein absolutes Muss ist eine Fahrt mit der Bergbahn *Big Thunder Mountain*, die Fahrgäste mit auf eine rasante Fahrt durch verlassene Bergwerksstollen nimmt. Vom Schicksal der bekanntesten Familie von Thunder Mesa, der Familie Ravenswood, sowie dem der Minenarbeiter nach Schließung der Minen kann man sich im Geisterhaus *Phantom Manor* überzeugen – und wenn zu guter Letzt genug Energie übrig ist, kann der Nachwuchs in *Frontierland Playground* die Legenden des alten Westens zu neuem Leben erwecken. Howdy ho!

Attraktionen

Fort Comstock

Wer sich Frontierland von der Central Plaza aus nähert betritt das Land durch *Fort Comstock*, einem klassischen Western-Fort. Auch wenn es keine Attraktion im klassischen Sinne ist, so lohnt es sich doch, kurz zu verweilen und die wenigen Stufen nach oben zu steigen. Von dort aus kann man den Blick über Frontierland schweifen lassen und bekommt einen guten Überblick. Auf dem Weg nach unten lassen sich spannende Details und Szenerien entdecken.

Vor dem Fort haben amerikanische Ureinwohner ihre Tipis aufgeschlagen – tagsüber steigt Rauch aus den Tipis auf, Nachts sind sie stimmungsvoll beleuchtet. So führen einst erbitterte Erzfeinde zumindest in der Wunschvorstellung einer heilen Welt eine friedliche Ko-Existenz, anstatt sich zu bekriegen.

Phantom Manor

Welcome, Foolish Mortals!

Das verlassene Anwesen der Familie Ravenswood ist weit mehr als eine *normale* Geisterbahn: *Phantom Manor* macht seinem Ruf als *Haus der Geister und Illusionen* alle Ehre und erzählt die Geschichte der Familie Ravenswood nach. Im Vordergrund steht dabei das Schicksal der unglücklichen, vor ihrer Hochzeit verlassenen Braut.

Kaum etwas ist in Phantom Manor so, wie es auf den ersten Blick zu sein scheint – Bilder verändern sich, der Boden gibt nach, Türklinken führen vermeintlich ein Eigenleben … Was steckt dahinter? All das erklärt sich schnell, denn das dem Anwesen aus dem Film *Psycho* nachempfundene Geisterhaus beherbergt gefühlt 999 Geister, die ihr Möglichstes tun, um den Gästen ein schaurig-herzliches Willkommen zu bereiten. So verlassen ist Phantom Manor also gar nicht.

Phantom Manor ist nicht allein durch die außergewöhnliche Thematisierung eine besondere Attraktion, sondern auch durch die Verbindung aus Walk-In-Attraktion und Dark Ride-Fahrgeschäft. Die Tour startet im Inneren des Herrenhauses. Unter dem wachsamen Blick von Melanie Ravenswood werden Kutschen vorgefahren, in denen man, gut vor Geistern geschützt, das Anwesen erkundet. Die Fahrt endet nach einer Fahrt durch eine belebte Geisterstadt – ohne, dass man dabei das Gebäude verlässt.

Auf dem Weg begegnet man rund 60 Audio-Animatronics, aber nicht nur: Moderne Spezialeffekte und eine Vielzahl an Show-Requisiten runden das gruselige Erlebnis ab. Seid ihr bereit, die Welt der Geister zu betreten?

Diese Attraktion erfordert keine Mindestgröße.

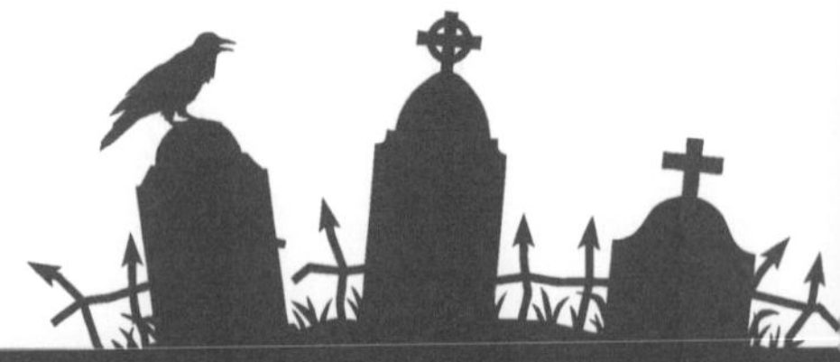

Tipps: Das Anwesen führt ein Eigenleben. Fensterläden bewegen sich und an einem der Fenster ist hin und wieder sogar die Braut zu sehen. Ob die Geister entweichen wollen?

An dieser Attraktion ist aufgrund ihrer großen Beliebtheit durchgehend mit langen Wartezeiten zu rechnen. Gegen Aufpreis ist das Premier Acces Pass-System verfügbar, um langes Anstehen zu umgehen.

Fun Facts:

Der Familie Ravenswood gehörte nicht nur das Anwesen Phantom Manor, sondern auch *die Big Thunder Mining Company.* Alle Männer, die Melanie Ravenswood den Hof machten, starben auf mysteriöse Art und Weise – zumindest besagt das die Legende, die sich um das traurige Schicksal der unglücklichen Braut rankt. Sie spukt bis heute durch das alte Herrenhaus.

Die gruselige Stimme im Eingangsbereich gehört zu Vincent Price, einem Darsteller aus Horror-Filmen, der in Fankreisen Kultstatus erreicht hat. Im Zuge einer umfangreichen Sanierung wurde die Stimme nun endlich in die Attraktion integriert, obwohl die Aufnahme bereits aus dem Eröffnungsjahr 1992 stammt. Bis dato wurde sie jedoch nie verwendet. Digitaly remastered wird sie nun sogar zweisprachig eingesetzt.

Die in der Attraktion allgegenwärtige Musik wurde übrigens in den legendären Abbey Road-Studios in London aufgenommen.

Damit die Gartenanlage rund um Phantom Manor authentisch karg und gespenstisch wirkt, werden die Bäume und Sträucher speziell beschnitten und teilweise schräg eingepflanzt – hier wird nichts dem Zufall überlassen.

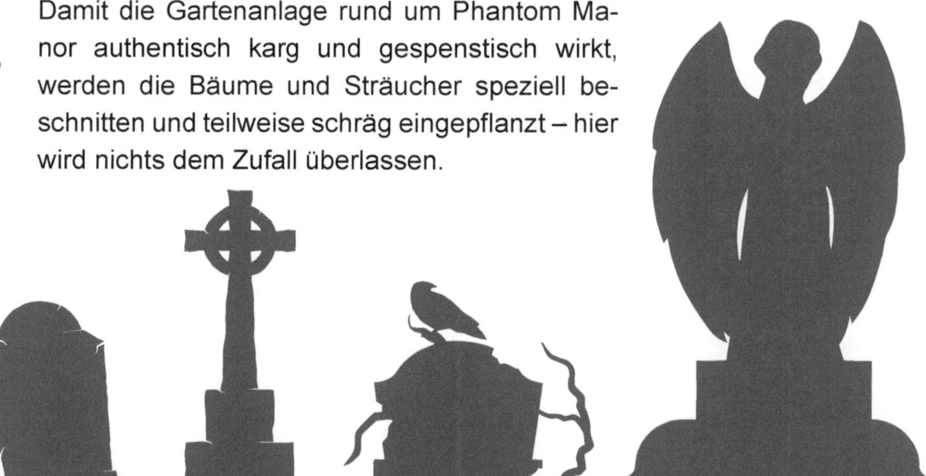

Friedhof Boot Hill

Wer Phantom Manor unbehelligt verlassen hat und wieder im Tageslicht steht, sollte sich den Friedhof *Boot Hill* nicht entgehen lassen. Der Friedhof befindet sich linkerhand des Ausgangs und bietet nicht nur ein schauriges Ambiente, sondern auch einen tollen Blick über den See und auf die Bergbahn *Big Thunder Mountain*.

Auch die Inschriften der Gräber sind allemal einen Blick wert – neben dem Grab von Melanie Ravenswood finden sich dort die Gräber von allerlei illustren Gestalten – nicht zuletzt haben sich die am Bau von Phantom Manor beteiligten Disney® Imagineers auf einem der Gräber verewigt. Ein bisschen Spaß muss also sein – inklusive Herzschlag aus einem der Gräber!

Thunder Mesa Riverboat Landing

Die beiden Schaufelraddampfer *Molly Brown* und *Mark Twain* ziehen gemächlich ihre Kreise über den idyllisch gelegenen See und laden zu einer entschleunigten Fahrt ein. Bei fast jedem Wetter lohnt sich ein Platz an Deck, um die Bergwelt des Grand Canyons zu bewundern. Die tiefe Stille wird nur gelegentlich von den Schreien waghalsiger Gäste unterbrochen, die den Wilden Westen gerade mit der Achterbahn *Big Thunder Mountain* erkunden.

Gut zu wissen: Die *Molly Brown* bietet insgesamt 350 Personen Platz. Die beste Aussicht hat man auf dem obersten Deck in der Spitze des Bugs. Bei schlechtem Wetter bieten Innenkabinen ein paar Plätze, die zwar komfortabel eingerichtet sind, jedoch keinen Ausblick bieten. So verpasst man dort unter anderem die Schwefelquellen und Geysire auf den Sinterterrassen kurz vor Phantom Manor oder den Angler *Catfish Joe* mit seinem bellenden Hund.

Diese Attraktion erfordert keine Mindestgröße.

Fun Facts: Namenspatin der *Molly Brown* ist die gleichnamige amerikanische Frauenrechtlerin, die das Titanic-Unglück überlebte und fortan als die *unsinkbare Molly Brown* in die Geschichte einging. In zahlreichen Titanic-Verfilmungen wurde ihr besondere Aufmerksamkeit zuteil. Namenspate der *Mark Twain* ist der bekannte amerikanische Schriftsteller, dessen erfolgreichster Roman „Die Abenteuer des Huckleberry Finn“ als Schlüsselwerk der US-amerikanischen Literatur gilt.

Leider befindet sich die *Mark Twain* bis auf Weiteres im Dock und muss in großem Stil überholt werden. Während der Fahrt mit der *Molly Brown* kann man mit viel Glück einen kurzen Blick auf die *Mark Twain* erhaschen, die hoffentlich irgendwann wieder einsatzbereit sein wird.

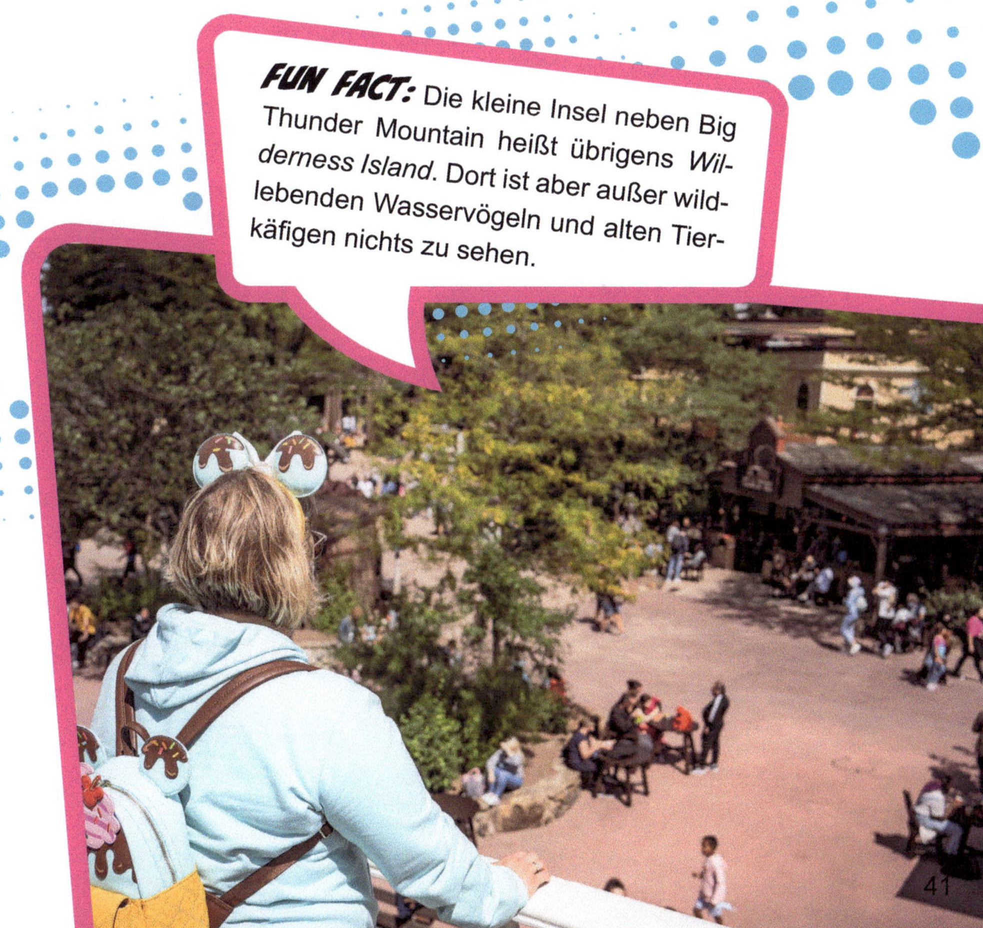

Rivers of the far West früher und heute: Indian Canoes und River Rogue Keel Boats

Während heute nur noch die bzw. der Schaufelraddampfer ihre respektive seine Runde auf den Rivers of the far West drehen, gab es in den Anfangsjahren des Parks noch zwei weitere Möglichkeiten, den See zu erkunden: Die Indian Canoes waren von April 1992 bis Oktober 1994 in Betrieb. Die Passagiere paddelten (unter Anleitung zweier Cast Member) in Kanus über den See und konnten die Ruhe des Sees genießen – ganz ohne Führungsschienen. Los ging es an der Pier, wo sich heute der Frontierland Playground befindet. Geringe Durchsatzzahlen der Passagiere bei gleichzeitig hohen Personalkosten führten leider dazu, dass die Fahrt mit den Kanus eingestellt wurde.

Die River Rogue Keel Boats hingegen waren deutlich länger in Betrieb. Sie zogen von 1992 bis 2002 und von 2007 bis 2009 ihre Kreise auf dem See rund um den Big Thunder Mountain und erfreuten sich großer Beliebtheit. Eines der beiden Kielboote (Keel Boats) liegt heute noch gut vertäut am Steg und wird von Zeit zu Zeit bewegt, wobei die Hoffnung auf eine Wiederaufnahme des Betriebs trotzdem nicht allzu groß sein dürfte. Der rückgebaute Eingang befand sich gegenüber der Pueblo Trading Post.

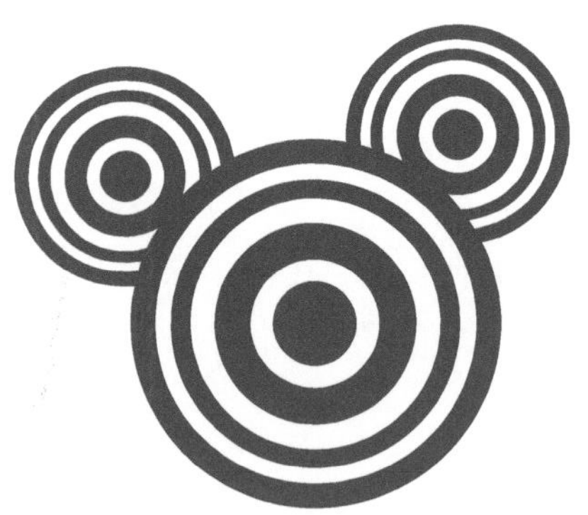

Rustler Roundup Shootin' Gallery

In der Rustler Roundup Shootin' Gallery können kleine und große Cowboys und -girls das Schießen üben. Sie befindet sich neben dem Ausgang von Big Thunder Mountain (Nutzung kostenpflichtig).

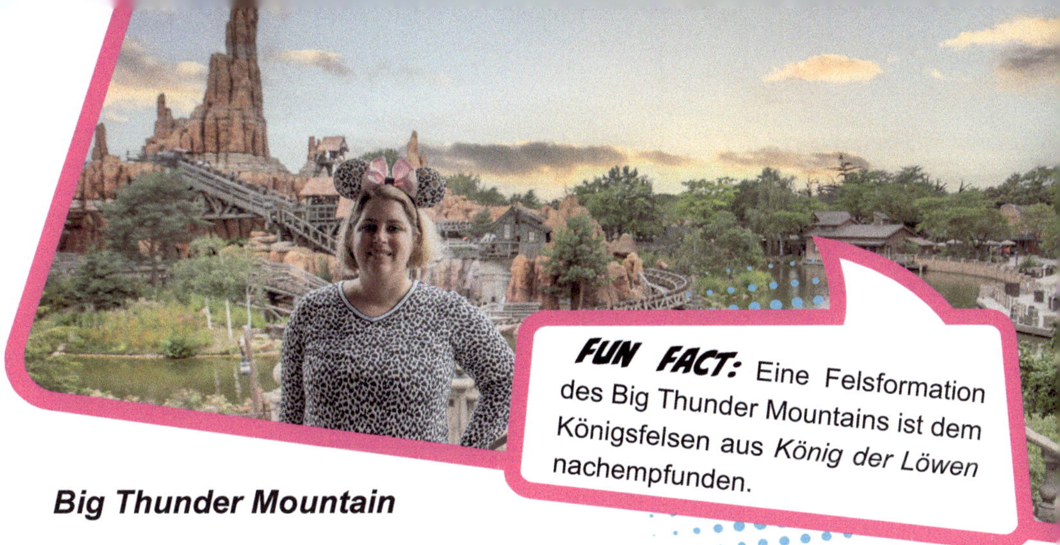

Big Thunder Mountain

Howdy, folks!

Haltet Euch gut fest auf der Fahrt mit der rasanten Bergachterbahn *Big Thunder Mountain*, dem *wildest ride in the wilderness*!

Auf dem Gelände der Huntington Mill dreht die Bergbahn zu Höchstform auf! Unter dem *River of the far West* hindurch führt die Fahrt in den von einer Lok gezogenen Loren zum gegenüberliegenden Ufer, vorbei an den Lagern der Minenarbeiter und mitten hinein in eine Sprengung. Die Ruhe und Abgeschiedenheit des *Rio Grande* erlebt man dabei im Schnelldurchlauf und mit jeder Menge Spaß. In jedem Zug haben bis zu 30 Personen Platz.

Tipps: An dieser Attraktion ist aufgrund der großen Beliebtheit durchgehend mit langen Wartezeiten zu rechnen.

Gegen Aufpreis ist das Premier Acces Pass-System verfügbar, um langes Anstehen zu umgehen.

Die Wartezeit kann man sich allerdings gut beim Bestaunen der sehenswerten alten Mühle vertreiben. Irgendwo zischt und dampft es immer.

Für geräuschempfindliche Gäste empfiehlt es sich, während der Fahrt Ohrstöpsel zu tragen.

Mindestgröße für diese Attraktion ist 1,02 Meter.

Frontierland Playground

Der am Wasser gelegene Spielplatz bietet Spielgeräte für kleine Cowboys und -girls. Eltern können währenddessen die Landschaft des Rio Grande bewundern, ohne ihre Kinder aus den Augen lassen zu müssen.

Fun Fact: Großmutter Weide aus dem Film *Pocahontas* wacht in Form eines Totempfahls über die spielenden Kinder.

Frontierland Theater

Im *Frontierland Theater* werden saisonal wechselnde Themenshows aufgeführt. Die Shows zeichnen sich durch ein hohes Maß an Unterhaltungsfaktor und Professionalität aus und bieten Spaß für die ganze Familie.

Seit Sommer 2019 erstrahlt das Theater in neuem Glanz: Das bislang offen gehaltene Theater wurde größer und moderner wieder aufgebaut und durch einen klimatisierten Bau ersetzt, der bis zu 1.300 Gästen Platz bietet. Hierin sind auch ausreichend Plätze für Gäste mit Einschränkungen enthalten. Die aktuelle Show kann dem Programm entnommen werden.

Wiedereröffnet wurde das Theater übrigens mit der Show *The Lion King: Rhythms of the Pride Lands*.

Tipps: Es empfiehlt sich, rechtzeitig vor Beginn einer Show anzustehen, da sich schnell lange Schlangen bilden können. Auch der Vorplatz des Theaters ist rund um Aufführungen schnell gefüllt und von parkenden Kinderwagen und –Buggys überflutet. Wer einen (Leih-)Buggy dabei hat,sollte ihn auffällig und eindeutig markieren da Parkangestellte die Fahrzeuge aus Platzmangel häufig umstellen müssen.

Wer eine Kreditkarte von MasterCard besitzt kann sich an der City Hall für Karten auf reservierten Plätzen anstellen. Die Plätze sind jedoch begrenzt und schnell vergriffen.

Eine weitere Alternative sind kostenpflichtige Zugangskarten, die über die App erworben werden können.

Fun Facts: Gegenüber des Theaters, auf dem Gelände der ehemaligen Cottonwood Creek Ranch, befand sich früher der Streichelzoo *Critter Corral*. Dort konnte man allerlei Farmtiere bestaunen, von denen die kleineren Tiere sogar gestreichelt werden durften.

Nach der jährlichen witterungsbedingten Schließung in den Wintermonaten wurde der Streichelzoo 2006 jedoch nicht mehr in Betrieb genommen, was sicher auch der seinerzeit in Europa grassierenden Vogelgrippe geschuldet war. Nach Umbauarbeiten wurde das Gelände im Juli 2007 als *Woody's Roundup Village* wiedereröffnet. Saisonal konnte das Programm abweichen. So wurde der Bereich in der Weihnachtszeit u.a. zu *Santa's Christmas Village*.

2015 schließlich wurden große Teile der früheren Ställe abgerissen und fungierten danach einige Jahre, und nach einem erneuten Umbau, als Marktplatz von Arendelle, der Heimatstadt von Anna und Elsa aus dem Film *Die Eiskönigin*.

Heutzutage grasen gelegentlich ein paar Pferde auf den alten Koppeln.

Disneyland Railroad – Frontierland Depot

Der erste Stopp der Disneyland Railroad nach dem Bahnhof *Main Street Station* ist im Frontierland. Der Eingang zum Bahnhof *Frontierland Depot* befindet sich rechts neben dem *Frontierland Theater*.

Tipp: Nach Möglichkeit sollte man es vermeiden, diesen Zustieg zum Ende einer Show im Theater anzusteuern. Viele andere möchten den Bahnhof zu dieser Zeit ebenfalls nutzen, was deutlich längere Wartezeiten als üblich hervorruft.

Restaurants

Silver Spur Steakhouse (À-la-carte-Restaurant)

In der Tradition der großen Steakhäuser des 20. Jahrhunderts präsentiert sich das *Silver Spur Steakhouse* mit einer rustikal-mondänen Einrichtung. Der Name *Silver Spur* wird im Innendekor durch die silbrig glänzenden Sporen (silver spurs) aufgegriffen, mit denen die Lampen des Restaurants verziert sind. Die abgesenkte Raummitte, die von einem beeindruckenden Kronleuchter überstrahlt wird, mündet in einer offenen Küche.

Die angebotenen Speisen glänzen bei einem sehr guten Preis-Leistungsverhältnis mit durchweg hoher Qualität der verarbeiteten Produkte.

Neben verschiedenen Fleischgerichten, allen voran natürlich Steaks, gibt es einen üppig belegten Grillteller, Smoked Ribs, Gerichte mit Geflügel, Lachs, aber auch vegane Optionen.

Menüs für Erwachsene beginnen bei 35 Euro. Kinder zahlen 25 Euro für das Menü. Getränke sind in den Menüs für Erwachsene nicht inklusive; im Kindermenü ist ein Getränk enthalten.

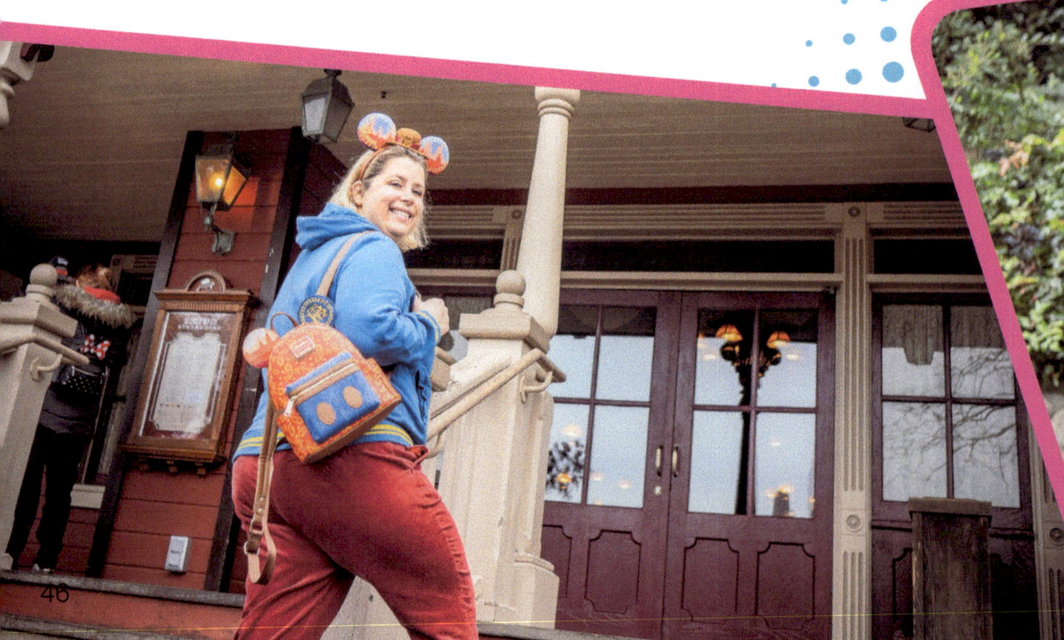

Cowboy Cookout Barbecue (Schnellrestaurant)

Wer ein echtes Cowboy-Barbecue erleben möchte, ist im *Cowboy Cookout Barbecue* richtig. In einer übergroßen Scheune werden geräucherte Leckereien wie Spare Ribs und Brathähnchen sowie Burger (auch vegetarisch) serviert. Regelmäßig gibt es sogar Live-Musik. Auch bei großem Besucherandrang findet sich hier in der Regel noch ein Platz, im Zweifel im Außenbereich.

Das Menü für Erwachsene beginnt bei 15 Euro; das Kindermenü kostet 9 Euro.

Fun Fact: Bei der Musik rund um das Cowboy Cookout Barbecue handelt es sich um Musik von Ennio Morricone, die im Film *Zwei glorreiche Halunken* zu hören war. Die Rechte an Morricones Gesamtwerk liegen bei Disney® und kommen in diesem Themenland wirklich hervorragend zur Geltung.

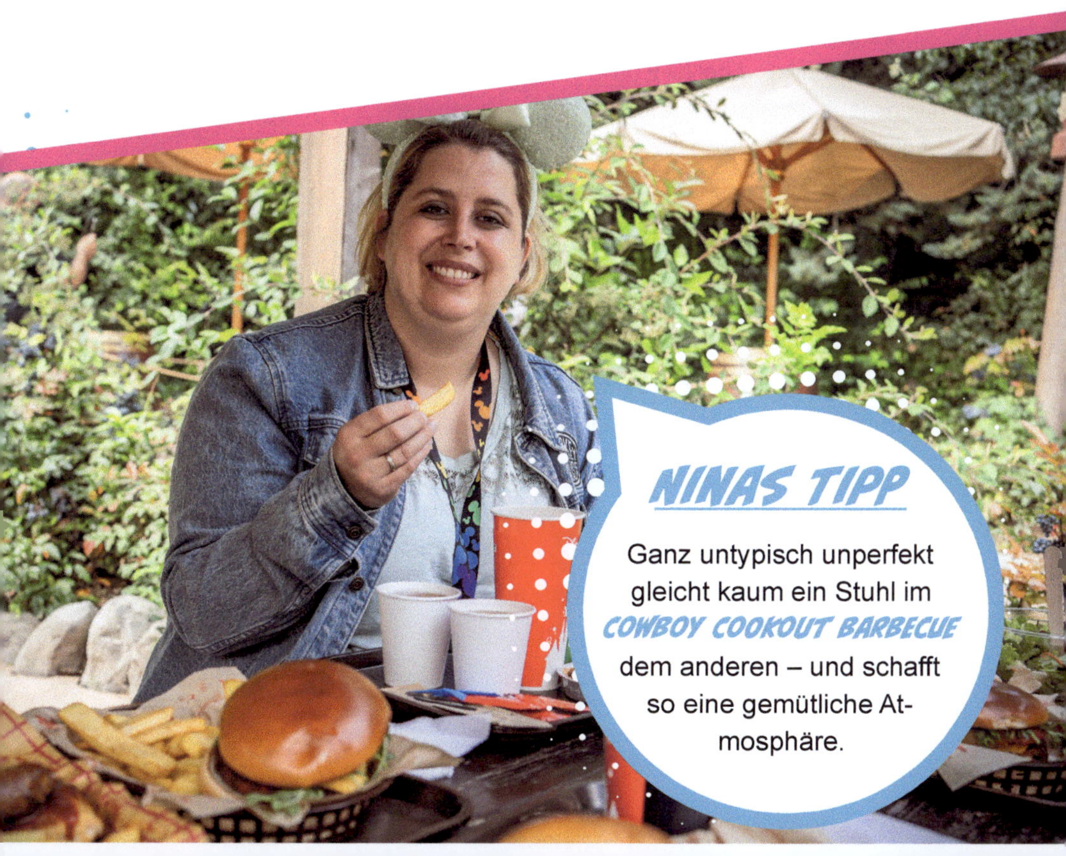

NINAS TIPP

Ganz untypisch unperfekt gleicht kaum ein Stuhl im **COWBOY COOKOUT BARBECUE** dem anderen – und schafft so eine gemütliche Atmosphäre.

The Lucky Nugget Saloon (Schnellrestaurant)

Der *Lucky Nugget Saloon* wirkt, als ob die Zeit stehen geblieben wäre. Die extravagante Einrichtung macht das Restaurant, zu etwas besonderem und auch das Essen (Burger, auch vegetarisch, Spare Ribs oder Fish&Chips) kann sich sehen lassen. Besonders lecker sind die im Menü enthaltenen Sundaes (Softeis).

Im Saloon werden regelmäßig Showeinlagen geboten, die man beim Essen bestaunen kann.

Die Menüs kosten 25 Euro für Erwachsene und 15 Euro für Kinder.

Last Chance Café (Imbiss)

Das Last Chance Café bietet kleine Tex-Mex-Gerichte sowie Snacks (u.a. Chicken Wings und Hähnchen Nuggets) sowie ein leckeres veganes Chili (8 Euro) an. Außerdem gibt es hier die europäische Variante des Kultsnacks *Turkey Leg* (9 Euro). Für einen Imbiss ist das Last Chance Café sehr gut geeignet. Leider sind die wenigen Sitzgelegenheiten oft nur schwer zu ergattern.

Casa de Coco – Restaurante de Familia

In der *Casa de Coco* werden Fans von mexikanischem Essen fündig: Das Essensangebot besteht hauptsächlich aus Burritos (mit Rind, Huhn oder vegan, ab 11 Euro) sowie Salat oder Doritos mit Käse und kleine Snacks. Selbstverständlich gibt es auch Churros.

Thematisch dreht sich alles um den beliebten Film *Coco*. Miguel begrüßt Gäste schon am Eingang in Form einer Bronzeskulptur. Der Innenraum ist mit unzähligen Erinnerungsstücken der Familie Riveras dekoriert. Auch die Gitarre des Film-Schurken Hector kann bestaunt werden.

Tipp: In der *Casa de Coco* gibt es auch frisch gezapftes Bier und leckere Frozen Margaritas (8 Euro). Ein echtes Novum im Park.

Fun Fact: Der Film *Coco* passt perfekt zum Restaurant, das bisher *Fuente del Oro* hieß und im Jahr 2023 ein komplettes Makeover erhalten hat. Das Fuente del Oro bot Essen und leckere Drinks in einer stilecht eingerichteten Hacienda an, die mit vielen Kunst- und Handwerksgegenständen liebevoll dekoriert war.

Figuren aus *Coco* konnte man sonst nur zur Halloween Season rund um das Restaurant bis hin zum Cowboy Cookout Barbecque bestaunen. Die große Beliebtheit des Films hat schließlich zum Einzug des Films Coco in das Restaurant geführt.

Best of Souvenirs / Shopping

Thunder Mesa Mercantile Building – hier finden Goldsuchende alles, was sie für ihre Unternehmung benötigen, insbesondere Küchenutensilien und Kleidung. Darüber hinaus gibt es eine schöne Auswahl an Plüschfiguren und Sammlerstücken, die in anderen Shops eher selten zu finden sind, beispielsweise Merchandise zur Attraktion Phantom Manor und Artikel für Haustiere.

Pueblo Trading Post – ein Mekka für Fans von Pin Trading. Geöffnet hat die *Pueblo Trading Post* regelmäßig an Wochenenden von 10-17 Uhr.

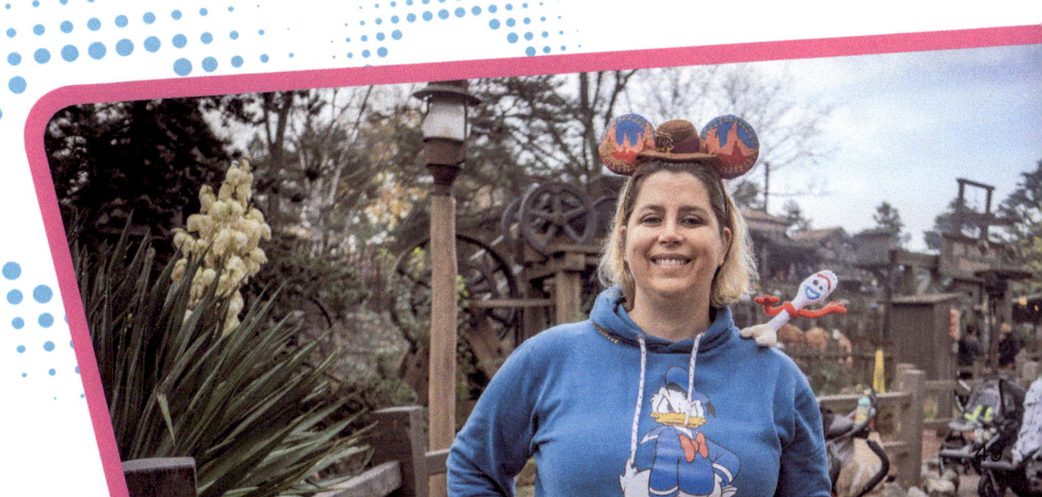

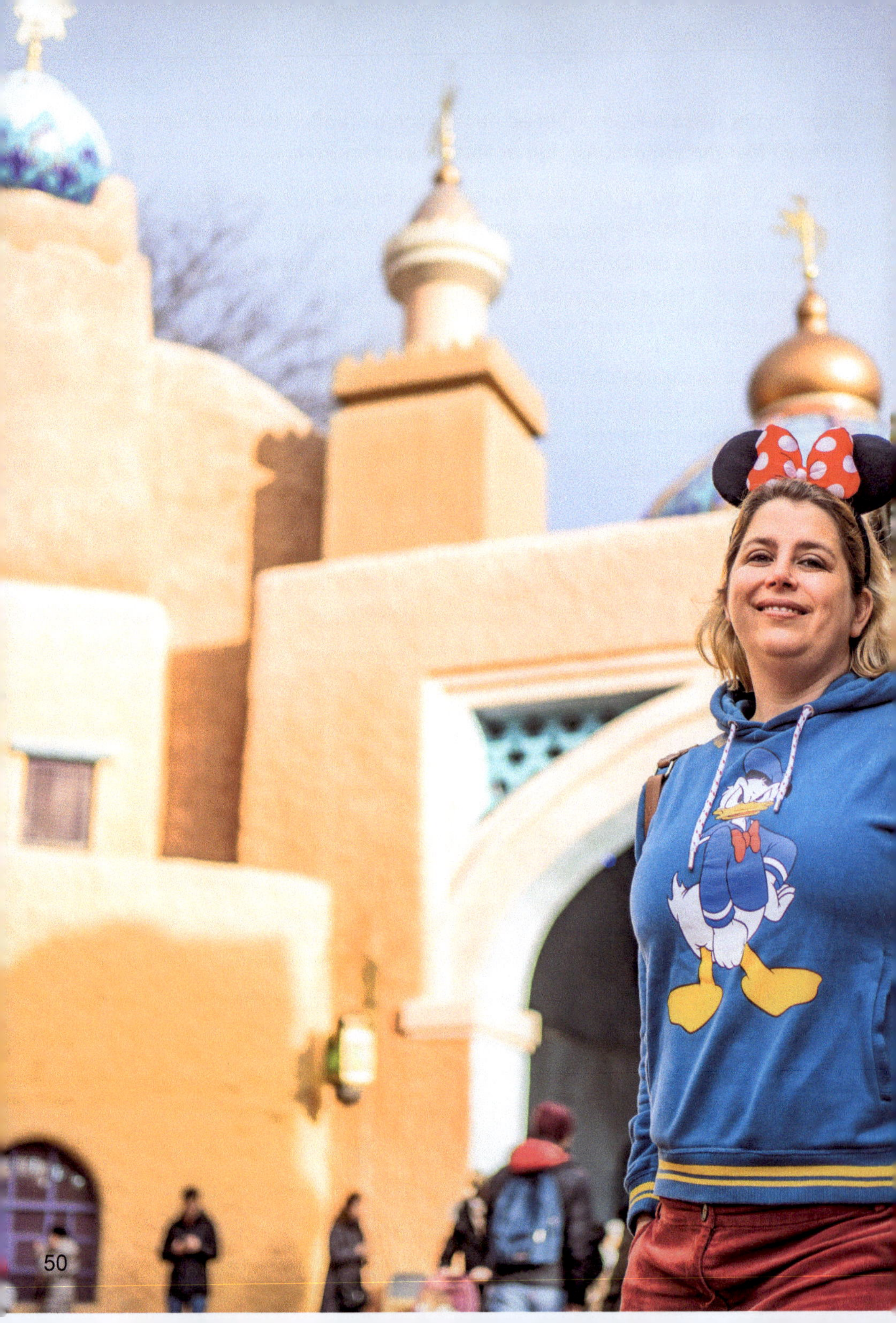

Adventureland

Wenn sich die Pflanzen und Gerüche verändern und die karge Wüstenlandschaft mit ihren vereinzelten Kakteen dichtem Bambus weicht, dann findet der Übergang von Frontierland zum Adventureland statt. Dort wechseln nicht nur Flora und Fauna, sondern auch die Charaktere: Auf den Spuren von Indiana Jones™, Kapitän Hook und dem Dschungelbuch bereist man Afrika und gelangt in wenigen Schritten in die Karibik – im Adventureland gibt es für kleine und große Entdeckerinnen und Forscher allerhand zu erkunden. Vom Baumhaus der Familie Robinson aus kann man sich einen guten Überblick verschaffen, bevor man auf den Spuren von Indiana Jones™ durch die Ruinen des *Tempels des Todes* rast.

Aus sicherer Entfernung kann man den *Piraten der Karibik* dabei zuschauen, wie sie sich eine wilde Schlacht mit der Marine liefern, um danach entspannt auf den Spuren *Aladdins* durch den Bazar aus Tausendundeiner Nacht im sagenumwobenen Agrabah zu wandeln.

Eines ist sicher: Mit seinen verwinkelten Buchten und Wegen und den Wasserpflanzen ist *Adventureland,* insbesondere die *Adventure Isle,* das perfekte Versteck für allerlei unlautere Gestalten. Viel Spaß beim Entdecken und Verstecken!

Attraktionen

La Cabane des Robinson

Wer hoch hinaus will, ist im *Baumhaus der Schweizer Familie Robinson* genau richtig. Auf dem Weg nach oben gibt es allerhand zu entdecken: Neben der Küche mit eingedecktem Tisch befinden sich im Baumhaus eine Bibliothek, ein hübscher Musiksalon, das Schlafzimmer der Eltern sowie die Bereiche der Kinder inklusive Astronomiedach und Krähennest.

Beim Bestaunen der verschiedenen Räume bekommen Gäste den Eindruck vermittelt, als ob die schiffbrüchige Familie das Baumhaus nur kurz verlassen hätte und jeden Moment wieder am Tisch Platz nehmen könnte.

Oben angekommen, wird der recht mühsame Aufstieg mit einem grandiosen Ausblick auf die *Adventure Isle* belohnt.

Hinweis: Um in das Baumhaus zu gelangen, ist es erforderlich, gut zu Fuß und trittsicher zu sein. Die Stufen sind unterschiedlich hoch und der Zugang ist nicht barrierefrei.

Zurück auf dem Boden lohnt sich auch ein Besuch des *Ventre de la Terre*, dem *Bauch der Erde*. Zwischen den kräftigen Wurzeln des Baums sind die Vorräte der Familie versteckt und kühl aufbewahrt. Geschützt werden sie von einem Labyrinth aus Wurzeln. Der Eingang befindet sich unterhalb des Baumhauses. Viel Spaß beim Entdecken und Verirren!

FUN FACT: Der Baum und die unzähligen Blätter sind allesamt künstlich – und sehen doch täuschend echt aus (zumindest aus der Ferne).

Diese Attraktion erfordert keine Mindestgröße.

Fun Facts: Als Vorlage für die Attraktion dient das Baumhaus aus dem Disney®-Film *Dschungel der 1000 Gefahren* (Swiss Family Robinson) aus dem Jahr 1960. Die Schweizer Familie Robinson erleidet auf dem Weg in eine neue Heimat Schiffbruch und baut sich mit den geretteten Gütern ein Baumhaus auf einer Insel im Indischen Ozean. [10]

10 vgl: https://de.wikipedia.org/wiki/Der_Schweizerische_Robinson (Stand 07/ 2019)

Pirates' Beach

Auf Kapitän Hook's Galeere (Captain Hook's Galley) steht Kindern ein ganzes Deck zum Toben und Klettern zur Verfügung. Hier können sich Kinder nach Lust und Laune auspowern und die Abenteuer von Peter Pan und den verlorenen Jungs nachspielen.

Diese Attraktion erfordert keine Mindestgröße.

Adventure Isle

Inmitten der Adventure Isle gelegen, bietet *Skull Rock,* der begehbare Piratenschädel, einen imposanten Eindruck. Wer *Skull Rock* betritt, muss sich seinen Ausweg durch labyrinthartige Höhlengänge (*Dead Man's Maze*) auf verschiedenen Ebenen bahnen. Der Weg ist hierbei das Ziel und wer sich auf dem Weg nach draußen nicht verirrt, findet vielleicht sogar den Schatz des berüchtigten Piraten Davy Jones.

Der Haupteingang von *Skull Rock* befindet sich gegenüber dem Spielplatz *Kapitän Hooks Galeere*. Alternativ können Abenteuersuchende auch den Hintereingang oder den Zugang über die Hängebrücke *Pont Suspendu* (verbotene Brücke) wählen. Durch die Augen des Totenschädels hindurch hat man einen guten Ausblick über die Adventure Isle. Ein Aufstieg lohnt sich also in jedem Fall, denn es gibt allerhand zu entdecken und erkunden. Fans von Hängebrücken und Geheimwegen kommen auf der *Adventure Isle* definitiv auf ihre Kosten.

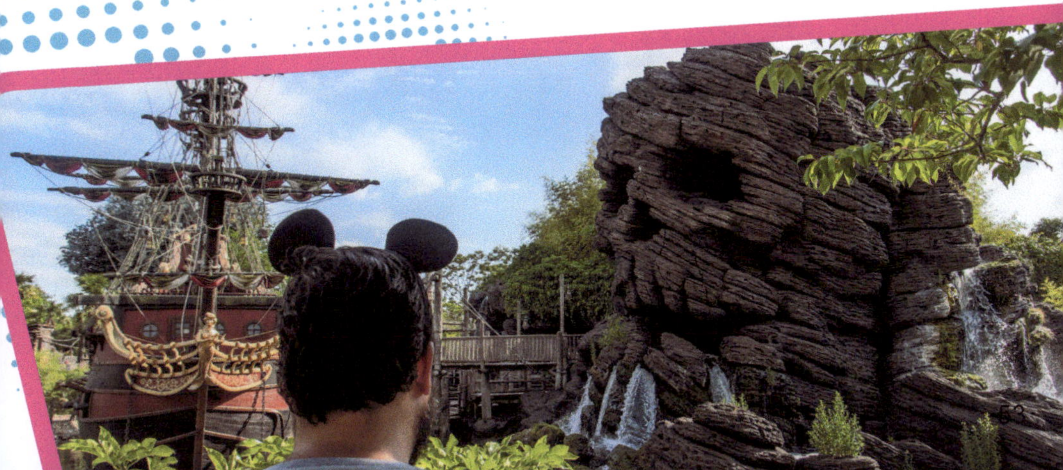

Hinweise: An dieser Walk In-Attraktion gibt es keine Wartezeiten, auch wenn *Skull Rock* bei besucherstarken Zeiten deutlicher voller ist als von außen ersichtlich. Ein Besuch dauert je nach Intensität 10 bis 20 Minuten. Für Menschen mit Höhenangst ist die Hängebrücke nicht geeignet.

Diese Attraktion erfordert keine Mindestgröße. Sie ist in großen Teilen leider nicht barrierefrei zugänglich und kann für Menschen mit Klaustrophobie herausfordernd sein.

Fun Fact: Als Basis für die Gestaltung der Adventure Isle und *Skull Rock* dienen Buch und Film *Die Schatzinsel*.

Indiana Jones™ and the Temple of Peril

Einmal auf den Spuren von Indiana Jones™ wandeln und den *Tempel des Todes* erkunden – hier werden kühne Träume Wirklichkeit! Vorbei am verlassenen Expeditionscamp des berühmtesten Archäologen aller Zeiten gelangen mutige Entdeckerinnen und Entdecker direkt zum verlassenen Tempel. Im Inneren der Ruine rasen die Wagen mit hoher Geschwindigkeit über ruckelige Schienen und durch einen atemberaubenden Looping. Wer die Augen offen lässt, kann am höchsten Punkt der Strecke großartige Blicke über das Parkgelände erhaschen.

Mindestgröße an dieser Attraktion ist 1,40 Meter.

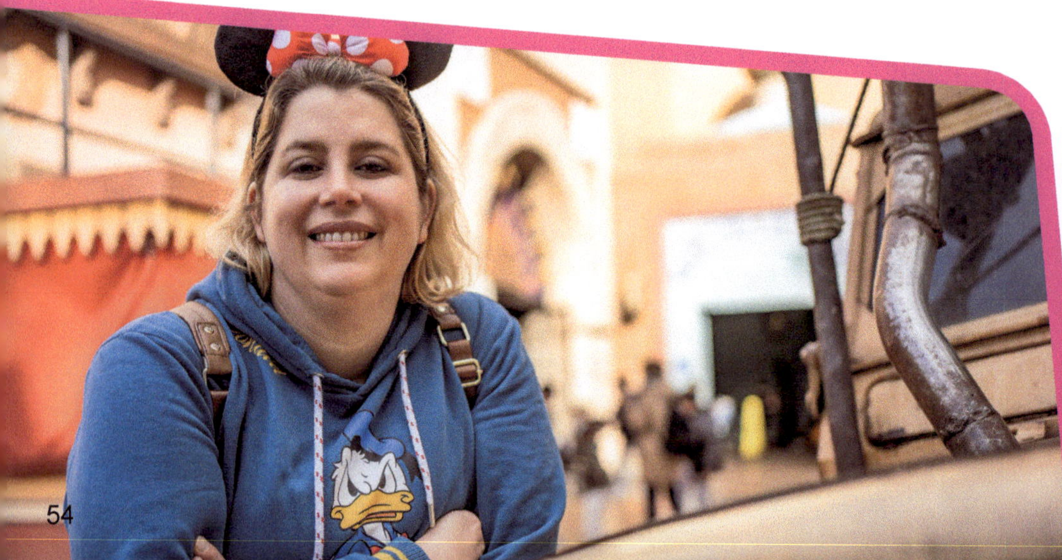

Fun Fact: Zwischen Januar 2000 und Ende 2004 fuhr Indiana Jones and the Temple of Perril rückwärts (*Indiana Jones Backwards*), um den Nervenkitzel zu erhöhen.

La Passage Enchanté d'Aladdin

In *Aladdins verzauberter Passage* wird die Geschichte des Königs der Diebe aus 1001 Nacht, Aladdin, in hübsch gestalteten Dioramen nacherzählt.
Je nach Interesse und Alter nimmt der Besuch ca. fünf bis zehn Minuten in Anspruch und ist besonders für kleine Kinder interessant.
An dieser als orientalische Passage gestaltete Walk In-Attraktion gibt es selten Wartezeiten.
Sie passt thematisch hervorragend in den wirklich sehenswerten *Adventureland Bazar* und bietet Ruhe abseits vom Trubel oder Schutz vor schlechtem Wetter.

Diese Attraktion erfordert keine Mindestgröße.

Adventureland Bazar

Ein echtes Schmuckstück in Disneyland® Paris ist der orientalische *Adventureland Bazar*. Der Haupteingang befindet sich linkerhand auf der Central Plaza, etwas zurückgesetzt versteckt hinter Palmen und Dünen. Wer unter dem Torbogen hindurchgeht, betritt eine Welt wie aus Tausendundeiner Nacht und wandelt auf den Spuren von Aladdin im sagenumwobenen Agrabah.
Neben einer kleinen, aber feinen Walk In-Attraktion mit bewegten Dioramen befinden sich dort ansonsten hauptsächlich Boutiquen, Imbissstände, an denen es mit viel Glück den legendären *Mango Whip* gibt, sowie das Restaurant *Agrabah Café*. Um die Ecke des Restaurants befindet sich außerdem ein Fotopoint mit Aladdins dampfender und sprechender Wunderlampe.

Fun Facts: Im Torbogen des *Adventureland Bazar* hängt ein wirklich beeindruckender Kronleuchter, der ein Geschenk des saudischen Prinzen Al Waleed bin Talal ist. Er hielt 10 Prozent der Disneyland® Paris-Aktien,[11] bis der Mutterkonzern auch seine Aktien zurückkaufte.

Auf dem Dach des Festungsturms befindet sich ein ganz besonderes Ei: Dort hat der *Rokh-Vogel,* ein Fabeltier aus den Märchen von Sindbad dem Seefahrer, sein überdimensional großes Nest gebaut. Und, ganz praktisch: Im Torbogen sind Toiletten zu finden, die man schnell übersieht.

Pirates of the Caribbean

Ab in die Boote und bereit machen zum Entern! Wagemutige *Landratten* fahren in Booten durch die Dark Ride-Attraktion *Piraten der Karibik* und geraten mitten hinein in ein großes Piratenabenteuer: Während die Fahrt zunächst gemächlich durch eine beschauliche Vollmond-Szenerie führt, geraten die Boote recht bald in einen waschechten Piratenangriff hinein. Den brennenden und einstürzenden Bauten gerade noch rechtzeitig entkommend, finden sich Gäste der Attraktion kurz darauf inmitten brandschatzender und plündernder Piraten wieder.

Am Ende bleibt den Piraten leider nicht mehr genug Lebenszeit übrig, um die erbeuteten Schätze auszugeben. Als Skelette bewachen sie ihre Beute und entlassen die staunenden Gäste mit einem fröhlichen Piratenlied, gesungen von Jack Sparrow höchstpersönlich, zurück ans Tageslicht. In dieser Schlussszene sitzt er übrigens auf über 30.000 (!) Goldmünzen, die alle händisch aufgeklebt wurden.

Hinweise: Pirates of the Carribean ist eine echte Familienattraktion, auch wenn das Fahrtempo an der einen oder anderen Stelle zunimmt und es sogar kurz rasant in die Tiefe gehen kann. Auch ist es teilweise sehr laut, wenn ein wahres Feuerwerk an Special Effects gezündet wird.

---

11 vgl.:https://www.handelszeitung.ch/invest/rekord-kurssprung-bei-euro-disney-wegen-kaufangebot-1339462 (Stand 10.02.2017)

Für Menschen mit Platzangst ist diese Attraktion möglicherweise nur eingeschränkt geeignet, da man in dunklen Tunneln anstehen muss und durch dunkle Wasserstraßen fährt. Lange Wartezeiten können jedoch vermieden werden, wenn man die Attraktion in den späten Abendstunden oder mit Premier Acces benutzt.

Diese Attraktion erfordert keine Mindestgröße.

Fun Facts: Die erste *Pirates of the Caribbean*-Attraktion wurde 1967 in Disneyland in Anaheim, Kalifornien, eröffnet. Verschwörungstheorien zufolge liegt der Körper von Walt Disney übrigens tiefgefroren und gut versteckt in der Attraktion, damit er in besseren Zeiten wieder aufgetaut werden kann. Dieses Gerücht kann man jedoch höchstwahrscheinlich als sehr unrealistisch einstufen.

FUN FACT: Idee und Planung für die Attraktion *Piraten der Karibik* stammen noch von Walt Disney selbst. Leider starb er, bevor seine Planung realisiert werden konnte.

Die Attraktion *Pirates of the Caribbean* diente außerdem als Grundlage für den ersten Film der *Fluch der Karibik*-Filmreihe – nicht umgekehrt. Attraktion und Film sind seit Erscheinen der Filme untrennbar miteinander verbunden und erfreuen sich gleichermaßen hoher Beliebtheit. Unbestritten haben die Drehbuchautoren jedoch ein hohes Maß an Kreativität an den Tag gelegt, denn selbstverständlich kann eine nur wenige Minuten dauernde Fahrt durch die Karibik keinen Stoff für die mehrteilige Filmreihe abbilden.

Wer genau hinschaut, kann auf dieser *Bootstour mit Höhen und Tiefen* (Spritzwasser inklusive) Szenen aus dem Film entdecken — und sogar den legendären Freibeuter Jack Sparrow und andere Figuren der *Fluch der Karibik*-Filmreihe in Aktion erleben. Adaptiert wurde u.a. die Szene zu Beginn, wenn Gefangene versuchen, einem Hund die Schlüssel zu ihrer Zelle abzuluchsen.

Restaurants

Capitain Jack's - Restaurant des Pirates (À-la-carte-Restaurant)

Das *Capitain Jack's* ist Teil der Attraktion *Pirates of the Caribbean* und dadurch fast schon eine eigene Attraktion.

Während die Boote der Attraktion vorbeischippern, werden am Ufer des Südsee-Strandes kreolische Fischspezialitäten und außergewöhnliche Fleischgerichte serviert. Vegetarisches Essen wird ebenfalls angeboten.

Im *Captain Jack's* kann man entweder à la carte speisen oder ein Menü bestellen. Das Menü kostet für Erwachsene 45 Euro, für Kinder 25 Euro. Das Menü kann auch komplett vegan zusammengestellt werden.

Tipp: In der Regel sind die Speisen im Menü günstiger als separat bestellt.

Restaurant Agrabah Café (Buffetrestaurant)

In den verwinkelten Gassen des Marktes von Agrabah lässt es sich wie in einem Märchen aus 1001er Nacht schlemmen. Gäste des *Agrabah Café* werden mit allerlei herzhaften Gerichten und süßen Köstlichkeiten der arabischen Küche verwöhnt, so dass kaum ein Wunsch offenbleibt.

Die in diesem Restaurant servierten Speisen werden nach Halal-Grundsätzen zubereitet. Insbesondere das Vorspeisenangebot bietet vegetarische Optionen.

Das Menü kostet 40 Euro für Erwachsene und 22 Euro für Kinder. Die Getränke sind nicht inklusive. Gezahlt wird im Voraus beim Betreten des Restaurants. Weitere Getränke müssen nachgezahlt werden.

Ein echter Wermutstropfen: Das Restaurant schließt oft schon einige Stunden vor der offiziellen Parkschließung.

Fun Fact: An der Stelle des heutigen Restaurants Café Agrabah befand sich in den Anfangsjahren ein wunderschöner Indoor-Basar, in dem allerlei Geschenkartikel aus den Schatzkammern der Märchen von 1001er Nacht oder auch afrikanische Trommel- und Handwerkskunst feilgeboten wurden. Die vier ineinander übergehenden Läden

L'ECHOPPE D'ALADDIN

LA REINE DES SERPENTS

LE CHANT DE TAMS-TAMS

LES TRÉSORS DE SCHÊHÊRAZADE

luden Gäste zum Bummeln durch verwinkelte Gassen und dem Bestaunen orientalischer Schätze ein. An kleinen Tischen konnte man beim Genuss von arabischem Gebäck und heißem Minztee verweilen und dem Treiben im Basar zuschauen.

Zum Jahresende 1999 wurde an der Stelle des Basars das Restaurant Café Agrabah eröffnet. Die Geschäfte wurden in das Restaurant Café Agrabah integriert und lassen die frühere Schönheit noch erahnen.

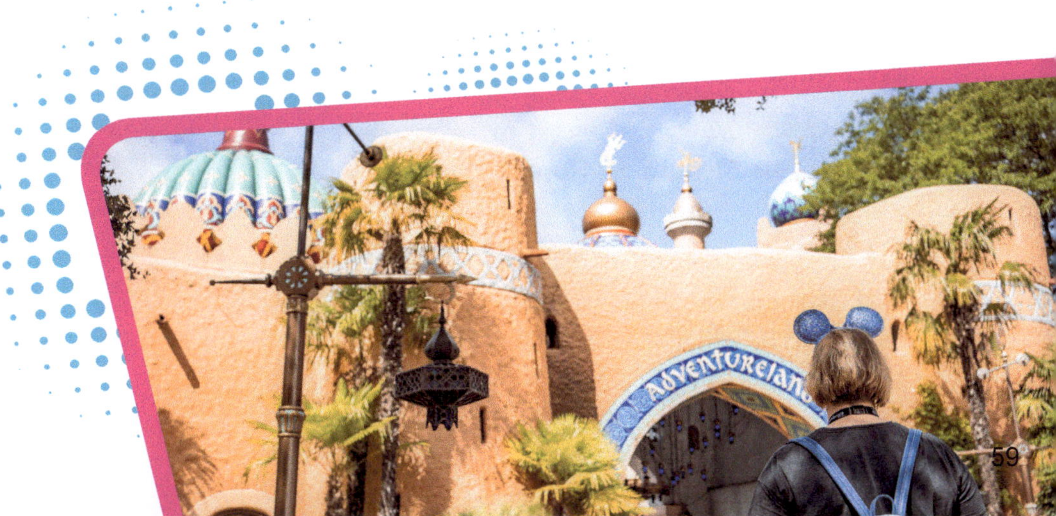

Colonel Hathi's Outpost Restaurant (Schnellrestaurant)

Während Colonel Hathi im Disney®-Klassiker *Das Dschungelbuch* die Elefantenpatrouille auf dem Weg *durch* den Dschungel anführt, führt er in Disneyland® Paris hungrige Gäste direkt *hinein* in diesen der indischen Kolonialzeit entsprungenen Außenposten (Outpost). Bei Pizza, Pasta, Salaten und hin und wieder Live-Musik kommt die ganze *Kompanie* wieder zu Kräften.

Neben einem großen Innenbereich, in dessen Mitte ein großer Baum für Dschungel-Atmosphäre sorgt, weist das Restaurant einen großzügigen, idyllischen Außenbereich auf.

Menüs kosten ab 15 Euro für Erwachsene.
Das Kindermenü kostet 9 Euro.

Fun Fact: Bevor Colonel Hathi das Outpost Restaurant übernahm, hieß das Restaurant *Explorers Club* und war ein exklusiver Treffpunkt für Forschende und Abenteuersuchende. Wo heute Pizza und Lasagne im SB-Restaurant angeboten werden, wurde das Essen im Explorers Club (u.a. Meeresfrüchte und Lamm) à la carte serviert. Von Zeit zu Zeit gab sich sogar der berühmte Afrikaforscher David Livingston die Ehre (natürlich nur ein Darsteller) und unterhielt die Gäste mit Anekdoten seiner Expeditionen.

Wie das Restaurant vor der Neu-Thematisierung ausgesehen hat, lässt sich noch gut erahnen - die Deko im Innenraum des Restaurants wurde nicht großartig verändert und selbst die Fahne mit dem alten Logo hängt noch im Innenbereich.

ZUM REINHÖREN:

Cavalry of the Steppes der Royal Hussars

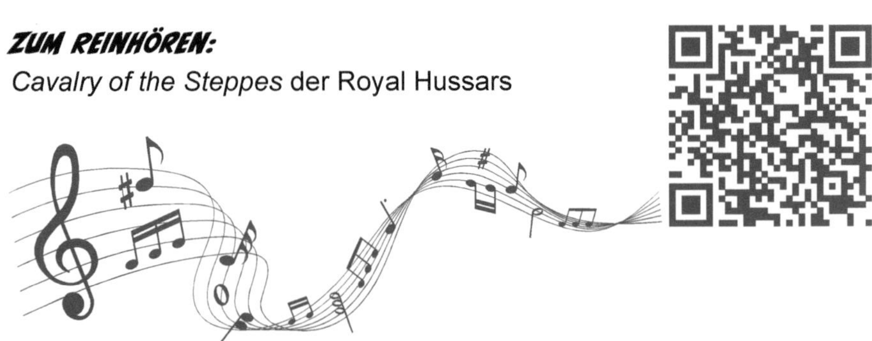

Restaurant Hakuna Matata (Schnellrestaurant)

Im *Hakuna Matata* begrüßen Timon und Pumba, die Helden aus dem beliebten Disney®-Film *Der König der Löwen*, ihre Gäste in afrikanischem Ambiente. Im Restaurant werden authentische und wirklich leckere afrikanische Gerichte serviert (auch vegan). Besonders lecker ist die Kochbanane als Dessert.

Sowohl der Innen- als auch der Außenbereich laden zum Verweilen ein. Hin und wieder gibt es sogar Live-Musik oder Trommler, bei denen Gäste mittrommeln dürfen.

Menüs kosten ab 15 Euro für Erwachsene. Das Kindermenü kostet 9 Euro.

Café de la Brousse (Imbiss)

Das *Café de la Brousse* hat kleine Snacks für zwischendurch im Angebot. Es hat hauptsächlich am Wochenende und bei großem Besucherandrang geöffnet. Am Seeufer gelegen bietet es einige Plätze, von denen die meisten Schutz vor dem Trubel der vorbeiziehenden Besuchermassen bieten. Von dort aus hat man außerdem den schönsten Blick auf das Schiff von Kapitän Hook und die Adventure Isle.

Cool Post (Imbiss)

Gegenüber des Souvenirshops *Indiana Jones Adventure Outpost* (der Indiana Jones-Souvenirs und afrikanische Teile führt) findet man den Imbiss *Cool Post*. Dort gibt es kleinere Snacks sowie Getränke. Das besondere an der Cool Post ist jedoch nicht das Essens- und Getränkeangebot, sondern die Deko im Außenbereich: Insbesondere die Cola-Box hat es in sich, wenn man ihren Deckel öffnet. Unbedingt ausprobieren!

Best of Souvenirs / Shopping

La Coffre du Capitain – kleine Piratinnen und Piraten, Peter Pan- und Tinkerbell-Fans können sich hier stilecht einkleiden. Auch Nightmare before Christmas-Merchandise ist im Angebot. Man gelangt in den Store auf dem Weg aus der Attraktion hinaus oder etwas versteckt neben Captain Jack‘s.

La Giraffe Curieuse – ein kleiner, aber feiner Shop, der teilweise exklusive, außergewöhnliche Produkte anbietet.

Fun Fact: Nicht verpassen: Vom Baumhaus der Familie Robinson und vom Steg hinter der *Adventure Isle* aus kann man die Figuren *Carl* und *Russell* aus dem Film *Oben!* entdecken, die es sich auf einem Bootssteg gemütlich gemacht haben. Sie „bewachen“ ein Motorboot, das dem Boot aus dem Film *African Queen* mit Humphrey Bogart und Ingrid Bergmann nicht nur zufällig ähnelt. Viel Spaß bei der Suche nach den beiden Pixar-Helden!

Außerdem treiben sich Kaa, die Schlange aus dem *Dschungelbuch,* und der Vogel Zazu aus *Der König der Löwen* im Adventureland herum. Diese beiden befinden sich in der Nähe des Schnellrestaurants *Hakuna Matata* – jedoch wie Kurt und Russel nur als fest montierte Figuren.

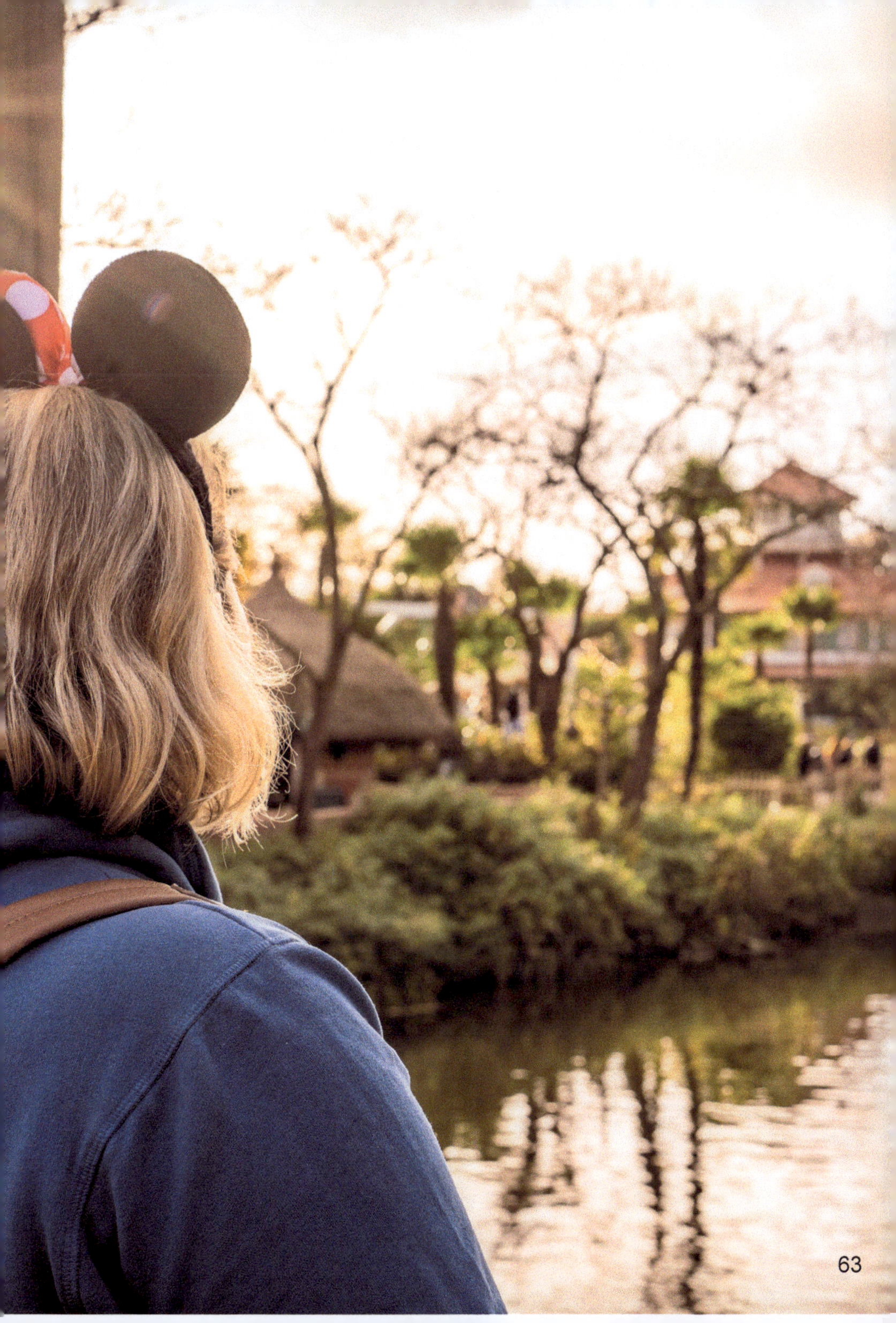

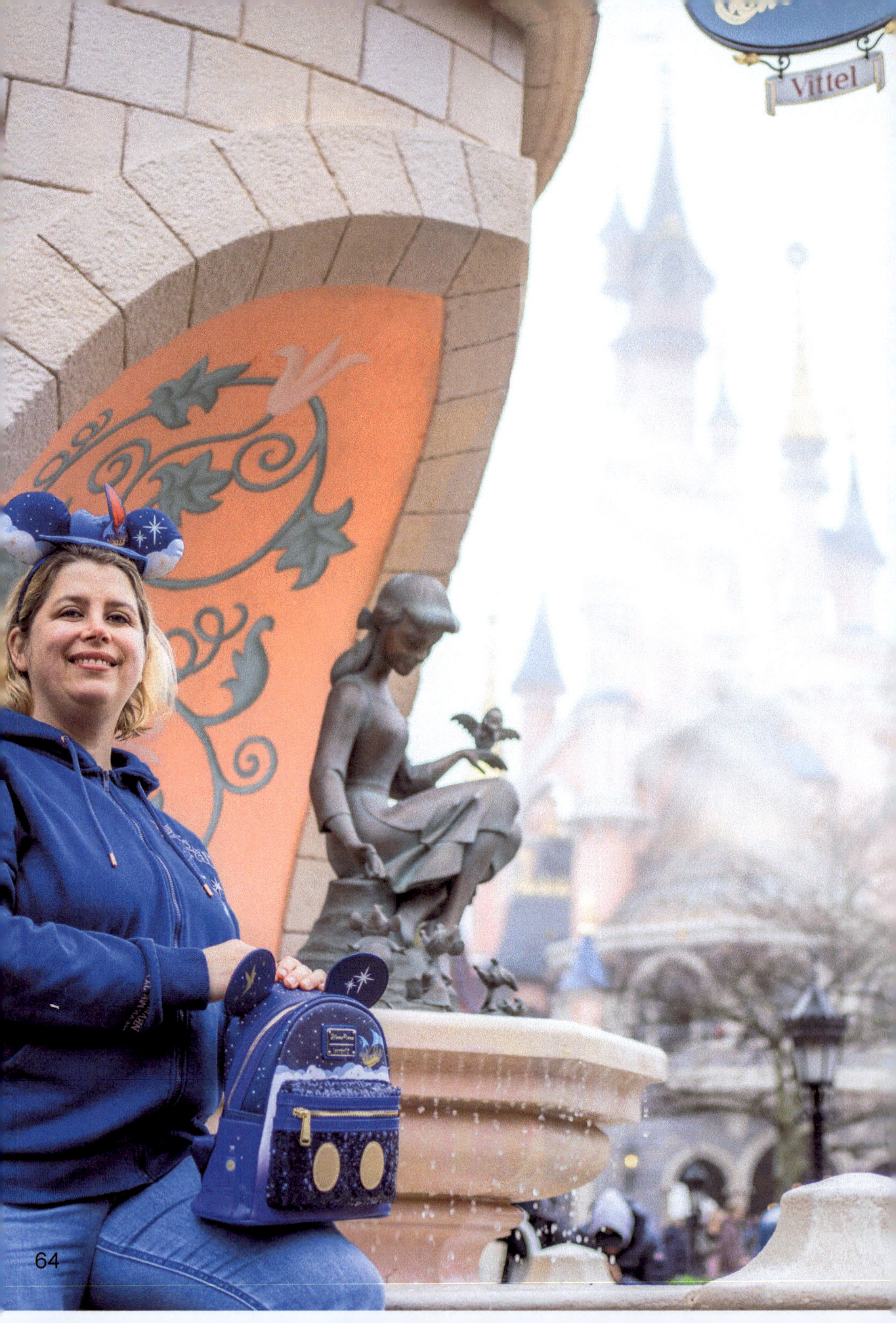
Vittel

Fantasyland®

Große und kleine Fans der Disneyklassiker werden im Fantasyland® Teil ihrer Lieblingsfilme: Hier kann man sich mit *Schneewittchen* auf der Flucht vor ihrer bösen Stiefmutter gruseln und *Pinocchio* dabei begleiten, wie er ein richtiger Junge wird. Auf dem Rücken von *Dumbo* und in den Teetassen des verrückten Hutmachers dreht man eine rasante Runde und kann *Dornröschens Schloss besuchen*. Mit *Peter Pan* kommt man sogar noch zu einem Flug über London, biegt am zweiten Stern rechts ab Richtung Nimmerland und sieht danach in *It's a small world* mit eigenen Augen, wie klein unsere Welt wirklich ist.

Wie zum Beweis rückt Europa im Fantasyland® eng zusammen: England, Deutschland, Frankreich und Italien sind nur wenige Schritte voneinander entfernt. Dort wird den großen europäischen Autorinnen und Autoren wie J.M. Barrie, Lewis Carrol, P.L. Travers und den Gebrüdern Grimm gehuldigt, deren große Werke von Disney® adaptiert wurden und ihren Weg in die Attraktionen gefunden haben.

Fantasyland® ist außerdem das (Themen-)Land der Burgen und Schlösser mit den meisten Türmchen: Neben dem *Sleeping Beauty Castle* sind auch das *Schloss der Herzkönigin* und die Pizzeria *Bella Notte* gut *betürmt*. Doch auch in der Botanik ist Fantasyland® Spitzenreiter: Hier sind die meisten in Form getrimmten Sträucher des Resorts zu bestaunen, allen voran ein Busch in Form von Dumbo, der schon seit 1992 in aller Pracht erstrahlt und größer ist als die anderen Figuren seiner Art.

Attraktionen

Sleeping Beauty Castle – Dornröschens Schloss

Bereits von der Main Street U.S.A.® aus hat man einen tollen Blick auf das *Sleeping Beauty Castle* – das *Dornröschen-Schloss*. Das ganze Ausmaß dieses imposanten Schlosses sieht man jedoch erst, wenn man direkt davorsteht: Mit 45 Metern Höhe ist es das höchste Gebäude im Disneyland Park und überragte bis zum Bau des Freefall-Towers im Walt Disney Studios® Park alle anderen Attraktionen in Disneyland® Paris.

Im Erdgeschoss des Schlosses befinden sich zwei Shops: Die *Boutique du Chateau* bietet ganzjährig Weihnachts- und Hochzeitsaccessoires, während *Merlin L'Enchanteur* feinste Glasarbeiten führt. Mit etwas Glück kann man sogar Glasbläserinnen oder Glasbläser bei der Arbeit beobachten.

In der oberen Etage des Schlosses wird die Geschichte von Dornröschen erzählt. Neben aufwändig gearbeiteten Wandteppichen stechen insbesondere die filigran gearbeiteten, bunten Glasfenster ins Auge. Bäume tragen anstelle von Säulen und Bögen das Dach, funkelnde Äste schaffen eine romantische Atmosphäre.

Wer nach so viel Romantik an die frische Luft muss, kann vom Balkon aus das gesamte Fantasyland® überblicken – es lohnt sich.

Abends ist das Schloss mit seinen vielen großen und kleinen, an der Spitze vergoldeten Türmen wunderschön beleuchtet und bietet als Leinwand Platz für das allabendliche Spektakel.

Fun Facts: Wie baut man ein unechtes Schloss für europäische Gäste, die im Gegensatz zu vielen amerikanischen Parkbesuchern echte Schlösser kennen? Vor dieser Herausforderung standen die Macher des Parks bei der Planung des Schlosses. Die Frage war relativ einfach zu beantworten: Ein richtiges Schloss musste her. Inspiration und Vorbilder fanden die Disney®-Imagineers in den wunderschönen Schlössern der Loire, in Kirchen sowie dem berühmten Mont-Saint-Michel in der Normandie. Als Tribut an diese traditionsreichen europäischen Burgen und Schlösser wurde außerdem davon Abstand genommen, wie üblich Fiberglas zu verwenden. Stattdessen wurde solides Baumaterial eingesetzt, um das Schloss auch wirklich echt wirken zu lassen.[12]

Rosa wurde bewusst als Außenfarbe für das Schloss gewählt, um den oft grauen europäischen Himmel zu kontrastieren. So ist das Schloss auch bei Regen und Nebel gut zu erkennen. Auch die Ausrichtung ist kein Zufall: Durch die Ausrichtung des Schlosses nach Süden ist es zu jeder Tageszeit ins rechte Licht gerückt. Dies ermöglicht Fotos des Schlosses von der Main Street U.S.A.® aus ohne störenden Lichteinfall. Und damit sie den Blick auf das Schloss nicht verdecken, werden die Bäume entlang der Main Street U.S.A. ® in regelmäßigen Abständen ausgetauscht, bevor sie zu groß werden.

Die Turmspitzen sind teilweise mit echtem Blattgold verziert – rund 2,4 Kilogramm Gold bringen das Schloss zum Glänzen. Ebenfalls vergoldet sind kleine Schnecken, die sich auf einigen Türmen zur Turmspitze *flüchten* – ein augenzwinkerndes Tribut an Frankreich bzw. die französische Küche, in der Schnecken als Delikatesse geschätzt werden.

---

12 Vgl. Eisner, Michael D., Disney ist jeden Tag ein Abenteuer, Wilhelm-Heyne-Verlag GmbH & Co. KG, München, 1999,S. 327

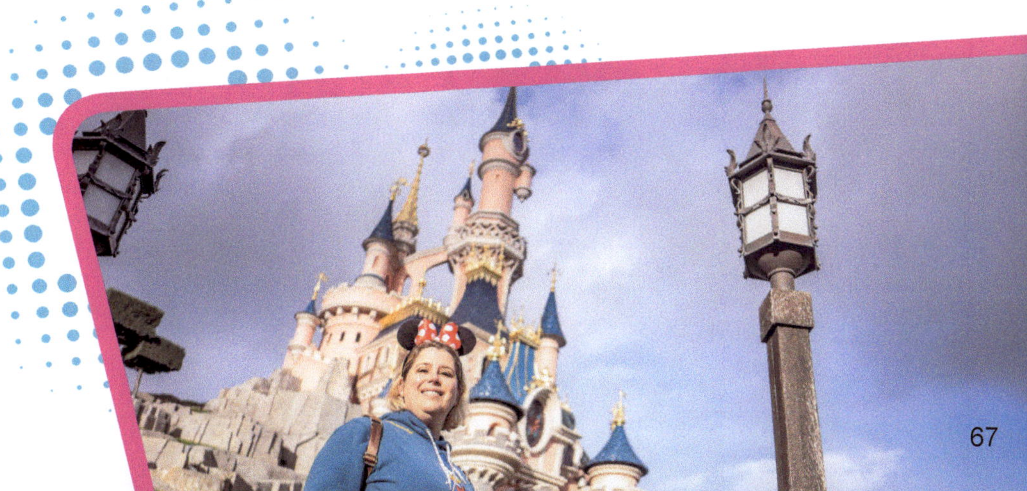

La Tanière du Dragon – Die Drachenhöhle

Im Kellergewölbe des Schlosses spuckt ein in Ketten gelegter, gruselig-schauriger Drache Dampf – um kurz darauf wieder in einen dämmerigen Schlaf zu verfallen. Doch Achtung, es kann jederzeit wieder losgehen und die von Schwefel geschwängerte Luft wird wieder vom Grollen des übellaunigen Drachen erfüllt!

Die Grotte des Drachen erreicht man entweder über den Shop *Merlin L'Enchanteur* (Merlin, der Zauberer) oder durch verschiedene Eingänge auf der Westseite des Schlosses.

Hinweis: Kleine Kinder könnten sich in dieser Attraktion gruseln, denn der Drache sieht wirklich echt aus und in der Höhle ist es sehr dunkel.

FUN FACT: Das Dornröschen-Schloss ist das einzige Disney®-Schloss weltweit mit einem eigenem Drachen im Keller. Dieser wiederum ist der größte Animatronic im ganzen Park.

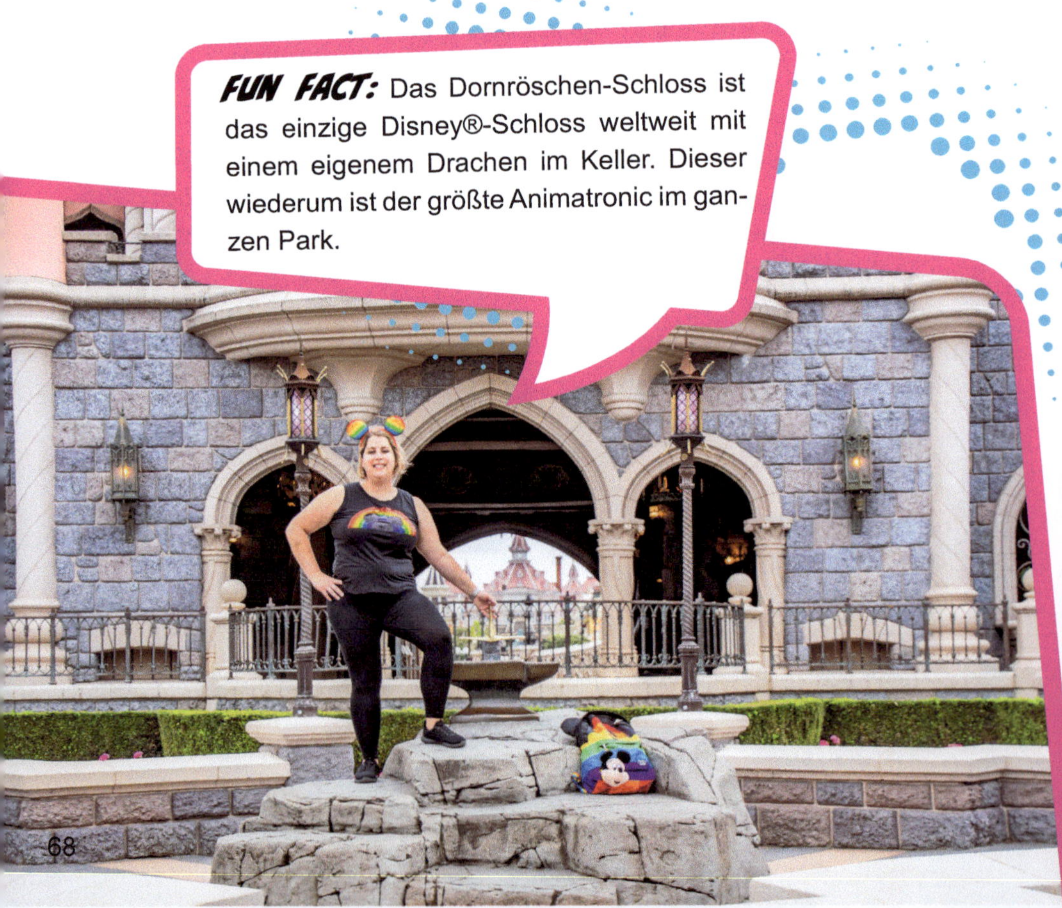

Excalibur

Für kleine und große *Drachenbezwinger* empfiehlt es sich, vor einem Besuch in der Drachenhöhle das berühmte Schwert *Excalibur* aus dem Stein zu ziehen. Wenn es der junge König Artus nicht gerade herausgezogen hat, ist es hinter dem Schloss im Schlosshof zu finden. Viel Erfolg!

Blanche-Neige et les Sept Nains® - Schneewittchen und die sieben Zwerge

In Loren für vier Personen begibt man sich auf eine kurzweilige Reise, um das Abenteuer von Schneewittchen und den sieben Zwergen mitzuerleben. Während es im Haus der sieben Zwerge beschaulich und fröhlich beginnt, wird es danach schnell gruselig. Die Fahrt führt durch einen dunklen Wald und furchteinflößende Sümpfe hindurch, hinter (fast) jeder Biegung lauert die böse Stiefmutter. Bekanntermaßen gibt es ein Happy End, jedoch sollte man berücksichtigen, dass sich kleine Kinder ängstigen könnten.

Fun Fact: Aus dem höchsten Fenster des Hauses, direkt über dem Eingang zur Attraktion, schaut von Zeit zu Zeit die böse Stiefmutter herab. Ob sie sich wohl über all die fröhlichen Gäste ärgert?

Diese Attraktion erfordert keine Mindestgröße.

Les Voyages de Pinocchio – Pinocchios Reisen

Die kleine Holzpuppe Pinocchio kann das Lügen einfach nicht lassen – und wird dafür mit einer stetig wachsenden Nase aus Holz bestraft. In Wagen für sechs Personen geht die Fahrt zunächst durch Gepettos Werkstatt, in der alles beginnt. Leider gerät Pinocchio an die falschen Freunde und in haarsträubende Situationen: So landet er in einem poppig-bunten Vergnügungspark, in dem die feierwütigen Jungs zur Bestrafung in Esel verwandelt werden, und wird von einem Wal verschluckt. Fahrgäste bekommen all dies hautnah mit. Doch Jimney, die tapfere Grille, begleitet Pinocchio und die Passagiere sicher durch das Abenteuer und zu dem bei Disney® obligatorischen Happy End.

Pinocchios Reisen ist eine kurzweilige, kindertaugliche Fahrt, wenngleich es streckenweise dunkel ist und Kinder sich bei einzelnen Szenen gruseln könnten.

Diese Attraktion erfordert keine Mindestgröße.

Le Carrousel de Lancelot – Lanzelots Karrussel

Aufsteigen und losfahren – viel mehr ist nicht nötig, um ein paar Runden auf dem *Karussell von Lancelot* zu drehen, das in seiner Aufmachung an Jahrmarktkarussells aus dem 19. und 20. Jahrhundert erinnert.

Für jedes Alter und jede Größe ist eine Mitfahrgelegenheit vorhanden. Vom kleinen Pony bis zum großen Streitross kann man sich entweder auf ein Pferd setzen oder ganz bequem in einer Kutsche Platz nehmen – um bei traumhafter Film-Musik aus Disney®-Klassikern ein paar Runden auf dem Karussell zu drehen. Die größten und prunkvollsten Pferde stehen dabei außen; von außen nach innen werden die Pferde kleiner und sind weniger detailreich verziert.

Diese Attraktion erfordert keine Mindestgröße.

Fun Facts: Mit 86 Pferden und zwei Kutschen ist dieses Karussell das größte seiner Art in Europa. Zehn der Pferde sind sogar von Hand gefertigt und mit Blattgold verziert.

Um die Farben der Pferde und Kutschen aufzufrischen, sind zehn Fachleute rund zwei Wochen beschäftigt.

Peter Pan's Flight

Nie erwachsen werden – was auf den ersten Blick unrealistisch erscheint, wird hier möglich. In der Dark Ride-Attraktion *Peter Pan's Flight fliegen* Gäste mit der Hilfe von Feenstaub (Pixie Dust) in kleinen verzauberten Piratenschiffen hinter Peter Pan her und über das nächtliche London hinweg. Am zweiten Stern rechts geht es in den Sternenhimmel hinein und mit kleinen Umwegen ins Nimmerland. Dort kommt man auch zur Bucht der Meerjungfrauen und kann Peter Pan dabei zuschauen, wie er und Wendy gemeinsam Tiger Lilly retten und Kapitän Hook (wieder einmal) besiegen. Natürlich hat auch das Krokodil Ticktack seinen großen Auftritt.

Peter Pan's Flight ist eine der schönsten Attraktionen in den beiden Parks. Sie führt durch bekannte Szenen des Disney®-Klassikers *Peter Pan* von 1953, der wiederum auf dem gleichnamigen Roman des britischen Autors Sir James Barrie basiert.

Fun Fact: Im Kinderzimmer der Darling-Kinder kann man Hinweise auf den Autor entdecken.

Die Attraktion Peter Pan ist in allen Disney-Resorts weltweit zu finden und war zu Lebzeiten eine der Lieblingsattraktionen von Walt Disney.

Die Fahrt dauert rund drei Minuten. Diese Attraktion erfordert keine Mindestgröße.

Tipp: An dieser Attraktion ist aufgrund ihrer großen Beliebtheit durchgehend mit langen Wartezeiten zu rechnen. Gegen Aufpreis ist das Premier Acces Pass-System verfügbar, um langes Anstehen zu umgehen.

Disneyland Railroad – Fantasyland® Station

Zwischen dem Restaurant *Toad Hall* und der *Festival Stage* befindet sich der Eingang zur *Fantasyland® Station*, an der die *Disneyland Railroad* hält. Je nach Kapazität ist ein Zustieg schneller oder langsamer möglich.

Meet Mickey Mouse

Vorhang auf: Im *Festival-Stage* kann man Micky Maus, *den* Disney®-Charakter schlechthin, aus der Nähe sehen und in seiner Garderobe treffen. Oft wird er dabei von seiner Freundin Minnie Maus und weiteren Freunden begleitet.

Ein Treffen mit Micky Maus ist tatsächlich etwas Besonderes, denn es wird aus Gründen der Authentizität darauf geachtet, dass wirklich nur eine einzige Micky Maus im ganzen Resort unterwegs ist. Erinnerungsfoto nicht vergessen!

Fun Fact: Dort, wo heute *Meet Mickey Mouse*, der Treffpunkt für die allseits beliebte Maus eingerichtet ist, befand sich früher die *Fantasy Festival Stage*. Dort wurden wechselnde Shows aufgeführt, u.a. *Winnie Puuh und seine Freunde* oder *Disney Magic Music Days*.

2011 wurde die Fantasy Festival Stage geschlossen und in den Treffpunkt für Micky Maus umgewidmet, der 2012 eröffnete. Seitdem erfreut sich *Meet Mickey Mouse* großer Beliebtheit – schließlich ist Micky der unangefochtene Star des Disney-Universums und ein Foto mit ihm gehört einfach dazu.

Dumbo the Flying Elephant

Dank einer magischen Feder kann Dumbo, der beliebte Zirkus-Elefant, fliegen – und nimmt seine Gäste mit auf einen Outdoor-Rundflug über das Fantasyland®. Mit einem lauten „Töröö“ startet die Fahrt. Die 16 Dumbos drehen sich zu Jahrmarktsmusik im Kreis und können nach oben und unten bewegt werden. Ein Elefant bietet bis zu zwei Erwachsenen mit Kind Platz.

Diese Attraktion erfordert keine Mindestgröße.

Fun Fact: Ein als *Dumbo* getrimmter Formstrauch befindet sich gegenüber des Restaurants *Au Chalet de la Marionette* und ist gleichzeitig die älteste und größte Figur seiner Art im Park.

Alice's Curious Labyrinth - Alice' verrücktes Labyrinth

Auf dem Weg durch das verrückte Labyrinth wandelt man auf den Spuren von Alice und kommt dabei an allerlei Fabelwesen vorbei. Schnell ist man falsch abgebogen und steht in einer Sackgasse. Natürlich ist die Grinsekatze nicht weit, wenn man sich auf der Suche nach dem richtigen Weg verlaufen hat. Vorsicht heißt es auch vor den Soldaten der bösen Herzkönigin, die natürlich nicht weit sind, je näher man an das Schloss herankommt.

Am Ende des Labyrinths wartet als Belohnung das (übersichtlich kleine) Schloss der bösen Herzkönigin, in das man hineingehen und in dem man in wenigen Stufen hinaufsteigen kann.

Wer es auf den Turm des Schlosses geschafft hat, wird mit einem tollen Blick über das Fantasyland® hinweg belohnt. Außerdem kann man den eigenen Weg zurückverfolgen und schauen, wo man in die Irre geführt wurde.

Diese Attraktion erfordert keine Mindestgröße.

Fun Facts: Mit den Realverfilmungen von Tim Burton erlebte der Disney®-Klassiker *Alice im Wunderland* einen neuerlichen Boom – und war in Disneyland® Paris doch schon immer überaus beliebt.

Einer der Türme des Schlosses wird von einer Rutsche umschlossen – diese war ganz früher sogar in Betrieb, wurde jedoch bereits nach kurzer Zeit aus Sicherheitsgründen außer Betrieb genommen.

Mad Hatter‘s Tea Cups - Teetassen des verrückten Hutmachers

Wie wäre es mit einer Tasse Tee? Der verrückte Hutmacher Mad Hatter lädt zu einer seiner berühmt-berüchtigten Teepartys ein – und die Teetassen drehen durch!

In dem wunderschön gestalteten Teepavillon rotieren Teetassen in wilden Kreisbewegungen auf einem Tablett; zusätzlich können die Tassen mit der Hand und eigener Kraft schneller gedreht werden. Also nichts wie einsteigen und durchdrehen!

Diese Attraktion erfordert keine Mindestgröße und eignet sich natürlich auch für Fans anderer Heißgetränke.

Besonders schön sieht die Attraktion im Dunkeln aus, wenn der Pavillon hell beleuchtet ist.

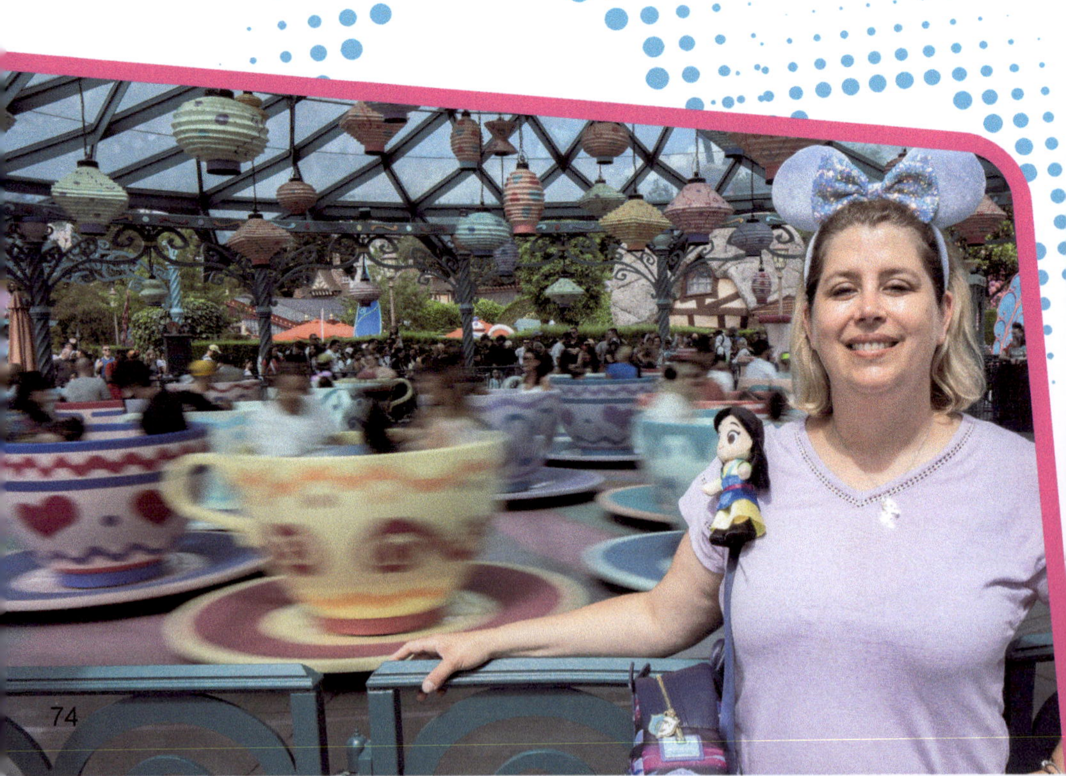

Casey Jr. – le Petit Train du Cirque - Der kleine Zirkuszug

Casey Jr. – le Petit Train du Cirque ist eine auf die Ansprüche von Kindern ausgerichtete Achterbahn. Während der sprechende Zirkuszug im Disney®-Klassiker *Dumbo* die Zirkustiere von Ort zu Ort zu transportiert, zieht er in Disneyland® Paris die bunten Zirkuswagen mit kleinen und großen Fahrgästen an Bord. Dabei dreht Casey Jr. durchaus rasant zwei Runden um ein Miniaturschloss herum und kreuzt auch das Feenland. Ein toller Blick auf die dortige Miniatur-Märchenwelt ist garantiert!

Diese Attraktion erfordert keine Mindestgröße.

Hinweis: Im Winter ist die Attraktion zeitweise geschlossen.

Le Pays des Contes des Fées – Das Märchenland

In hübschen Booten fährt man gemächlich durch eine Miniaturwelt, in der neben Disney®-Klassikern wie *Arielle, Die Schöne und das Biest* sowie *Aladdin* auch europäische Märchenklassiker wie *Peter und der Wolf* einen Platz gefunden haben. An jedem einzelnen Ufer gibt es etwas Neues zu entdecken. Bereits die ersten Klänge Musik kündigen an, welches Märchen als nächstes in Sichtweite kommt. Wer errät es zuerst?

Hin und wieder rast *Casey Jr.* mit seinen Zirkuswagen vorbei und auch die *Disneyland Railroad* lässt sich regelmäßig blicken – diese Attraktion bietet also mehr, als es den ersten Anschein hat.

Diese Attraktion erfordert keine Mindestgröße.

Tipp: Besonders viel Spaß macht die Attraktion im Frühjahr und Sommer, wenn Entenfamilien die Märcheninstallationen als Ruheplatz nutzen. Selbst die kleinsten Küken wirken dabei plötzlich wie Riesen und lassen die eigentliche Attraktion fast zur Nebensache werden.

Im Winter ist die Attraktion zeitweise geschlossen.

It's a small world

In dieser quietschbunten, poppig-fröhlichen Wasserattraktion fungieren Puppen als Botschafterinnen und Botschafter ihrer Heimatländer. Die Boote fahren in familientauglicher Geschwindigkeit durch insgesamt 26 Länder und alle Kontinente dieser Erde. Während das eine oder andere landestypische Klischee mit einem Augenzwinkern bedient wird, kommt man aus dem Staunen und Entdecken nicht heraus. Der allgegenwärtige, in acht Sprachen gesungene Titelsong *It's a small world* garantiert gute Laune und wird zu einem Ohrwurm, noch bevor die Fahrt zu Ende ist. Viel Spaß beim Mitsummen und Erraten der Länder!

Tipp: Die Attraktion ist nicht nur innen, sondern auch von außen ein echter Hingucker. Alle fünfzehn Minuten startet ein Glockenspiel im höchsten Turm - ein sehenswertes Schauspiel.

Diese Attraktion erfordert keine Mindestgröße.

Fun Facts:

It's a small world wurde ursprünglich für die 1964/65 in New York stattfindende Weltausstellung entwickelt. Aufgrund seiner dortigen großen Beliebtheit wurde die Attraktion nach Kalifornien verbracht und 1966 im dortigen Disneyland® Park wiedereröffnet. Mittlerweile befindet sich in jedem Disney®-Resort weltweit eine adaptierte Version der Attraktion - kein Wunder also, dass bis heute über eine Milliarde Menschen die Attraktion besucht haben.

2014 feierte *It's a small world* 50jähriges Jubiläum – und wurde dafür ausgiebig gefeiert, nicht zuletzt am Times Square in New York.

Früher wurden Gäste im Ausgangsbereich von *It's a small world* durch eine Miniaturwelt geleitet, die der Geschichte der Kommunikation gewidmet war – getreu dem Motto, dass die Welt durch Kommunikationsmittel enger zusammenrückt und dadurch immer kleiner wird. In den Anfangsjahren wurde die Attraktion daher passenderweise vom französischen

Telekommunikations-Unternehmen France Télécom gesponsert, bis sich das Unternehmen zum 1. Dezember 2008 als Sponsor zurückzog.

An der Stelle dieser Walk-Through-Attraktion wurde der Princess Pavillon errichtet, der am 8. Oktober 2011 seine Türen öffnete.

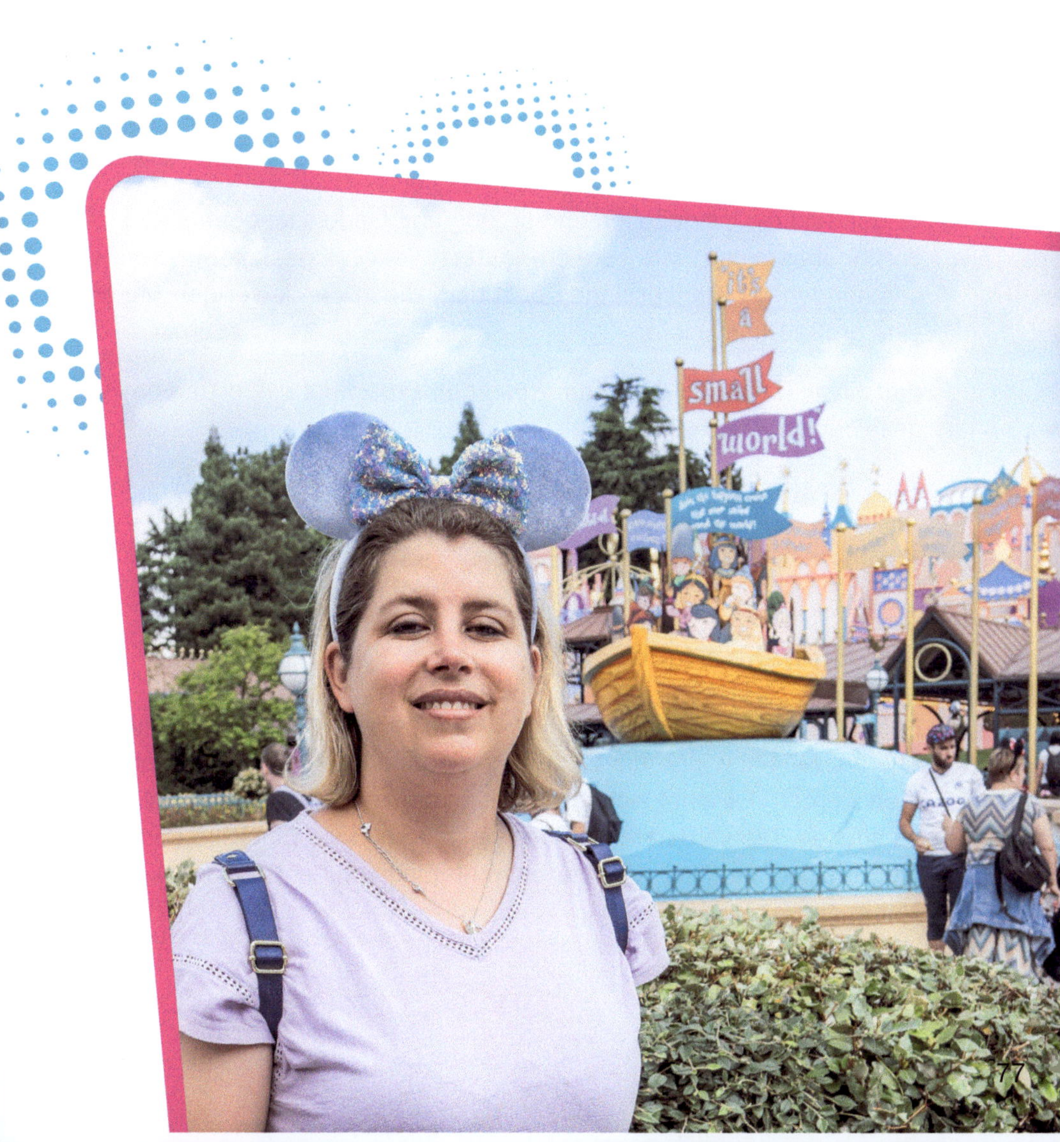

Princess Pavillon

Die Hoheiten bitten zur Audienz!

Der *Princess Pavillon* ist der Ort mit der höchsten Prinzessinnendichte im ganzen Park – ein Ort, an dem die Prinzessinnen zum Leben erwachen und für ein gemeinsames Foto posieren. Hier werden Träume wahr, denn während die Prinzessinnen sonst hauptsächlich während der Parade oder auf der Royal Castle Stage zu bewundern sind, kommt man hier deutlich näher an die Prinzessinnen heran.

Welche Prinzessin zur „Audienz" bereit steht, ist außen am Pavillon angeschlagen. Im Voraus steht nicht fest, welche Prinzessinnen wann anzutreffen sind.

Leider sind die Wartezeiten immer lang und Geduld ist gefragt. Dafür ist der Innenbereich (Wartebereich) äußerst liebevoll gestaltet und mit Gegenständen der Prinzessinnen dekoriert, die in den jeweiligen Märchen eine große Rolle spielen.

Fun Fact: Tiana aus dem Film *Küss den Frosch* ist die letzte von Hand gezeichnete Prinzessin.

Tipp: Da sich am *Princess Pavillon* oft lange Schlangen bilden, ist frühes Anstellen empfehlenswert, wenn möglich, sobald der Zugang zu Fantasyland offen ist.

Royal Castle Stage

Auf der *Schlossbühne* wird mehrmals am Tag eine Show aufgeführt. Das Thema der Show und die Showzeiten können dem Programm entnommen werden. Es lohnt sich, rechtzeitig vor Beginn der Show einen Platz zu suchen. Die vordersten Reihen bekommen tolle Einblicke und sehen die Künstlerinnen und Künstler beim Abgang von der Bühne aus direkter Nähe.

Restaurants

Auberge de Cendrillon (À-la-carte-Restaurant)

Für das perfekte Prinzessinnen-Erlebnis kann man in der *Auberge de Cendrillon* (Cinderellas Gasthaus) mit gekrönten (Disney®-)-Häuptern speisen. Kleine (und große) Prinzessinnen und Prinzen kommen aus dem Staunen nicht heraus, wenn Cinderella und andere beliebte Figuren aus dem gleichnamigen Disney®-Klassiker im Restaurant Hof halten und das sowieso schon exklusive französische Essen mit einem Foto der besonderen Art abrunden. Sicher tragen auch das edle, fast königliche Ambiente im Inneren des Restaurants (hübsche Wandmalereien, Kronleuchter und detailreiche Stuckarbeiten) sowie die Replik von Cinderellas Kutsche im Innenhof dazu bei, dass ein Essen in der *Auberge de Cendrillon* ein unvergessliches Erlebnis ist.

Allerdings ist das Essen nicht ganz billig: Erwachsene zahlen 95 Euro für das Menü, Kinder 50 Euro (Getränke kosten extra).

Fun Fact: Im Hof der *Auberge* befindet sich ein hübscher Kräutergarten. Die Kräuter werden als Zutaten für die Speisen im Restaurant verwendet. Am Brunnen im Innenhof sind die kleinen fleißigen Mäuschen verewigt, die Cinderella beim Nähen helfen.

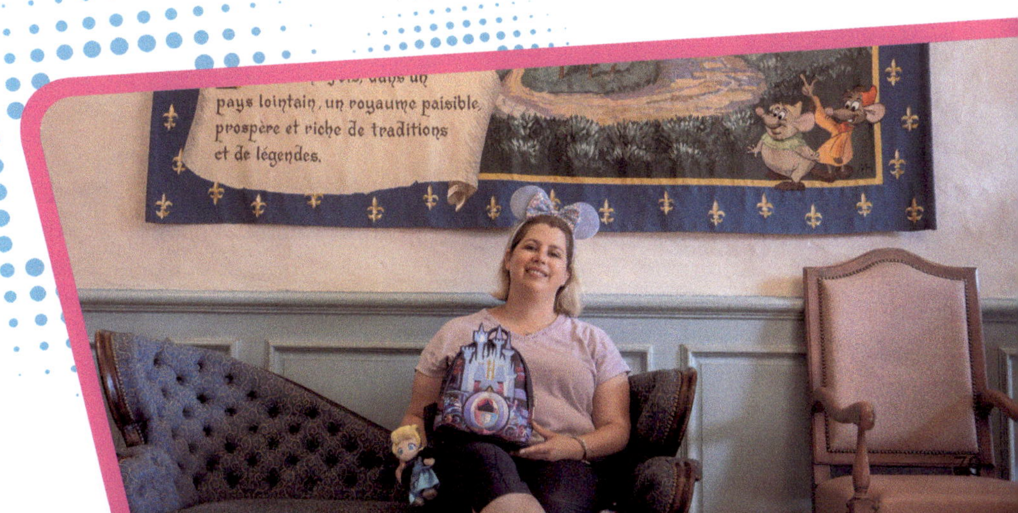

Au Chalet de la Marionnette (Schnellrestaurant)

Alpen-Atmosphäre im Disney®-Stil erwartet Gäste in der Almhütte (Chalet) der beliebten Marionette *Pinocchio*. Neben Fleischgerichten wie Hähnchen, Bratwurst und einem bajuwarischen Hotdog mit Currywurst-Sauce gibt es auch einen vegetarischen Burger und leckeren, warmen Apfelstrudel als Dessert (unbedingt probieren). Der Gastraum ist großzügig und gemütlich eingerichtet und für Familien gut geeignet. Wenn alle anderen (Schnell-)Restaurants belegt sind, findet sich hier oftmals noch ein Plätzchen – wenn auch mit Geduld und Glück und vielleicht trotz schlechten Wetters im großzügigen, in weiten Teilen überdachten Außenbereich.

Menüs kosten für Erwachsene ab 15 Euro, das Kindermenü kostet 9 Euro.

Tipp: Für das Essen der Kleinsten steht eine Mikrowelle bereit.

L'Arbre Enchanté (Imbiss)

Der verzauberte Baum (L'Arbre Enchanté) bietet Getränke und kleine Snacks. Zu finden ist der kleine Imbiss linkerhand des Shops *Sir Mickey's Boutique*. Der Wagen ist besonders liebevoll gestaltet und hatte in den vergangenen Jahren schon verschiedenste Einsatzmöglichkeiten.

Kleiner Wermutstropfen: Eigene Sitzgelegenheiten bietet der Imbiss leider nicht.

March Hare Refreshments (Imbiss)

Perfekt eingepasst in die Umgebung rund um das Labyrinth vor dem Schloss der bösen Herzkönigin aus *Alice im Wunderland*, bietet *March Hare Refreshments* Erfrischungen (Refreshments) und kleine Snacks an. Kunterbunte Stühle und Tische laden zum kurzen Verweilen in einem kleinen Garten mit Blick auf die durchdrehenden Teetassen ein.

Tipp: Besonders sehenswert ist die große Teekanne neben der reetgedeckten Hütte, die von Zeit zu Zeit dampft und deren Deckel sich hebt. Wer da wohl neugierig hervorlugt?

Pizzeria Bella Notte (Schnellrestaurant)

Susi & Strolch treffen auf Luca! In der Pizzeria *Bella Notte* gibt es typisches italienisches Essen wie Pasta, Pizza und Lasagne in gemütlichem Italo-Ambiente. Natürlich gibt es hier auch die legendären Spaghetti mit Fleischbällchen, die sich das Hundepaar Susi & Strolch im Zeichentrickfilm teilt und über deren Tellerrand hinweg sie sich ineinander verlieben.

Seit dem Frühjahr 2023 hat sich die Thematisierung des Restaurants etwas verändert, denn im Zuge einer Erweiterung des Sitzplatzangebots gibt es nun einen „Portorosso"-Bereich, der dem Pixar-Film „Luca" gewidmet ist. Bunt gestaltete Wandgemälde und Fischerei-Zubehör geben Gästen das Gefühl, mitten im imaginären Fischerörtchen Portorosso zu sitzen. Für diesen Sitzbereich musste die Eisdiele *Fantasia Gelati* weichen, in der bislang Eisspezialitäten angeboten wurden.

Menüs kosten ab 15 Euro für Erwachsene. Das Kindermenü kostet 9 Euro.

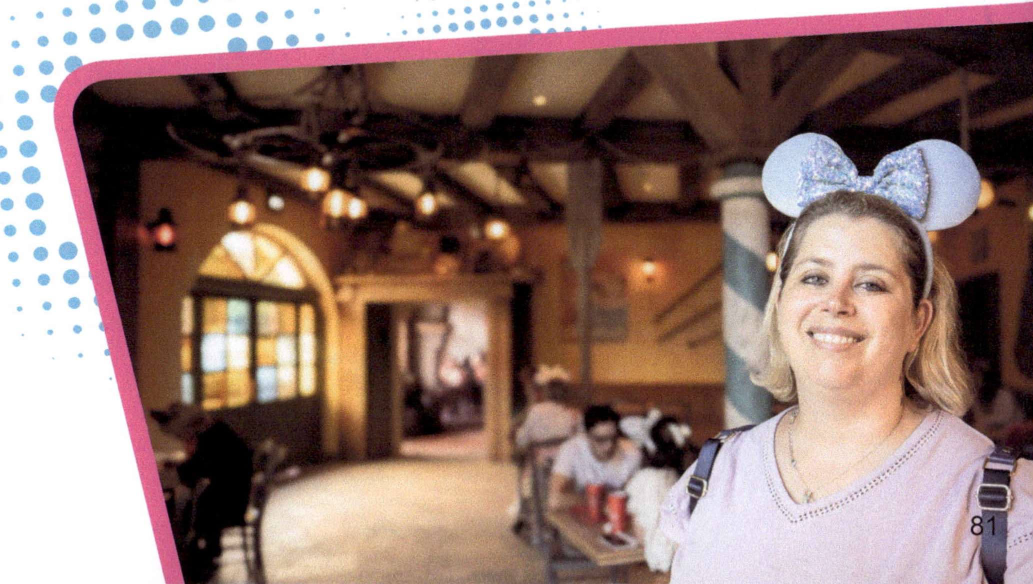

The Old Mill (Imbiss)

Die alte Mühle (Old Mill) bietet süße Snacks sowie kalte und warme Getränke an. Sie befindet sich linkerhand neben dem *Princess Pavillon* und ist kaum zu übersehen. Ein paar Tische und Stühle bieten Sitzgelegenheiten. Saisonal ist neben der Mühle ein meet & greet eingerichtet.

The Old Mill früher und heute:

Wenngleich die Alte Mühle heutzutage lediglich ein Snack-Imbiss mit wechselndem Angebot für den kleinen Hunger ist, so war die Mühle früher selbst eine Attraktion: Les Pirouettes du Vieux Moulin (The Old Mill) war eine Art kleines Riesenrad und wurde im Juni 1993 eröffnet. In großen Holzeimern, die als Gondeln genutzt wurden, konnte man ein paar langsame, kurze Runden mit Blick über das Fantasyland drehen. Die Fahrt dauerte knapp drei Minuten; in jeden der insgesamt acht Holzeimer passten bis zu vier Personen. Im Winter war die Attraktion geschlossen, dafür wurden die Holzeimer in der Weihnachtszeit mit großen Päckchen bestückt.

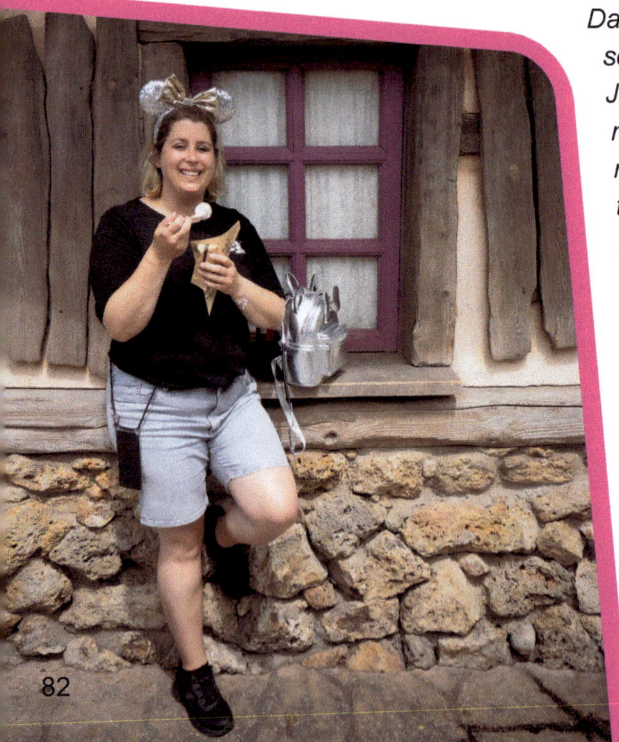

Das Konzept für das kleine Riesenrad stammte bereits aus dem Jahr 1954, fand jedoch bis dato nie den Weg in einen der anderen Disney-Parks. 35 Jahre später holte ein Imagineer die Originalskizze aus dem Archiv und adaptierte die Idee für Disneyland Paris.

Die Attraktion wurde 1999 erstmalig geschlossen. Im Jahr 2000 wurde sie zwar wiedereröffnet, jedoch 2002 endgültig geschlossen.

Die Idee für die Attraktion geht auf den Kurzfilm The Old Mill aus dem Jahr 1937 zurück. In diesem Film geht es um den Kampf der in und um eine Mühle herum lebenden Tiere, denen in einer sturmumtosten Nacht einiges abverlangt wird.

Toad Hall Restaurant (Schnellrestaurant)

Passend zum britischen Themenbereich wird in der *Toad Hall* das britische Nationalgericht Fish&Chips serviert. Im Inneren des Restaurants, das architektonisch einem englischen Herrenhaus im Tudor-Stil nachempfunden wurde, kann man Gemälde mit Jagdszenen und Ereignissen aus dem Leben von Mr. Toad bestaunen. Dekoriert ist das Restaurant zudem mit allerlei *krötigen* Dekoelementen, feinstem Porzellan und antiquarischen Sportgeräten. Die Thematisierung der Toad Hall basiert auf dem Film *Die Abenteuer von Ichabod und Taddäus Kröte.*

Tipp: Den Fisch gibt es auch in einer veganen Vish-Variante. Sowohl der Fisch als auch der Vish kosten 12 Euro als Einzelportion mit Pommes.

Fun Facts: Der Name *Toad Hall* kommt nicht von ungefähr: Mr. Toad ist einer der Hauptcharaktere aus dem bereits erwähnten Filmklassiker; dieser Film wiederum wurde von dem Kinderbuch *Wind in den Weiden* inspiriert.

All dies bildet die Grundlage für eine der Eröffnungsattraktionen des Disneyland® Resort Anaheim, *Mr. Toads Wild Ride.* In Anaheim ist die Attraktion im Gegensatz zu Walt Disney World in Florida noch in Betrieb.

Froschschenkel werden in der Toad Hall übrigens nicht serviert. Dies schließt bereits der in Stein gemeißelte Hinweis „no consumos froglegus" über der Eingangstür aus.

Best of Souvenirs / Shopping

Sir Mickey's Boutique – bietet alles, was das Herz von Plüschtierfans begehrt. Hier gibt es eine riesige Auswahl an Plüschfiguren und noch einiges mehr. Am Shop wächst zudem eine riesige Bohnenstange empor, die an den Film „Micky und die Bohnenstange“ aus dem Jahr 1947 erinnert.

(Kinder-)Schminken – neben *Sir Mickey's Boutique* kann man sich schminken lassen. Es gibt eine vielfältige Auswahl für Mädchen und Jungen (Kosten ca. 15 Euro). Auch Erwachsene dürfen sich schminken lassen.

La Chaumière des Sept Nains – hier gibt es alles, was kleine Prinzessinnen und Prinzen für ihren großen Auftritt benötigen (und noch viel mehr). Mehrere kleine Verkaufsräume laden zum Shoppen ein und sind fast schon eine eigene Attraktion, denn zwischen den einzelnen Räumen sind der Wald und die Hütte der sieben Zwerge liebevoll in das Shop-Konzept integriert.

Allgemeine Tipps:

Wenn die Besucher bei *Schneewittchen* Schlange stehen, kann es gut sein, dass bei *Pinocchio* deutlich weniger los ist – oder umgekehrt. Ein Vergleich der Wartezeiten am Eingang lohnt immer.

Tagsüber starten in unregelmäßigen Abständen Wasserspiele vor dem Schloss – da die Zeiten nicht bekannt sind, ist es Glückssache, ob man eines der Wasserspiele sieht. Oftmals hat man zur vollen oder halben Stunde Erfolg.

In Fantasyland® gibt es Attraktionen, bei denen kleine Gäste bevorzugt in der ersten Reihe der Fahrzeuge sitzen dürfen *(Les plus petits montent les premiers).* Entsprechende Schilder weisen darauf hin. Die Cast Member teilen die Reihen entsprechend zu.

Öffnungszeiten beachten: Das Hauptaugenmerk im Fantasyland® liegt auf den kleineren Gästen. So finden sich für fast jede Altersstufe eine oder sogar mehrere interessante Attraktionen. Insbesondere die beiden Attraktionen *Casey Jr.* und Le Pays des Contes des Fées richten sich an die kleineren der kleinen Gäste, weswegen diese beiden Attraktionen häufig früher schließen als der Rest des Fantasyland®. Wer nun befürchtet, dass Fantasyland® nicht für Erwachsene geeignet ist, sorgt sich umsonst. Erwachsene kommen in diesem Themenbereich genauso auf ihre Kosten wie Kinder.

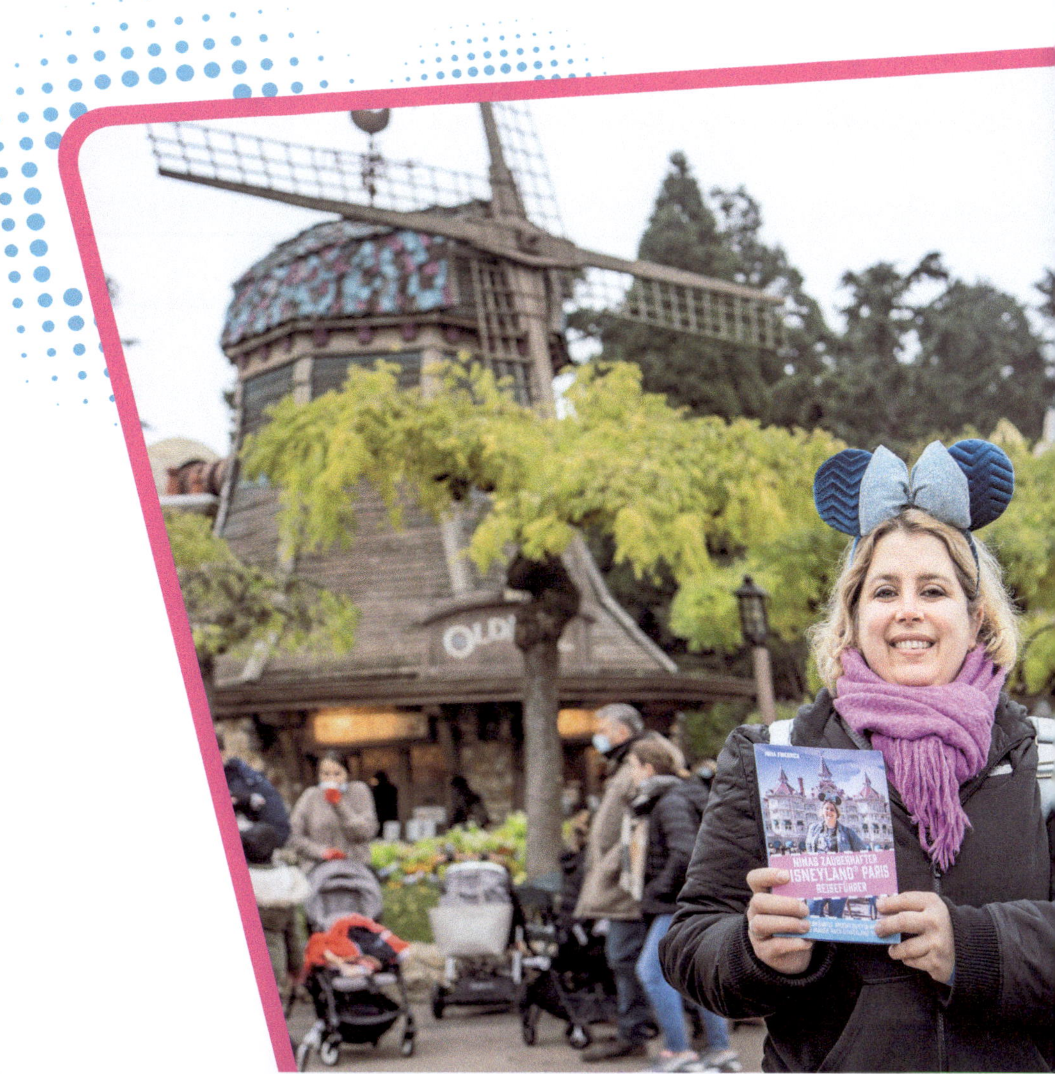

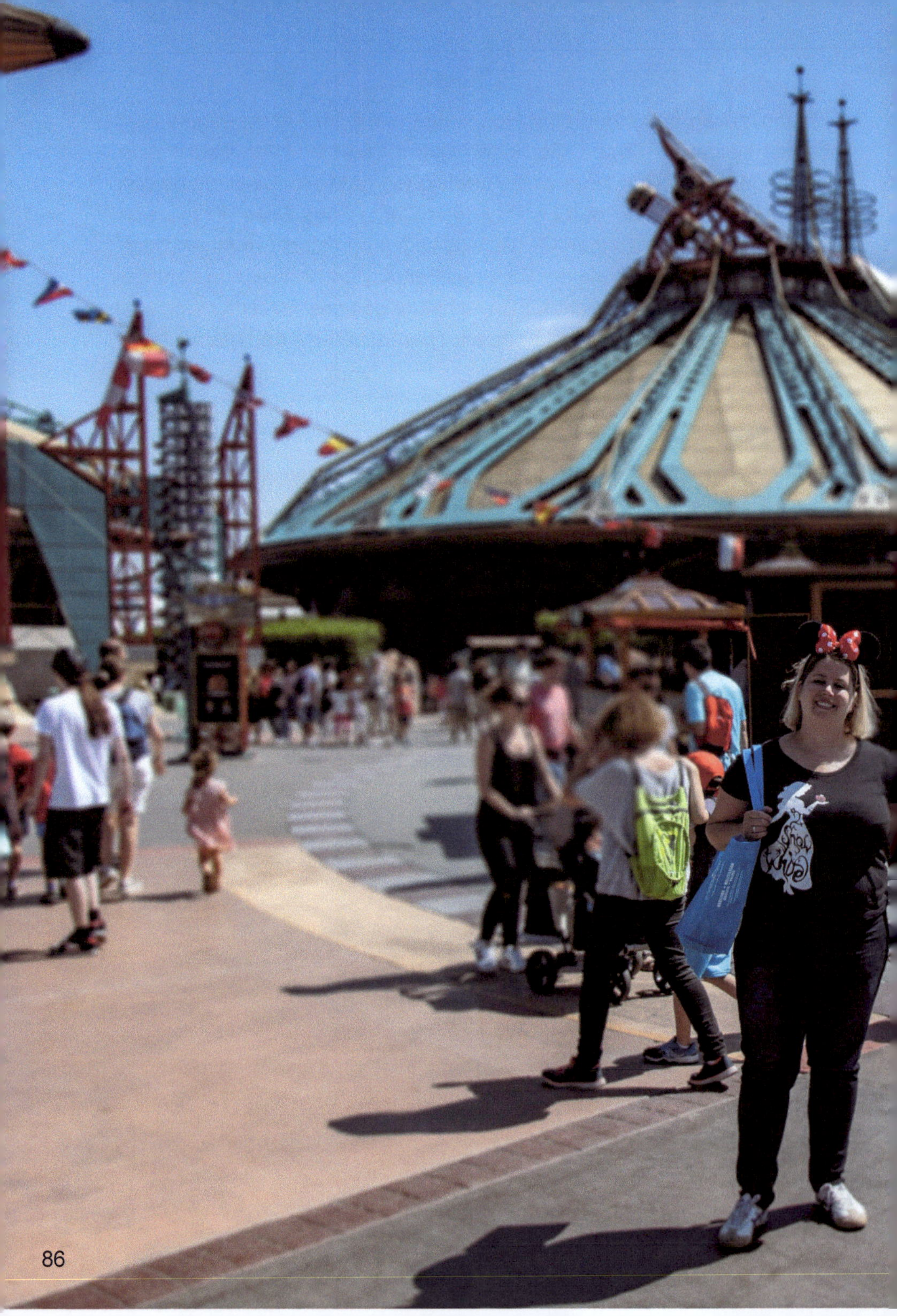

Discoveryland

Taucht ein in die retro-futuristische Phantasiewelt von Jules Verne zur Zeit der Pariser Weltausstellung des 19. Jahrhunderts!

Lasst Euch von einer Kanone in atemberaubendem Tempo ins Weltall schießen oder dreht mit den Autos von *Autopia®* eine Runde in der Zukunft. Für mehr Tiefgang geht es mit der *Nautilus* auf Tauchgang.

In der Zukunft angekommen, feuert man in *Buzz Lightyear's Laser Blast* mit Laserkanonen auf den Weltraumschurken Zorg und kann dabei die interne Meisterschaft austragen.

Fans von Star Wars™ kommen im Discoveryland ebenfalls voll auf ihre Kosten: Sowohl die Achterbahn *Star Wars™ HyperSpace Mountain: Rebell Mission* als auch der Flugsimulator *Star Tours: The Adventures Continue* zollen dem Imperium Tribut. Möge die Macht mit Euch sein!

Attraktionen

Autopia®

Ganz ohne Fahrerlaubnis können kleine und große Menschen benzinbetriebene Retro-Rennautos durch eine Rennstrecke der Zukunft steuern. Führungsschienen halten den Kurs; Lenken und Gas geben ist jedoch Aufgabe des Fahrers oder der Fahrerin. Stolze und strahlende Gesichter von Kindern, die das erste Mal selbst ein Auto steuern dürfen, entschädigen für die oftmals langen Wartezeiten. Eine Fahrt dauert ca. fünf Minuten.

Mindestgröße an dieser Attraktion sind 81 Zentimeter. Diese Größe berechtigt bereits zum Lenken des Fahrzeugs, wenn die Begleitung mindestens 1,32 Meter groß ist. Ab 1,32 Meter Körpergröße dürfen die Fahrzeuge allein gefahren werden.

Fun Fact: Jedes der rund 70 Autos läuft mit Hybrid-Antrieb. Durch den Einsatz dieser Motoren konnte der Emissionsausstoß signifikant reduziert werden, ohne dabei auf das einzigartige und die Attraktion ausmachende Motorengeräusch zu verzichten.

Tipp: An dieser Attraktion ist aufgrund seiner großen Beliebtheit durchgehend mit langen Wartezeiten zu rechnen.

Gegen Aufpreis ist das Premier Acces Pass-System verfügbar, um langes Anstehen zu vermeiden.

Buzz Lightyear Laser Blast

Bis zur Unendlichkeit und noch viel weiter!

Helft *Buzz Lightyear*, dem beliebten Spaceranger aus *Toy Story,* bei seiner Mission zur Vernichtung des bösen Zorg. Unterstützt werden tapfere *Spaceranger* dabei von den putzigen Aliens des Pizza Planets.

In schwenkbaren Raumschiffen für bis zu zwei große *Spaceranger* werden Ziele mit Laserpistolen abgeschossen. Diese Ziele bringen, je nach Schwierigkeitsgrad, unterschiedlich viele Punkte ein. Im Eingangsbereich gibt Buzz Lightyear höchstpersönlich Tipps und erklärt die Mission.

Diese Attraktion erfordert keine Mindestgröße.

Tipp: An dieser Attraktion ist aufgrund seiner großen Beliebtheit durchgehend mit langen Wartezeiten zu rechnen. Gegen Aufpreis ist das Premier Acces Pass-System verfügbar, um langes Anstehen zu umgehen.

Buzz Lightyear früher: Le Visionarium

Dort, wo heute Buzz Lightyear mit seiner Laserpistole den bösen Zorg jagt, konnten sich Gäste bis im Jahr 2004 im Visionarium auf eine Zeitreise durch Europa auf den Spuren des berühmten Autors Jules Vernes' begeben. Nach einer Pre-Show, in der Erfindungen der vergangenen Jahrhunderte vorgestellt wurden, nahm der Roboter Timekeeper die Gäste in einer Zeitmaschine mit auf die Reise. Begleitet wurden sie dabei nicht nur von Timekeeper, sondern auch von 9-Eye, einem Kameraroboter, dessen neun Kameras einen 360°-Film möglich machten. Durch den 360°-Film führte Jules Vernes höchstpersönlich, dargestellt vom Schauspieler Gérard Départdieu, der Gäste mit auf die Pariser Weltausstellung im Jahr 1867 nahm.

Der Film wurde über den kompletten, runden Raum projiziert, so dass man sich immer mit dem Film bewegen musste, um nichts zu verpassen.

Das Visionarium war seinerzeit sehr beeindruckend und zeigte die Entwicklung des technologischen und kulturellen Fortschritts. Auch war das Visionarium Bestandteil einer Vereinbarung, Frankreich und die französische Kultur im Disneyland® Paris angemessen zu präsentieren.

2004 wurde das Visionarium jedoch geschlossen, um für Buzz Lightyear Platz zu machen.

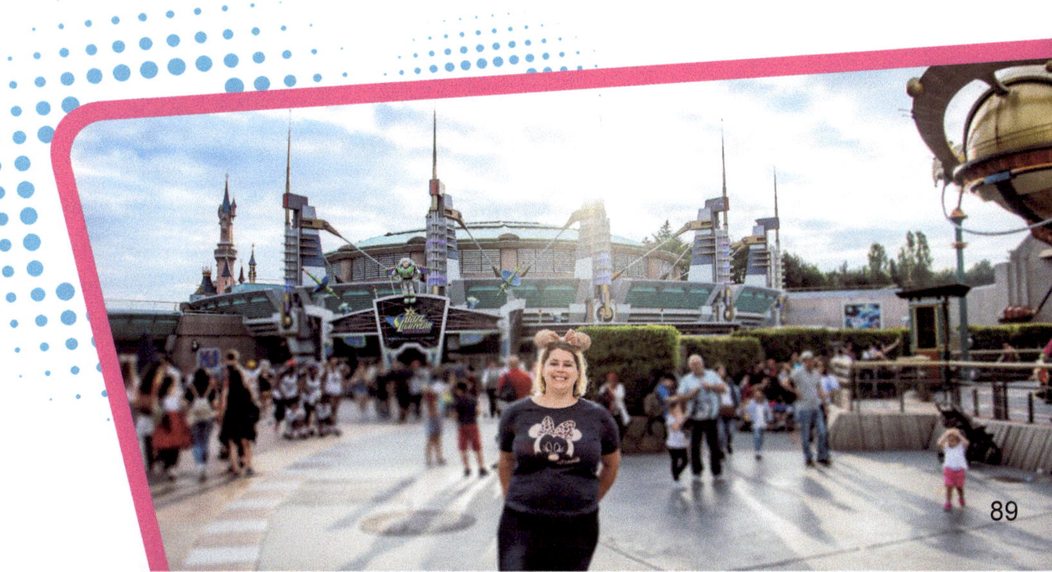

Orbitron®

In Raumschiffen, die um das Planetensystem kreisen, werden Passagiere zu Sternenreisenden. Ähnlich wie in *Dumbo the Flying Elephant* können die insgesamt 12 Raumschiffe in der Höhe gesteuert werden. Von oben bieten sie einen großartigen Blick über das Discoveryland. Die Wartezeit kann man sich mit der Suche nach dem eigenen Sternzeichen vertreiben.

Fun Facts: Die Gestaltung der Attraktion beruht auf den visionären Zeichnungen des Sonnensystems von Leonardo da Vinci. Jedes Raumschiff steht für eines der 12 Sternzeichen.

Diese Attraktion erfordert keine Mindestgröße.

Tipp: Leider sind die Raumschiffe etwas beengt und bieten daher maximal Platz für zwei schlanke, kleine Personen. Wer mit etwas mehr Gewicht und Körpergroße ausgestattet ist sollte sich für getrennte Raumschiffe entscheiden und dies den Cast Membern entsprechend mitteilen.

Disneyland Railroad – Discoveryland Station

Oberhalb von *Star Tours: The Adventures Continue* befindet sich der Bahnhof *Discoveryland Station.* Je nach Kapazität ist ein Zustieg möglich. Für die Fahrt bis zur *Main Street Station* lohnt sich ein Zustieg bei längeren Wartezeiten hier nicht mehr.

Star Tours: The Adventures Continue

Star Tours: The Adventures Continue klingt vielversprechend und ist es auch: Auf den Spuren der Jedi-Ritter gelangen Gäste an Bord eines *Starspeeder 1000* mitten in die Schlachten zwischen Imperium und Rebellenallianz hinein und werden dabei ordentlich durchgerüttelt und -geschüttelt. Durch ein Missverständnis gerät der Droide *C3PO* auf den Posten des Piloten und steuert die Passagiere mehr schlecht als recht an Katastrophen vorbei und durch Gefechte hindurch.

Wohin es geht entscheidet der Zufallsgenerator: Dank wechselnder Sequenzen aus der Star Wars*TM*-Filmwelt ist kaum ein Flug wie der andere – es gibt eine Vielzahl verschiedener Kombinationsmöglichkeiten zu entdecken! Auf welchen Planeten die Reise geht, bleibt bis zum Start ein Geheimnis. Dadurch wird der Flug in diesem 3D-Flugsimulator auch bei wiederholtem Besuch nicht langweilig.

Die an Bord gezeigten Filme sind überwiegend auf Französisch, einige werden auch auf Englisch gezeigt. Nach Möglichkeit teilen die Cast Member entsprechend der Sprachen zu – einfach fragen. Doch egal welche Sprache gesprochen wird: Action ist garantiert.

Fun Fact: Ein Gast wird per Zufallsgenerator ausgewählt und zu Beginn des Fluges als Agentin oder Agent der Rebellenallianz identifiziert und auf einem Monitor rechts der Leinwand eingeblendet.

Mindestgröße an dieser Attraktion ist 1,02 Meter.

Tipps: An dieser Attraktion ist aufgrund seiner großen Beliebtheit durchgehend mit langen Wartezeiten zu rechnen.

Gegen Aufpreis ist das Premier Acces Pass-System verfügbar, um langes Anstehen zu umgehen.

Wer den Sith Lord *Darth Vader* persönlich kennenlernen möchte, der hat im *Starport* die Gelegenheit zur Audienz. Der Starport ist schon von Weitem durch eine X-Wing auf dem Dach sichtbar. Willkommen auf der dunklen Seite der Macht!

Discoveryland Theater

Im *Discoveryland Theater* werden regelmäßig speziell produzierte 4D-Shows aufgeführt.

Seit Winter 2018 ist Micky Maus der Star im *Discoveryland Theater*. Anlässlich seines 90. Geburtstags ist die Show *Disney's PhilharMagic* in das *Discoveryland Theater* eingezogen. Bei *Disney's PhilharMagic* handelt es sich um eine 4D-Musicalshow, die als buntes Potpourri beliebter Songs und Disneyfiguren bezeichnet werden kann. Neben Micky Maus ist auch Donald Duck in dieser Show am Start, der das Orchester jedoch gehörig durcheinanderwirbelt, als er Mickys Zauberhut aufsetzt und prompt verliert. Während seiner Jagd nach dem Hut trifft Donald auf allerlei bekannte Gesichter: Lumiére aus *Die Schöne und das Biest* tischt ordentlich auf, die verzauberten Putzeimer aus dem Film *Phantasia* leiten mit einer Unmenge Wasser zur kleinen Meerjungfrau *Arielle* über, die Donald wiederum zum Tanz *unter dem Meer* auffordert. Sie fängt den Zauberhut für ihn auf, bevor es Donald zum *König der Löwen* in die Savanne und zu *Coco* nach Mexiko verschlägt. Mit Hilfe von *Tinkerbell* gelangt Donald schließlich nach London und von dort aus in das sagenumwobene Agrabah, bevor Micky eingreift und Donald samt Zauberhut sicher nach Hause bringt.

Die Spielzeiten können dem Programm entnommen werden.

Fun Facts: Das *Discoveryland Theater* (früher CinéMagique) beherbergte schon eine Reihe toller Shows:

Captain EO war die erste je in Disneyland Paris gezeigte 3-D-Show und lief dort ab 1992. Im Weltraumabenteuer Captain EO macht sich Michael Jackson (Captain EO) mit seiner Crew auf den Weg, um einer außerirdischen, grausamen Herrscherin (dargestellt von Anjelica Huston) ein Geschenk zu überbringen.

Captain EO beweist, dass die Kraft von Musik und Tanz das Gute und Schöne in jedem Wesen zu Tage fördern kann und führt mit seiner kongenialen Musik und atemberaubenden Tanzeinlagen die Transformation der bösen Herrscherin zu einer wunderschönen und friedlichen Frau herbei.

Im Jahr 1998 wurde die Show aufgrund des Missbrauchsskandal und dem folgenden Prozess gegen Michael Jackson abgesetzt. Erst nach seinem Tod wurde die Show wieder ins Programm genommen, um seinem künstlerischen Genie posthum Tribut zu zollen: Sie lief nach der Wiederaufnahme im Jahr 2010 bis ins Jahr 2015 hinein.

Fun Facts: Michael Jackson war zu Lebzeiten oft zu Gast in Disneyland Paris. Der Park wurde nachts exklusiv für ihn und seine Entourage geöffnet, damit er den Park ungestört genießen konnte. Insbesondere langjährige, ältere Cast Member können die eine oder andere Anekdote zu ihren Begegnungen mit dem King of Pop erzählen.

Die Show **Liebling, ich habe das Publikum geschrumpft** (Honey, I shrunk the audience") folgte auf Captain EO. Die Show wurde nach dem Muster des Erfolgsfilmes *Liebling, ich habe die Kinder geschrumpft kreiert,* jedoch mit dem Unterschied, dass der verrückte Professor Wayne Szalinski in der Show-Variante das Publikum anstelle seiner Kinder schrumpfte.

Für diese Attraktion wurde das Innere des Raumes komplett neu gestaltet und durch den Einsatz von Luft und Wasser zu einer 4-D-Attration ausgebaut. Im Bereich des Gesichts und an den Waden wurde mit taktilen Empfindungen gearbeitet.

Die Show lief von März 1999 bis zur Wiederaufnahme von Captain EO im Jahr 2010.

Les Mystères du Nautilus

Die Walk In-Attraktion *Les Mystères du Nautilus* entführt Gäste in das mysteriöse Reich von Kapitän Nemo aus dem Disney®-Klassiker *20.000 Meilen unter dem Meer.* Im Inneren des sagenumwobenen U-Boots *Nautilus* erfährt man allerlei Wissenswertes über das Leben an Bord und die Pläne des Kapitäns. Besonders spannend wird es, wenn Kapitän Nemo das Panoramafenster öffnen lässt und so den Blick in die Unterwasserwelt und auf tierische Begleiter der Nautilus freigibt.

Achtung: Im Inneren der *Nautilus* ist es dunkel und eng. Daher ist die Attraktion für Menschen mit Klaustrophobie nur bedingt geeignet. Kleine Kinder könnten sich ebenfalls fürchten.

Mindestgröße an dieser Attraktion ist 1,02 Meter.

FUN FACT: Die Beschleunigung auf 46 Mph in zwei Sekunden wird durch Technik bewerkstelligt, die sonst Düsenjägern den Start von einem Flugzeugträger ermöglicht.

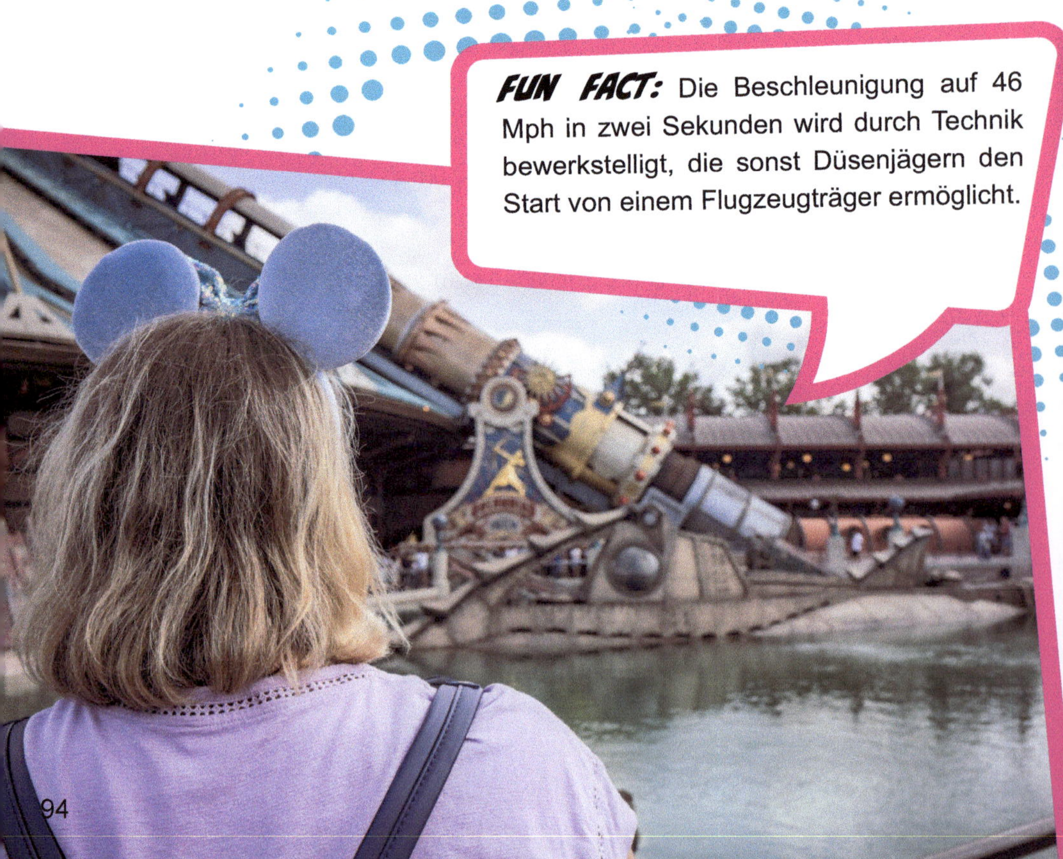

Star Wars™ Hyperspace Mountain: Rebell Mission

Im *Hyperspace Mountain*, einer Achterbahn und *der* Hauptattraktion von Discovery Land, werden Passagiere zu Rekrutinnen und Rekruten der Rebellen-Allianz und in Lichtgeschwindigkeit ins All katapultiert – mitten hinein ins Abenteuer. Den ersten Adrenalin-Kick bekommt man bereits beim Abschuss der Rakete. Begleitet von altbekannter Star Wars*™*-Musik rast die Bahn danach durch eine tiefe Dunkelheit, die nur hin und wieder von Lichtblitzen erhellt wird. Hier heißt es gut festhalten auf dem Weg durch fremde Galaxien.

In der nunmehr dritten Version von *Space Mountain* seit Bestehen des Parks wurde, neben technischen Verbesserungen, eine Umgestaltung der Attraktion im Sinne der Star Wars*™*-Saga vorgenommen.

Im Zuge dieser Entwicklung ist die Attraktion nun bereits ab einer Körpergröße von 1,20 m zugänglich – in den früheren Versionen war eine höhere Mindestgröße erforderlich.

Tipp: An dieser Attraktion ist aufgrund seiner großen Beliebtheit durchgehend mit langen Wartezeiten zu rechnen.

Gegen Aufpreis ist das Premier Acces Pass-System verfügbar, um langes Anstehen zu umgehen.

Thematisierung Früher und Heute:

In der Ursprungsversion von Space Mountain (der im Jahr 1995 eröffnet wurde) ging die Reise Von der Erde bis zum Mond – de la terre à la lune. Am Ende der mehr als rasanten Fahrt wartete ein grinsender Mond auf die durchgeschüttelten Weltraum-Reisenden. Die Reise zum Mond hatte jedoch im Januar 2005 ein Ende, als die dem französischen Kultautor Jules Vernes gewidmete Thematisierung des Themenbereichs überwiegend entfernt wurde. Mit Space Mountain: Mission 2 konnte man sich ab April des gleichen Jahres auf eine Fortsetzung der ursprünglich nur bis zum Mond geplanten Reise begeben. Space Mountain: Mission 2 führte durch verschiedene Planeten- und Sonnensysteme und kam deutlich effektvoller daher als die Vorgänger-Bahn. Anfang 2017 wurde Space Mountain: Mission 2 jedoch geschlossen und erhielt im Zuge der 25-Jahr-Feier von Disneyland® Paris ein Make-Over: Seit 2017 erfreut nun schon Star Wars™ Hyperspace Mountain: Rebell Mission die Herzen der Fans von Star Wars™ und Achterbahnen gleichermaßen.

NINAS TIPP

Zwischen *Videopolis* und *Star Wars™ Hyperspace Mountain: Rebell Mission* kann man Wall-E dabei zuschauen, wie er seiner angebeteten Eve verliebte Blicke zuwirft. Ein Foto lohnt sich!

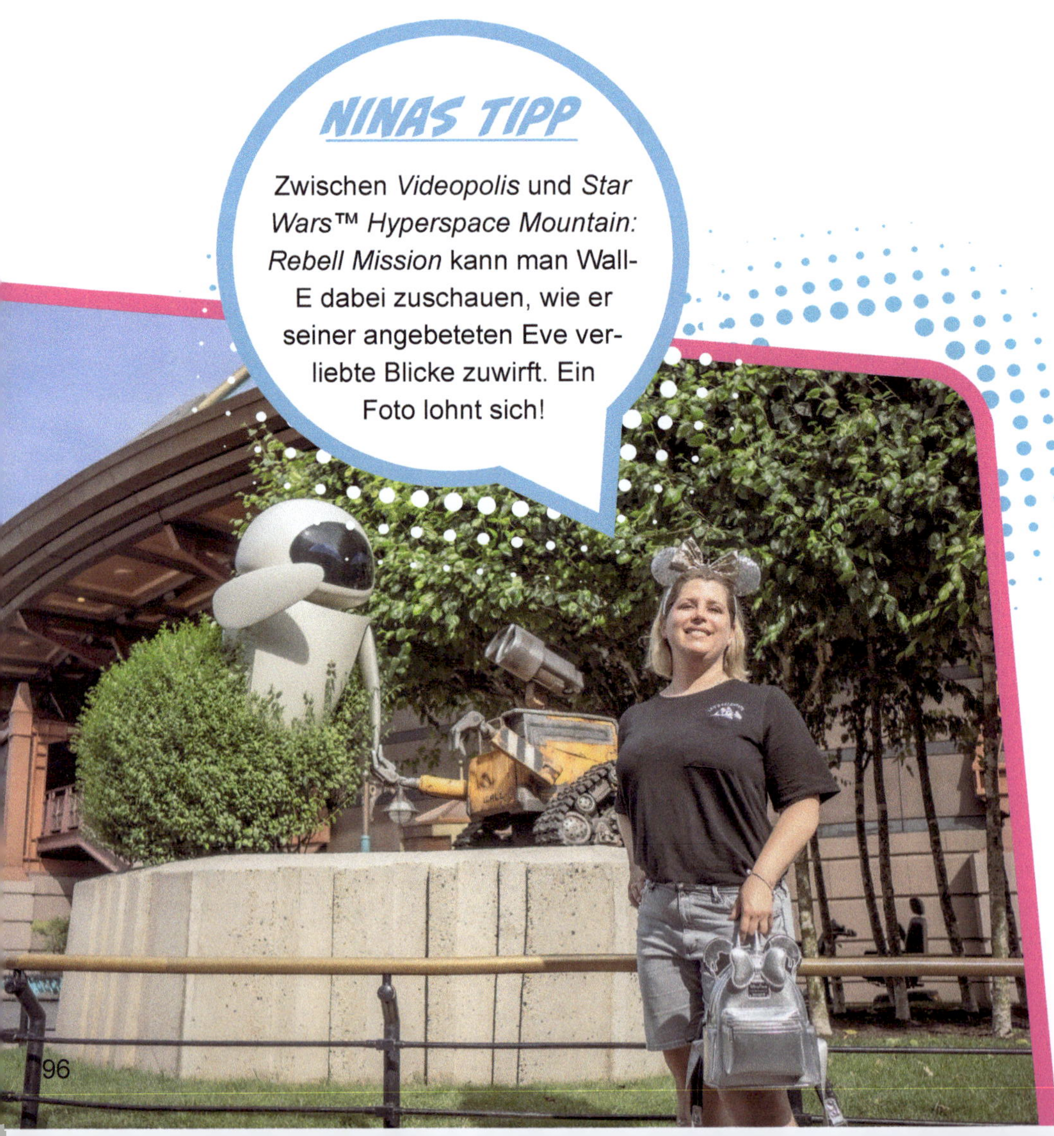

Restaurants

Café Hyperion im Videopolis (Schnellrestaurant)

Im Discoveryland gibt es neben Imbiss-Buden lediglich ein einziges Restaurant: Im *Café Hyperion* können sich Gäste dafür ein großes Angebot an Burgern (auch vegetarisch, ab 10 Euro) sowie Chicken Nuggets und Salate schmecken lassen, während auf der Bühne des *Videopolis* zeitweise Shows präsentiert werden. Spielzeiten können dem Programm entnommen werden.

Das Café Hyperion befindet sich in dem einem Hangar für Luftschiffe nachempfundenen Gebäude. Besonders beeindruckend ist, neben der Größe des Gebäudes, das Luftschiff selbst, das aus dem Hangar herausschaut und förmlich herauszufliegen scheint.

Fun Facts: Die Gestaltung des Luftschiffs erinnert an das Luftschiff aus dem Film *Insel am Ende der Welt*, einem Science-Fiction-Film aus dem Jahr 1974.

An der Gondel hängt eine Transportbox mit gurrenden Brieftauben (Animatronics) – theoretisch jederzeit bereit, um mit Nachrichten losgeschickt zu werden.

Ehemalige Restaurants in Discoverland

Pizza Planet

Das Restaurant Pizza Planet war eine Kombination aus Indoor-Spielplatz und -Restaurant, das insbesondere bei kleinen und große Toy Story-Fans beliebt war. Neben der namensgebenden Pizza gab es familientaugliche Pasta-Gerichte und Salat. Vorbild für die Spielgeräte (u.a. Rutschen und Kletterhäuser) waren Figuren aus Toy Story Teil 1 wie Rex, der Dino, der als Rutsche zum Einsatz kam.

Café des Visionnaires

Linkerhand des Eingangs zu Discoveryland, wo sich zuletzt das Jahreskartenbüro befand, konnte man im Café des Visionnaires früher leckere internationale Speisen genießen – entweder im Innenbereich, dessen Einrichtungsstil im Steampunk-Design mit viel Bronze und Kupfer aufwartete und mit Illustrationen aus Jules Vernes Fantasiewelten dekoriert war, oder wahlweise auf der Terrasse mit Ausblick auf Fantasyland und die Kaskaden sowie einem Logenplatz auf die vorbeiziehende Parade. Reste der ursprünglichen Gestaltung konnte man bislang im linken Schaufenster des Shop Constellations bestaunen.

Das Café wurde schon 1993 aufgrund des geringen Zuspruchs geschlossen und zur Arcade des Visionnaires umgebaut. Dort konnten gegen Gebühr Videospiele gespielt werden. Ab 2002 befand sich in einem Teil des Gebäudes das Jahreskartenbüro. Mittlerweile wird das Gebäude nur noch sporadisch genutzt.

Souvenirs / Shopping

Constellations im Discoveryland – eine große Auswahl an Souvenirs (auch Toy Story und Marvel).

Star Traders im Discoveryland – Star Wars*TM*-Fans werden den Shop lieben, denn er führt alles, was das Fan-Herz begehrt.

Discovery Land früher und heute:

Ursprünglich war der Themenbereich den Visionen von Jules Verne (1828-1905), DEM großen französischen Schriftsteller und Visionär, gewidmet. In einem 360-Grad-Kino wurde Besuchern aus der Zukunft ein Besuch der Pariser Weltausstellung ermöglicht. Außerdem konnte man in der damaligen Version der Achterbahn Space Mountain in Anlehnung an das Werk Vernes innerhalb weniger Minuten „Von der Erde zum Mond“ fliegen.

Selbstverständlich ist Wandel nie aufzuhalten und bringt oft Positives mit sich. Viele alteingesessene Fans vermissen jedoch den ursprünglichen Charakter des Themenlandes, das durch den Einzug der Disney•Pixar- und Star Wars™-Welten grundlegend verändert wurde.

Immerhin wurde die ursprüngliche Optik an einigen Stellen beibehalten und lediglich thematisch umgewidmet. So finden sich die Visionen von Jules Vernes immerhin noch in der Nachbildung der Nautilus wieder. Auch die meisten Fassaden, bspw. die des Café Hyperion, wurden im Originalzustand belassen.

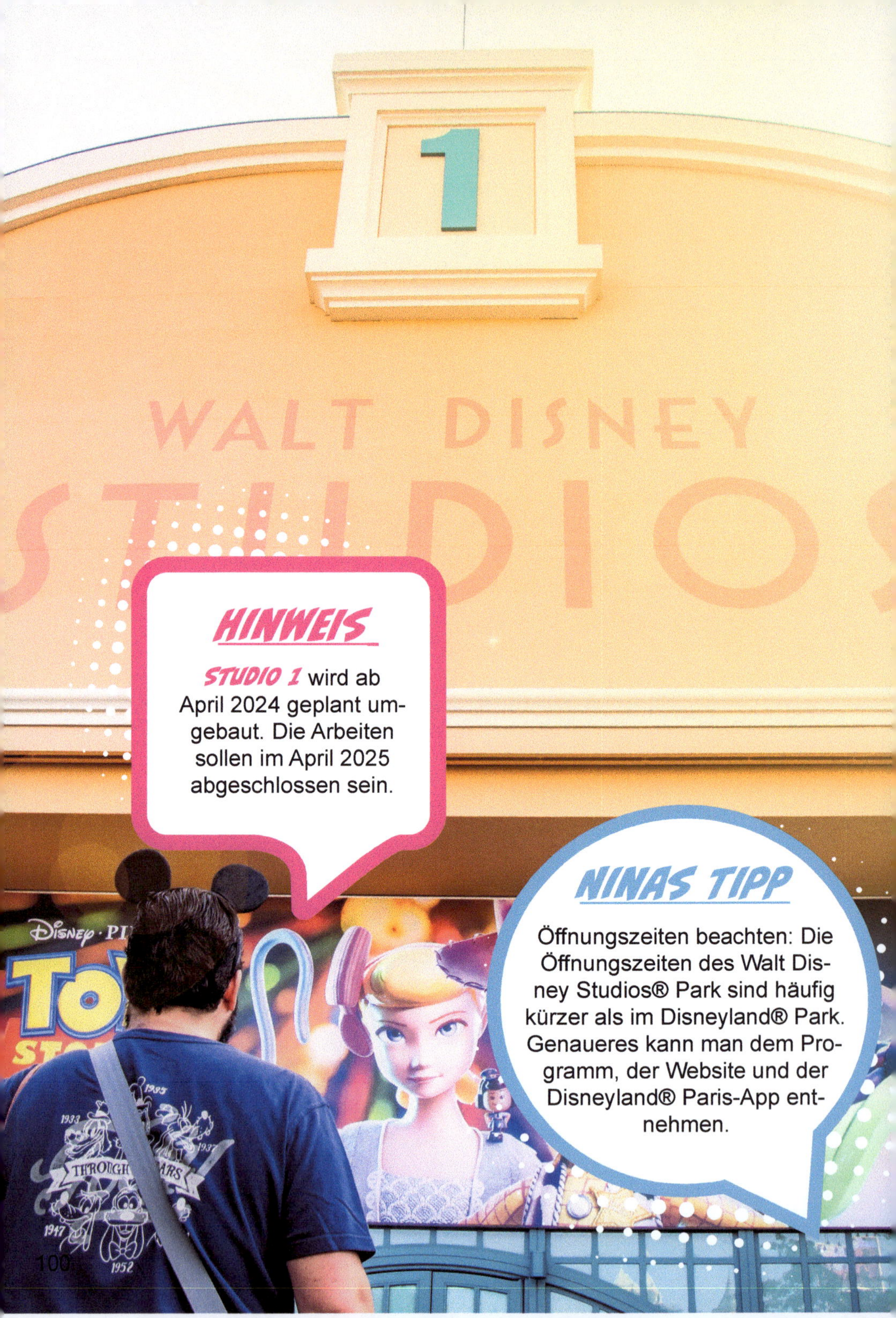

HINWEIS

STUDIO 1 wird ab April 2024 geplant umgebaut. Die Arbeiten sollen im April 2025 abgeschlossen sein.

NINAS TIPP

Öffnungszeiten beachten: Die Öffnungszeiten des Walt Disney Studios® Park sind häufig kürzer als im Disneyland® Park. Genaueres kann man dem Programm, der Website und der Disneyland® Paris-App entnehmen.

Walt Disney Studios® Park

Den Namen *Walt Disney Studios® Park* trägt der jüngere und kleinere der beiden Parks nicht umsonst: Hier dreht sich alles um die Welt von Film und Fernsehen, der Grundlage des Erfolgs des Namensgebers Walt Disney. Von weitem kündigt sich der Park bereits durch einen typisch amerikanischen Wasserturm an, dem in Disneyland® Paris natürlich, wie könnte es anders sein, Mauseohren aufgesetzt wurden.

Große und kleine Gäste tauchen direkt in die Filmwelt ein.

Bereits der imposante Eingangsbereich mit *Studio 1* im Bereich *Front Lot* ist als Tribut an die Filmwelt der klassischen Optik eines Filmstudios nachempfunden; die Bereiche *Production Courtyard, Toon Studio, Worlds of Pixar und der brandneue, erst im Juli 2022 eröffnete Avengers Campus* lassen zudem keine Fanwünsche offen. Von Filmen inspirierte Attraktionen reihen sich aneinander und garantieren Spaß für jede Altersstufe. Außerdem trifft man nirgendwo in Disneyland® Paris so viele Charaktere wie hier: Neben Marvel-Figuren haben vor allem Disney- und Disney•Pixar-Figuren in den Studios ihren großen Auftritt. Mit etwas Glück lernt man sie sogar persönlich kennen!

Fun Facts: Die *Studios* geben sich alle Mühe, um das Ambiente von Filmstudios nachzuahmen. So wurde oft ganz bewusst auf Verkleidung und hübsches Dekor verzichtet, um Filmkabel und Holzpaneele sichtbar zu machen. Eine Traumwelt, die hin und wieder auf Fassade und Maskerade verzichtet, um zu offenbaren, was sie ist: eine Kulisse.

Front Lot

Der Eingangsbereich *Front Lot* des Walt Disney Studios® Park ist im Stil spanischer Missionskirchen gehalten. Zentraler Blickfang ist der Brunnen mit Micky als Zauberlehrling auf dem Platz der Frères Lumière (Brüder Lumière), der direkt ein gutes Fotomotiv darstellt. Linkerhand (mit Blick auf Studio 1) befindet sich der wirklich gut sortierte Shop *Walt Disney Studios Store.*

Gegenüber sind die *Studio Services* untergebracht. Dort befinden sich neben dem Gästeservice und der *Erste-Hilfe-Station* auch die Ausgabestelle für Rollstühle und Kinderwagen und vieles mehr, was einen Besuch rundum perfekt werden lässt und Gäste bei Bedarf unterstützt.

Disney® Studio 1

In *Disney® Studio 1* lebt das goldene Zeitalter Hollywoods wieder auf. Beim Schlendern entlang des Hollywood Boulevards können Gäste in eine Zeit eintauchen, in der Stars die Leinwand eroberten, deren Name und Werke bis heute Glamour und Leidenschaft verheißen und die zu Legenden wurden. Reklameschilder in Neon-Farben erinnern an legendäre Hollywood-Institutionen wie das *Brown Derby* - doch Achtung, all das ist nur eine Kulisse.

In *Disney® Studio 1* befinden Gäste sich mitten auf einem Filmset – direkt en coulisse, lediglich die Filmcrew fehlt. Ob sie vielleicht nur kurz eine Kleinigkeit essen gegangen ist? Hierzu bieten sich das Restaurant *En Coulisse und der Imbiss Hep Cat Corner* rechterhand an.

Gegenüber bietet der flächendeckend installierte Shop *Les Légendes de Hollywood* umfangreiche Möglichkeiten, das Reisebudget zu investieren. Außerhalb des Shops wird zudem temporär (Kinder-)schminken sowie Porträtfotografie angeboten. Hin und wieder spielt eine Band, die für gute Stimmung sorgt. Über den Toren zum Ausgang erwecken projizierte, bewegte Scheinwerfer die berühmten Hollywood Hills zum Leben und erinnern in der Farbgestaltung fast ein wenig an den Film *La La Land.*

Beim Verlassen des *Disney® Studio 1* fällt der Blick auf die Statue von Walt Disney. Der Schöpfer der Maus hält natürlich seinen Liebling Micky an der Hand und empfängt Gäste mit offenen Armen. Dieser Vorplatz bildet den Ausgangspunkt für alle anderen Themenländer im Walt Disney Studios Park: Linker Hand, im Themenbereich *Production Courtyard*, reihen sich weitere Filmstudios aneinander, die auf den Avengers Campus münden. Diese Gebäude erinnern an die Kreativstudios in Burbank, Kalifornien, die Walt Disney noch höchstpersönlich errichten ließ. Rechts verschafft sich der überdimensional große, blaue Zauberhut Aufmerksamkeit; eine Statue von Micky Maus als Zauberlehrling markiert den Übergang zu den Themenbereichen *Toon Studios* und *Worlds of Pixar*. Geradeaus führt der Weg (hoffentlich bald) ins Königreich Arendelle zu Anna und Elsa.

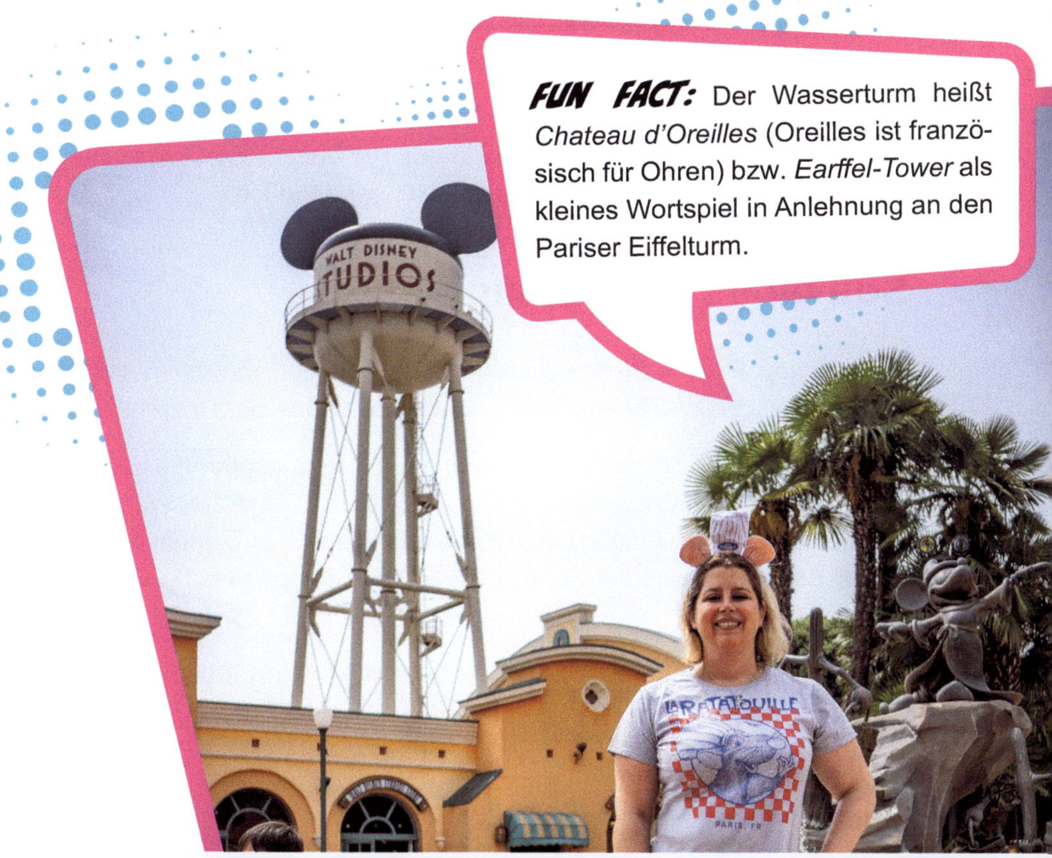

FUN FACT: Der Wasserturm heißt *Chateau d'Oreilles* (Oreilles ist französisch für Ohren) bzw. *Earffel-Tower* als kleines Wortspiel in Anlehnung an den Pariser Eiffelturm.

Restaurants

Restaurant en Coulisse (Schnellrestaurant)

Das *Restaurant en Coulisse* versteckt sich geschickt in den Kulissen und erstreckt sich über die komplette Länge des Studio 1. Man erkennt das Restaurant gut an der Vielzahl an Neon-Reklameschildern, die an Filme der goldenen Zwanziger bis hin zu den Swinging Sixties erinnern.

In den Kulissen (so quasi *en coulisse*) werden Burger (auch vegetarisch) und Salate angeboten. Außerdem gibt es eine Frühstücksoption (7 Euro). Menüs mit Burgern kosten ab 15 Euro für Erwachsene und 9 Euro für Kinder.

Auf zwei Ebenen sowie vor dem Restaurant gibt es eine Vielzahl an Sitzplätzen, die jedoch immer heiß begehrt und dadurch knapp sind.

HepCat Corner (Imbiss)

Im Imbiss *Hepcat Corner*-Café, das in das Restaurant *En Culisse* integriert ist, werden Snacks für den kleinen Hunger angeboten.

Souvenirs / Shopping

Walt Disney Studios Store – Kleidung und Geschirr, Plüschfiguren und Sammlereditionen – Hier gibt es (fast) alles, was das Herz begehrt.

Les Legendes de Hollywood – über die komplette Länge des *Studio 1* gibt es eine große Auswahl an Souvenirs für Marvel- und Star Wars-Fans – aber nicht nur. Am Eingang zum Shop befindet sich außerdem der Pandora®-Store *Hollywood Jewel Box* als Shop in Shop mit parkexklusiven Pandora®-Charms.

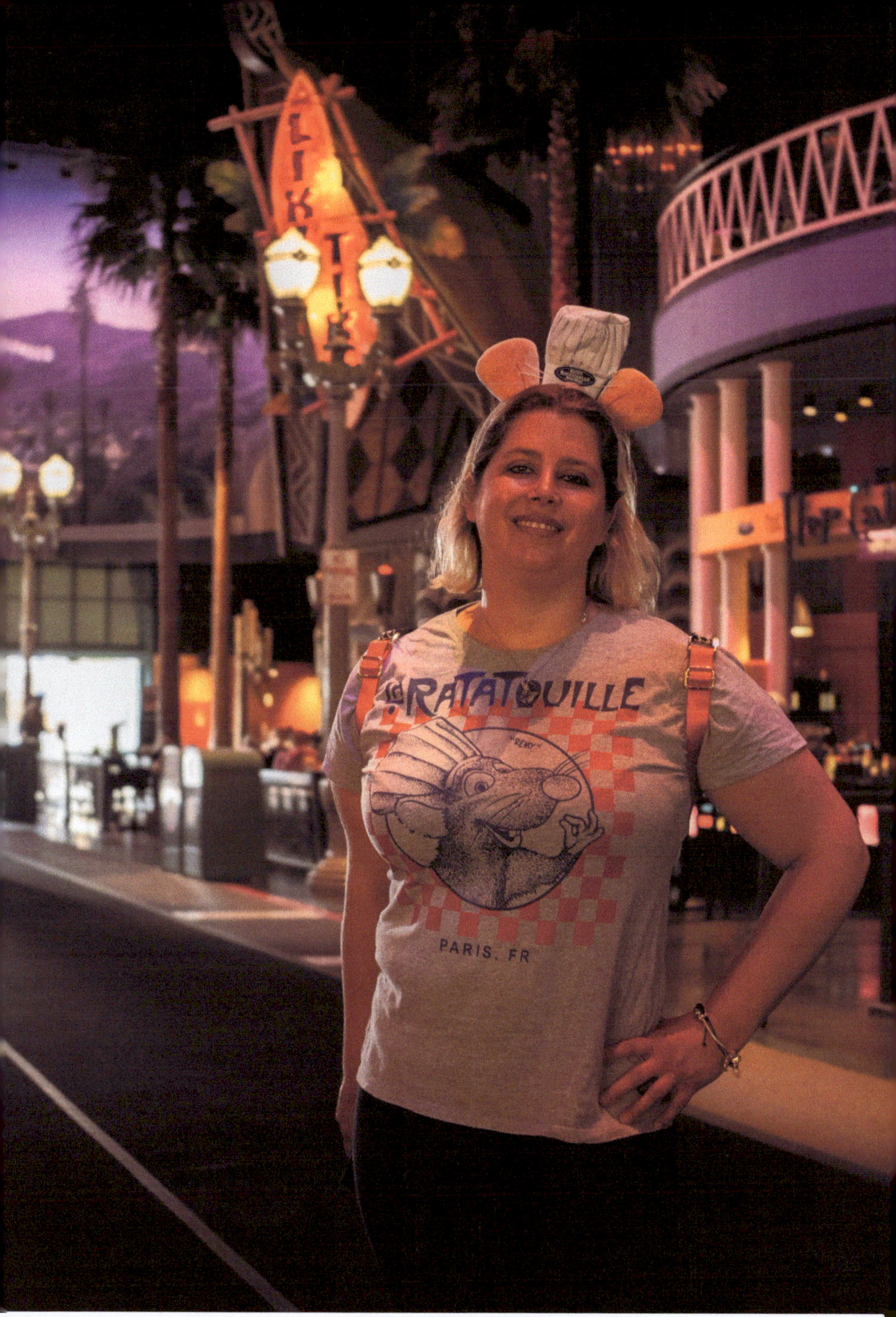
RATATOUILLE
PARIS, FR

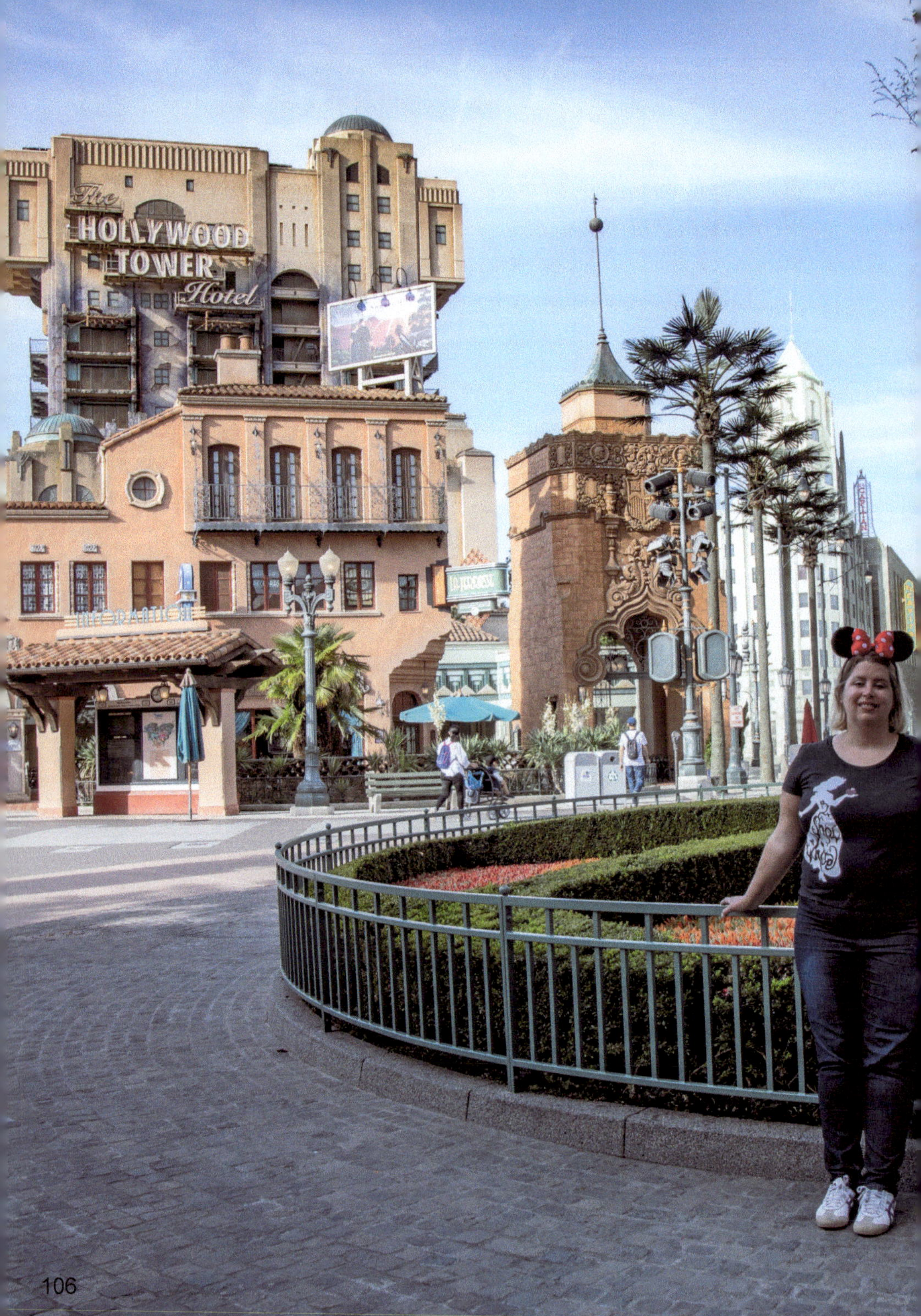
The
HOLLYWOOD
TOWER
Hotel

Production Courtyard

Das Themenland *Production Courtyard* ist sicher einer der vielfältigsten Bereiche des Walt Disney Studios® Park: Neben familientauglichen Shows auch für die Kleinsten beherbergt Production Courtyard mit dem Freefall-Tower *The Twilight Zone Tower of Terror*™ eine Attraktion, die nichts für schwache Nerven ist.

Attraktionen

Die Disney Junior Traumfabrik

In der familientauglichen Show *Die Disney Junior Traumfabrik* haben die Disney® Junior-Heldinnen *Fancy Nancy* und *Vampirella* ihren großen Auftritt. Sie zaubern ein buntes, lustiges, mitreißendes Programm auf die Bühne und bringen ganz nebenbei die defekte Traummaschine wieder in Gang, die den Saal bis unter die Decke mit Träumen (Seifenblasen) füllt. Dabei werden sie von den Disney®-All Stars Micky Maus und Minnie Maus sowie dem lustigen Streifenhörnchen Timon aus dem beliebten Disney®-Film *Der König der Löwen* unterstützt. Mitsingen und Tanzen ist ausdrücklich erwünscht - träumen natürlich auch.

Die Show ist zweisprachig (englisch und französisch) und wird in Studio D aufgeführt. Genaue Spielzeiten können der App / dem Programm entnommen werden. Es empfiehlt sich, 20 bis 30 Minuten vor der Show einzutreffen, um die Warteschlange rechtzeitig zu erobern. Die Show dauert rund 20 Minuten.

Tipp: Für Gäste mit einer Mastercard stehen (limitierte) Kontingente kostenloser Zugangskarten für jede Show zur Verfügung, wodurch langes Anstehen umgangen werden kann. Hierfür sind im Theater zwei Reihen reserviert. Diese kostenlosen Tickets bekommt man ab zwei Stunden vor jeder Show in den Studio Services, allerdings ist das Kontingent sehr begrenzt und meistens vergriffen.

Stitch Live!

In einer Live-Konferenz lernen Besucher den für Chaos und Verwüstung bekannten Außerirdischen Stitch mit all seinen (liebenswerten) Facetten kennen. Macht Euch auf ein interaktives Abenteuer gefasst, das die ganze Familie in Staunen versetzen und begeistern wird.

Die Show dauert circa 15 Minuten. Die Spieltage und -zeiten (abhängig von der gewünschten Sprache) sind am Theater ausgewiesen und können der App / dem Programm entnommen werden.

Fun Fact: Stitch heißt ursprünglich Experiment 626. Jährlich am 26.6. feiern Fans des blauen Aliens den Stitch-Tag.

The Twilight Zone Tower of Terror™

Die als *Hollywood Tower Hotel* getarnte Attraktion *The Twilight Zone Tower of Terror™* beherbergt einen Freefall-Tower der Extraklasse: Nehmt Euch in Acht, denn neben dem freien Fall aus luftiger Höhe geht hier allerlei Übernatürliches vor sich. Um diese schon optisch außergewöhnliche Freefall-Attraktion mit besonderen Geschichten abzurunden, haben sich die Disney®-Imagineers redlich Mühe gegeben. So gelangen Gäste nach dem Zufallsprinzip in eine von drei gruseligen und im wahrsten Sinne des Wortes mitreißenden Geschichten:

Im *teuflischen Aufzug* spukt ein Mädchen herum, das unfreiwillig in eine andere Dimension gelangt ist. Vielleicht stehen auch *Die Kreaturen der Dunkelheit* auf dem Programm, die die Kontrolle über die Steuerung des Aufzug erlangt haben und nun ins Innere des Aufzugs gelangen wollen. Vielleicht steht Ihr aber auch kurz vor dem Übertritt in *die 5. Dimension*, die von einem Gespenst geöffnet wurde, das Euch mit hinein in die Paralleldimension reißen will.

Doch egal, in welche der drei Geschichten Ihr geratet: Der Aufzug stürzt unvorhersehbar nach unten oder wird nach oben gerissen – ganz so, wie es sich für eine echte Freefall-Attraktion gehört. Die Momente des Durchatmens währen nicht lange, auch wenn kurze Blicke über den Walt Disney Studios® Park zum Aufatmen verleiten. Viel zu schnell stürzt der Aufzug 13 Stockwerke in die dunkle Tiefe, nachdem er zuvor 60 Meter nach oben gestiegen ist. Im freien Fall entsteht das Gefühl der Schwerelosigkeit. Macht Euch auf einiges gefasst und haltet Euch gut fest, damit Ihr schnell wieder festen Boden unter den Füßen bekommt!

Hinweise: Mindestgröße für die Attraktion ist 1,02 m. Kinder unter sieben Jahren müssen von einem Erwachsenen begleitet werden. Kinder und empfindliche Menschen könnten sich fürchten, denn die Story st gruselig und Teile der Attraktion sind nur schwach beleuchtet.

(Shopping-)Tipps: Wer sich für den *freien Fall* nicht begeistern kann, kann sich getreu dem Motto *Der Weg ist das Ziel* trotzdem in die Warteschlange einreihen. Das Innere der Attraktion ist es allemal wert, allerdings nur bei akzeptablen Wartezeiten. Der Ausstieg ist vor dem Einstieg in die Aufzüge noch problemlos möglich.

In der Hotel-Boutique gibt es neben Erinnerungsfotos auch *Hotel*-Andenken und weitere schöne Accessoires, die es teilweise in keinem anderen Shop zu finden gibt.

Die ursprüngliche Thematisierung des Towers

...basierte auf der Serie Unglaubliche Geschichten - The Twilight Zone® aus den 1950er und 1960er Jahren. Gerüchten zufolge irrte eine Gruppe verlorengegangener Gäste in dem verlassenen Hotel in einer anderen Dimension umher – datiert wurde ihr Verschwinden auf den 31. Oktober 1939 um 20.05 Uhr, dem Zeitpunkt eines Blitzeinschlags. Seitdem wurde keiner der Gäste mehr gesehen.

Um die Thematisierung möglichst authentisch umzusetzen, studierten die Disney® Imagineers alle 156 Folgen der Serie eingehend. Aus lizenzrechtlichen Gründen wurde dieses ursprüngliche Theming jedoch 2019 geändert. Geblieben sind die rund 4.000 Bücher in den Regalen der Ho-

telbibliothek sowie Antiquitäten europäischer und amerikanischer Trödelmärkte, die für die Hoteleinrichtung zusammengetragen wurden und ein Gesamtkunstwerk bilden.

TOGETHER: a PIXAR MUSICAL ADVENTURE

In diesem Musical aus dem Hause Pixar ist gute Laune vorprogrammiert: Beliebte Toy Story-Charaktere wie Woody, Bo Peep, Rex und Bulls Eye treffen auf Charaktere der Monster AG, Findet Nemo, Oben und Coco und zünden ein musikalisches Feuerwerk. Rund 20 Künstlerinnen und Künstler sowie ein achtköpfiges Orchester mit Dirigent erzählen eine liebenswerte Geschichte davon, was gemeinsam erreicht werden kann, wenn alle zusammenhalten.

Neben der Musik wird Together auch dadurch zu einem besonderen Erlebnis, dass es zeitweise wunderbar riecht, windet und stürmt und das Publikum sogar nass wird. Auch Drohnen kommen zum Einsatz.

TOGETHER: a Pixar Musical Adventure dauert rund 30 Minuten und ist ein Spaß für die ganze Familie. Die Show wird viermal am Tag im Studio Theater aufgeführt.

Tipp: Herabfliegende Noten sind ein tolles Souvenir.

Hollywood Boulevard

Wenngleich er keine Attraktion im engeren Sinn ist, beherbergt der *Hollywood Boulevard* doch einige sehenswerte Gebäude. Der mit viel Liebe zum Detail gestaltete Nachbau des legendären Boulevards aus Los Angeles versetzt Gäste zurück in das Hollywood der 50er Jahre und erinnert an die frühere Thematisierung dieses Themenlandes, in der Hollywood-Legenden im Fokus standen und deutlich mehr Raum eingenommen haben als heute.

Tipps: Über den Hollywood Boulevard gelangt man ohne große Ablenkung und auf oft leeren Wegen zu dem Bereich *Worlds of Pixar*. Auf dem Weg kommt man außerdem an Toiletten vorbei – was immer gut zu wissen ist.

Imbiss-Möglichkeit

La Terasse (Imbiss)

Im Walt Disney Studios® Park gibt es nur wenige Restaurants, dafür aber ein großes Angebot an Schnellimbissen: Besonders bei schönem Wetter bietet das *La Terasse* Sitzmöglichkeiten im Freien, um die von *Hollywood & Lime* angebotenen (auch vegetarischen oder sogar veganen) Snacks zu verzehren.

Viele der Plätze sind überdacht, denn der nächste Regen kommt bestimmt! An einem der Imbisse gibt es außerdem Pommes (french fries) – eine Seltenheit im Park, da Pommes sonst nur in Schnellrestaurants angeboten werden.

Zu *La Terasse* gehört die *Kool Zone, die* hungrige und durstige Actionfans mit kleinen Erfrischungen und Snacks versorgt, sowie saisonal der Wagen mit *Speciality Ice Cream* wo… genau, Eiscreme, angeboten wird.

Souvenirs / Shopping

Tower Hotel Gifts – alles für Tower Hotel-Fans mit Produkten, die den nächsten Hotel-Aufenthalt zu einem Erlebnis machen. Hier findet man oftmals Merchandise, das es exklusiv nur in diesem Shop gibt.

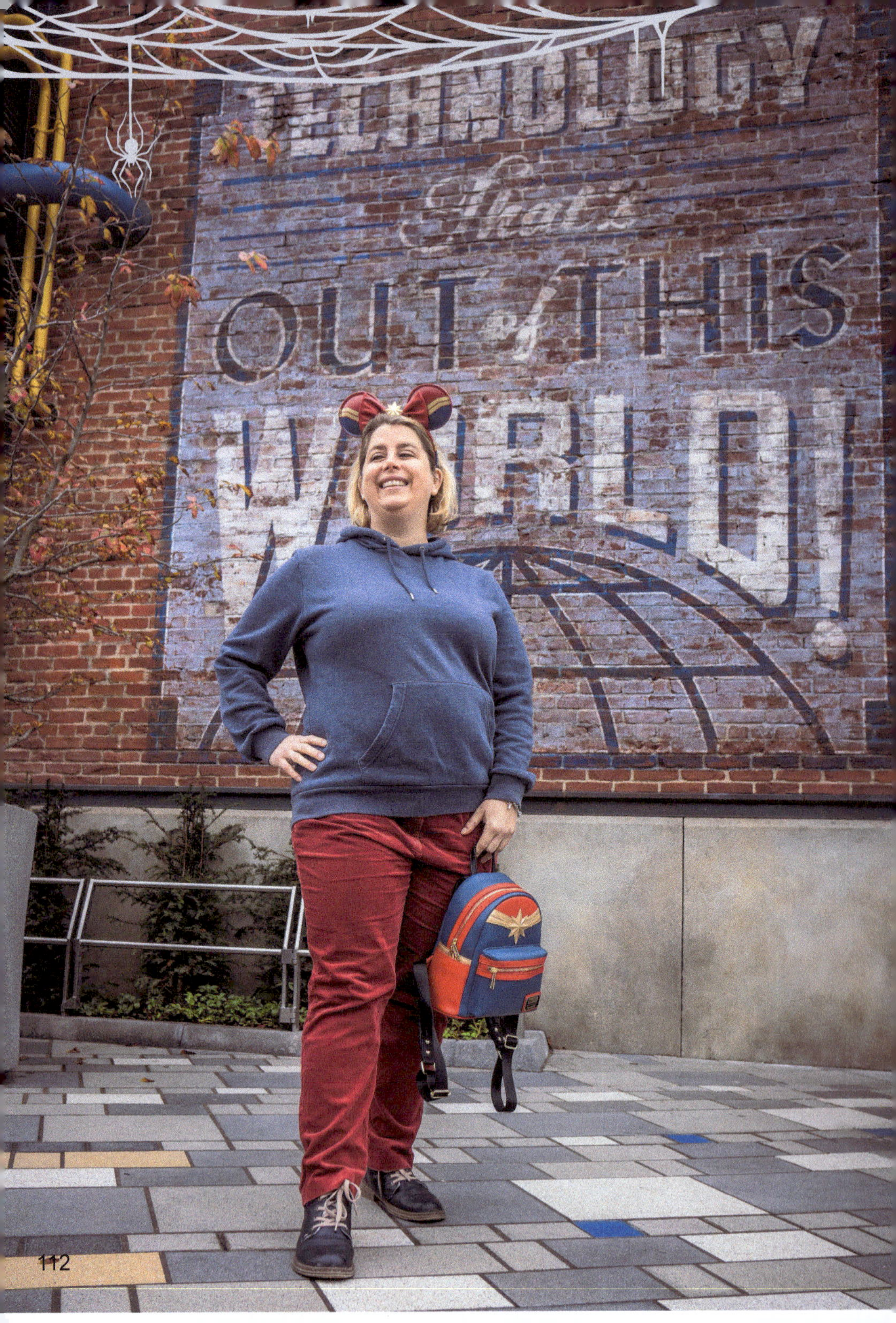
That's
OUT of THIS

Avengers Campus

Der neueste Bereich in Walt Disney Studios® Park ist gleichzeitig der beeindruckendste: Der Avengers Campus in Paris fungiert als europäische Zentrale der Avengers und bringt den Starfaktor zurück in den Walt Disney Studios® Park.

Nach drei Jahren Bauzeit wurde der Marvel Avengers Campus im Juli 2022 eröffnet und setzt seitdem neue Maßstäbe in Sachen Entertainment. Superheldinnen und - Helden wie Iron Man oder Spider-Man, Thor und Loki oder Captain Marvel und Black Widow sind zum Greifen nah und garantieren Entertainment. Es lohnt sich, ausreichend Zeit für den Marvel Avengers Campus einzuplanen, denn auch wenn das Areal überschaubar ist gibt es viel zu erleben und permanent etwas Neues zu bestaunen:

Die brandneue Attraktion *Spider-Man W.E.B. Adventure* sowie die wiedereröffnete Achterbahn *Avengers Assemble: Flight Force* haben Suchtpotenzial. In Verbindung mit dem *Hero Training Center* der Superheldinnen und - Helden (in dem sich auch Gäste ausbilden lassen können) und einer ganzen Reihe kulinarischer Highlights machen sie den Campus zum Place to be.

Auch optisch kann sich der neueste Themenbereich sehen lassen. Der Campus ist geprägt von einer Kombination aus modernem Industrial-Style in Form stilvoller Backsteingebäude und schicken, futuristischen Konstruktionen, die direkt einem Marvel-Blockbuster entsprungen sein könnten.

Attraktionen

In den Attraktionen *Avengers Assemble: Flight Force* und *Spider-Man W.E.B. Adventure* werden die Gäste zu Rekrutinnen und Rekruten und können die Avengers bei ihrem Kampf zum Schutz der Menschen und der Erde unterstützen.

Avengers Assemble: Flight Force

In der Highspeed-Achterbahn *Avengers Assemble: Flight Force* kämpfen Iron Man und Captain Marvel gegen die Bedrohung durch die kriegerischen Kree. Gemeinsam mit den Gästen an Bord, die kurzerhand von den Avengers rekrutiert werden, retten sie die Welt.

Die Warteschlange ist fast eine eigene Attraktion mit hochwertigen Screen- und LED-Elementen. Als besonderes Highlight steuert ein Iron Man-Animatronic der neuesten Generation das Geschehen und nimmt mit anderen Superheldinnen und -Helden Kontakt auf, um deren Unterstützung zur Rettung der Erde anzufordern. Captain Marvel, die wie in den Filmen von Brie Larson dargestellt wird, ist an Iron Man‘s Seite und bei der Mission am Start. Rocket von den Guardians of the Galaxy wird „live" aus Anaheim zugeschaltet, genau wie Captain America und Ms. Marvel, die sich auf einer Mission auf dem Kreuzfahrtschiff Disney Wish befinden. Da niemand von ihnen zur Unterstützung hinzueilen kann bleibt Iron Man aka Tony Stark nichts anderes übrig, als auf seine Assistentin F.R.I.D.A.Y. zu hören und die Gäste anzuwerben.

Am Ende des Wartebereichs besteigen die neuen Rekrutinnen und Rekruten die Wagen der Achterbahn und lassen sich mit Überschallgeschwindigkeit ins Weltall schießen, um die Raketen der Kree von der Erde abzulenken. Schon der Start der Achterbahn ist atemberaubend. Ein Looping und Schrauben geben zusätzlich zur Geschwindigkeit Adrenalinkicks bei der Fahrt in diesem Darkride, auf dem Fahrgäste in atemberaubender Geschwindigkeit durch den Weltraum geschossen werden.

Iron Man und Captain Marvel haben kurze Auftritte, denn die beiden sind selbstverständlich an der Seite der neuen Rekrutinnen und Rekruten. Ansonsten wird die Szenerie nur gelegentlich von Lichteffekten beleuchtet und die Fahrt bleibt überwiegend im Dunkeln.

Tipp: Wer die Lichteffekte länger genießen möchte sollte die Cast Member nach einem Platz im hinteren Bereich der Wagen fragen. Für den Adrenalinkick empfiehlt sich wie immer ein Platz möglichst weit vorne.

Die Mindestgröße in dieser Attraktion beträgt 1,20 Meter.

An dieser Attraktion ist aufgrund seiner großen Beliebtheit durchgehend mit langen Wartezeiten zu rechnen. Gegen Aufpreis ist das Premier Access-System verfügbar, um langes Anstehen zu umgehen.

Als Single-Rider kann man die Wartezeit deutlich verkürzen, hat dann aber keine Möglichkeit, zusammen in einem Wagen zu sitzen, auch wenn man als Gruppe ansteht. Für Kinder gibt es ein Mindestalter für das Allein-Fahren..

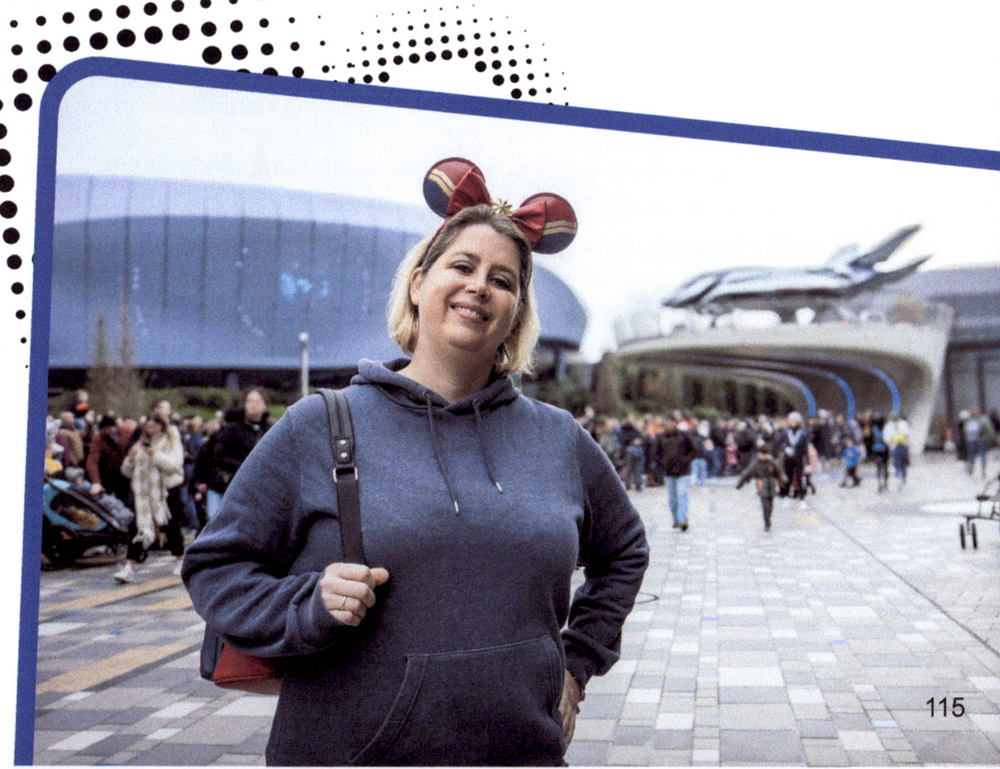

Spider Man W.E.B. Adventure

In dem interaktiven Dark Ride *Spider Man W.E.B. Adventure* gerät die neueste Erfindung – clevere, von Peter Parker aka Spider-Man entwickelte Spider-Bots - außer Kontrolle. Sie vermehren sich unaufhaltsam und schnell ist der ganze Avengers Campus in Gefahr. Um das Chaos zu beseitigen, müssen die Gäste dabei helfen, die Spider-Bots aufzuhalten und zu zerstören.

Nach einer Pre-Show mit Peter Parker (Tom Holland höchstpersönlich), der sich in Spider-Man verwandelt, steigen die Rekrutinnen und Rekruten (Gäste) in W.E.B-Slinger-Fahrzeuge um.

Nach einer Trainingseinheit wartet auch schon der erste große Gegner in Form eines riesigen Spider-Bots, bevor Eile geboten ist, um den gefesselten Spider-Man zu retten. In der finalen Mission wird ein weiterer riesiger Spider-Bot mit vereinten Kräften zerstört.

In insgesamt vier äußerst schnellen Missionen gilt es, mit für Spider-Man typischen Arm- und Handbewegungen möglichst viele Spider-Bots mit Spinnweben zu beschießen und einzufangen, bevor sie den Campus überfluten. Für das Adventure sind Muskelkraft und Ausdauer gefragt, denn das schnelle schießen mit Spinnweben geht auf Dauer in die Arme.

Tipps und Hinweise: Die W.E.B. Slinger-Fahrzeuge sind mit einem präzisen Zielsystem ausgestattet und können die Bewegung jeder einzelnen Person mit einem Motion Sensor schon vor Beginn des ersten Levels tracken. Wie man die Arme am besten eingesetzt wird zu Beginn der Fahrt erklärt. Am besten „schießt" man sich schon ein, bevor die erste Mission beginnt, damit die Sensorik die Bewegungen erfassen kann.

Jedem Gast ist eine eigene Farbe zugeordnet, die auch in den Netzen aufgegriffen wird, mit denen „geschossen" wird. Der Punktestand aller vier Spieler ist jederzeit für alle sichtbar dargestellt. Die Einzelergebnisse werden am Ende zu einem Gruppenerfolg addiert. Am Ausgang sieht man auf einer digitalen Anzeigetafel, ob man es als Gruppe in das Top

Ranking und auf die Wall of Fame geschafft hat.

Diese Attraktion ist ein ideales Familienabenteuer und erfordert keine Mindestgröße.

An dieser Attraktion ist aufgrund seiner großen Beliebtheit durchgehend mit langen Wartezeiten zu rechnen. Gegen Aufpreis ist das Premier Access-System verfügbar, um langes Anstehen zu umgehen.

Als Single-Rider kann man die Wartezeit deutlich verkürzen, hat dann aber keine Möglichkeit, zusammen in einem Wagen zu sitzen, auch wenn man als Gruppe ansteht. Für Kinder gibt es ein Mindestalter für das Allein-Fahren.

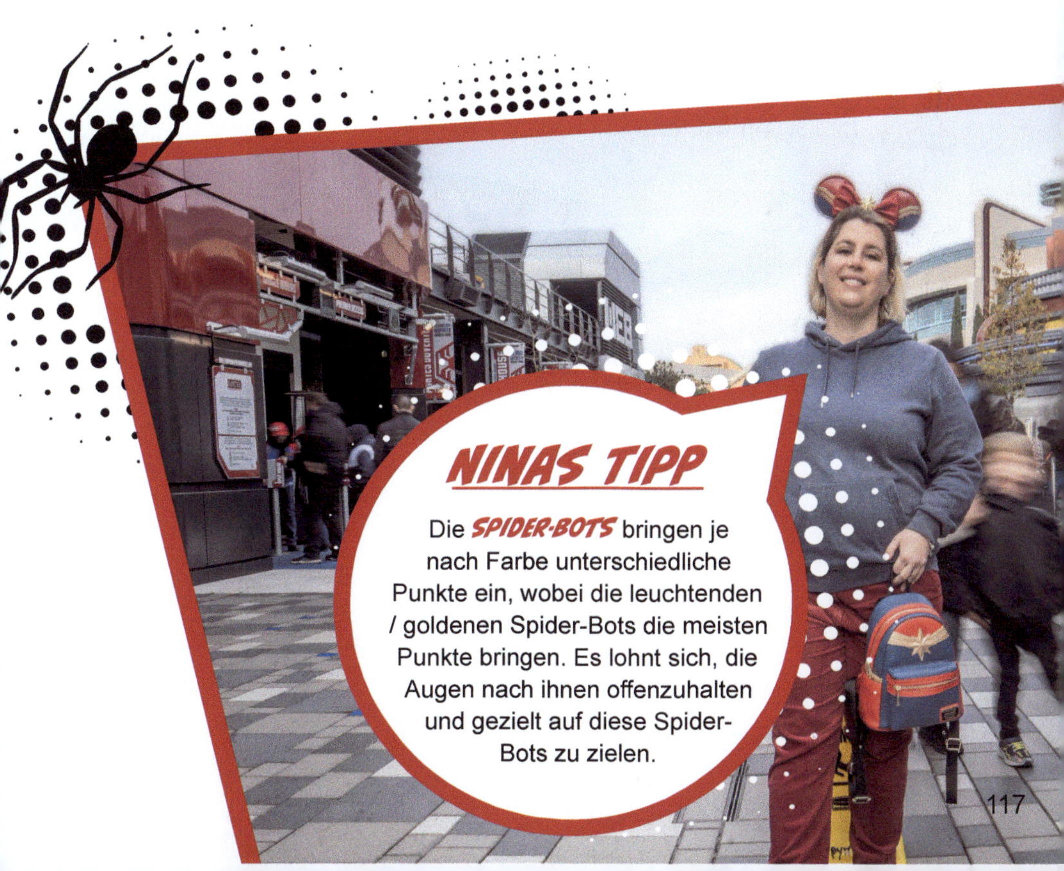

Hero Training Center

Im Hero Training Center, der Trainingseinrichtung der Marvel-Heldinnen und Helden, kann man mit Iron Man, Spider-Man, Captain Marvel und Co. „trainieren“ und deren Tricks und Posen aus erster Hand lernen.

Um die Posen auch daheim nachstellen zu können gibt es ausreichend Zeit für gemeinsame Erinnerungsfotos, die man mit dem eigenen Smartphone oder Fotoapparat anfertigen kann, für die aber auch Photopass-Fotografinnen und Fotografen bereitstehen. Zum Abschluss wird eine 180 Grad Multi-Bild-Aufnahme (Freeze-Frame-Video) erstellt (Hinweis: Das Freeze-Frame-Video ist nicht im Disney PhotoPass+ enthalten, so dass hierfür Zusatzkosten entstehen).

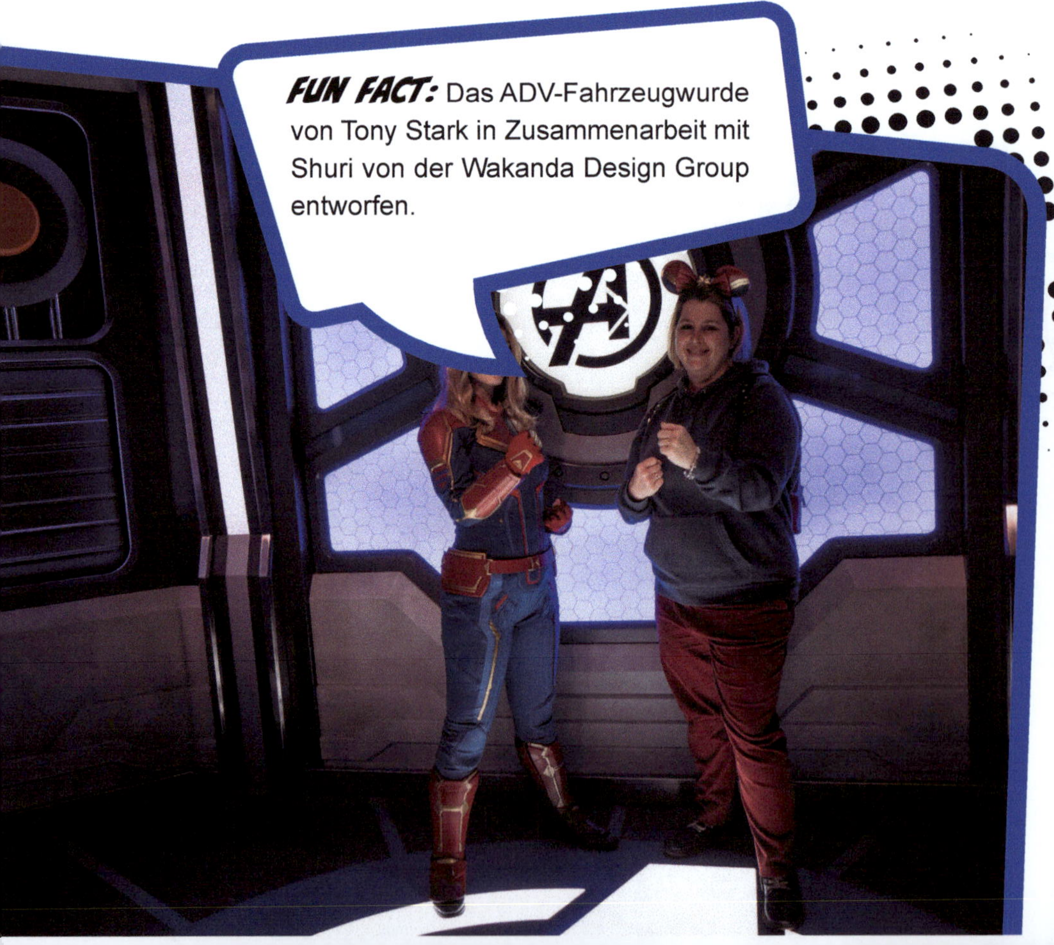

Tipps für den Zugang zum Hero Training Center:

Die „Trainingseinheiten" können ausschließlich über die offizielle App gebucht werden. Die Buchungsmöglichkeit für einen Platz in der virtuellen Warteschlange wird beim Betreten der Disney Parks freigeschaltet. Man kann entweder eine Trainingseinheit mit einem speziellen Character buchen oder ein Treffen mit einem nicht namentlich benannten Superhelden oder einer Superheldin. Hierbei wird man überrascht wer bereitsteht, dafür ist die Verfügbarkeit bei den Slots größer.

Um 10 Uhr sowie um 14 Uhr werden die Slots freigeschaltet. Die Trainings-Einheiten sind schnell ausgebucht, daher lohnt es sich, schnell zu sein.

Die gebuchten *Heldenhaften Begegnungen* bzw. die Warteschlange findet man in der App unter ***Tickets und Jahreskarten***.

Über die App kommen Push-Benachrichtigungen, sobald man an der Reihe der virtuellen Warteschlange ist. In diesem Fall geht man zum Eingang des Hero Training Center und zeigt die App vor, um in den Wartebereich zu gelangen. Nach der Anmeldung am Empfang an wartet man bis man aufgerufen wird und Zugang zum Trainingsbereich erhält.

Beim Warten in der Wartehalle (unbedingt am Empfang anmelden) hat man einen perfekten Blick in den Backstage-Bereich, in dem die Marvel-Charaktere regelmäßig vorbeilaufen oder auf dem ADV (Avengers Deployment Vehicle) vorbeigefahren und auf dem Marvel Avengers Campus abgesetzt werden. Aber auch die Poster, die an der Wand hängen, sind wirklich sehenswert.

Shows

Auf dem Marvel Avengers Campus herrscht ein großes Staraufgebot. An jeder Ecke trifft man auf Superheldinnen und Superhelden, die man ohne langes Anstehen und Zeitslot sehen kann. Nirgends in den beiden Parks ist die Dichte an „frei bestaunbaren" Charakteren größer als hier:

Neben den Kriegerinnen aus Wakanda sind auch der Black Panther sowie Thor und Loki, Captain Marvel und Captain America, Spider-Man, die Black Widow und sogar die Guardians of the Galaxy regelmäßig auf dem Campus anzutreffen und begeistern mit Show- und Kampfeinlagen und Trainingseinheiten. Hierbei ist nicht nur am Boden einiges los, sondern auch auf dem Dach von Spider-Man W.E.B. Adventure sowie auf der Plattform vor dem Avengers Quin Jet ist einiges geboten.

Hinweis: Die Auftritte finden mehrmals stündlich statt; es gibt keine festen Uhrzeiten. Unvorteilhafte Witterungsbedingungen können dazu führen, dass Auftritte und Shows ausfallen müssen. Außerdem kann es auch aus anderen Gründen zu Änderungen oder saisonalem Aussetzen der Shows kommen.

Avengers Unite! & The Amazing Spider-Man

Das Dach wird mehrmals am Tag zum Schauplatz eines actiongeladenen Kampfes von Black Panther und Black Widow gegen den Task Master und eine Bande Söldner. Selbstverständlich ist auch Spider-Man nicht weit, wenn auf dem Dach des Spider-Man W.E.B.-Adventures gekämpft wird.

Tipp: Spider-Man seilt sich nach getaner Arbeit spektakulär vom Dach des Spider-Man W.E.B. Adventure ab und landet auf dem Boden des Marvel Avengers Campus, direkt gegenüber des Hero Training Center. So nah kommt man dem Superhelden sonst nur selten und wenn dann nur mit Termin.

Wo: Dach von Spider-Man W.E.B. Adventure; Wann: Mehrere Vorführungen am Tag

Women of Wakanda

In Wakanda sind Frauen die besten Kriegerinnen und Leibgarde des Black Panther. Die Dora Milaje geben Einblicke in ihre Kampftechnik und laden neue Rekrutinnen und Rekruten dazu ein, ihre Kampftechniken zu erlernen. Selbst wer dabei nicht mitmachen möchte bekommt einiges geboten und sollte sich die beeindruckenden *Women of Wakanda* nicht entgehen lassen.

Wo: Neben Avengers Assemble: Flight Force; Wann: Mehrere Vorführungen pro Tag

Guardians of the Galaxy Dance Challenge

In der Show *Guardians of the Galaxy Dance Challenge* haben der Star-Lord und Gamora höchstpersönlich einen Auftritt und laden alle dazu ein, mitzutanzen. Wer die Tanzschritte beherrscht kann Teil des Teams werden – oder sich einfach über die Gelegenheit freuen, die *Guardians* auf der Erde zu erleben (und Fotos und Videos zu machen).

Wo: Neben Avengers Assemble: Flight Force; Wann: Mehrere Vorführungen pro Tag

Heroic Welcome

Der *Quin Jet* ist schon von weitem beeindruckend und das Herz des Marvel Avengers Campus. Auf der Plattform vor dem Quin Jet tummeln sich regelmäßig Captain America und Captain Marvel und andere Avengers. Sie heißen dort neue Rekrutinnen und Rekruten standesgemäß willkommen und nutzen die kurzen Auftritte zum Posieren und machen dabei eine gute Figur. Wie heißt es so schön? Ein Blick nach oben lohnt immer.

Tipps: Den Quin Jet in Aktion kann man in der Bar des Disney's Hotel New York – The Art of Marvel erleben, dort jedoch animiert auf einem riesigen Bildschirm hinter der Bar. Das Exemplar auf dem Avengers Campus hebt aus Sicherheitsgründen nicht ab, solange Gäste auf dem Campus sind.

F.R.I.D.A.Y., die künstliche Intelligenz, Verbündete und persönliche Assistentin von Tony Stark, überspannt die *Flight Force* und begleitet die Geschehnisse auf dem Avengers Campus mit Ton- und Lichteffekten. Dies sieht besonders in den Abendstunden beeindruckend aus.

Restaurants

Pym Kitchen (Buffet-Restaurant)

Pym Kitchen ist das neueste Buffetrestaurant in Disneyland Paris und sicher das außergewöhnlichste: Durch einen beeindruckenden Quantentunnel gelangen die Gäste in das Innere des Restaurants, das einem Labor nachempfunden ist. Namensgebend für das Restaurant sind die berühmten Pym-Partikel, die zum Schrumpfen und Wachsen eingesetzt werden können. Ihren großen Auftritt hat die Technologie zwar in den Filmen „Ant-Man" und „Ant-Man and the Wasp" - in Disneyland Paris jedoch nicht im Film, sondern in Pym Kitchen.

Die Labor-Thematik wird in der supermodernen Inneneinrichtung und dem Tischgeschirr (Öl und Essig wird in Reagenz-Gläsern gereicht) aufgegriffen. Der Fokus liegt jedoch selbstverständlich auf dem Essen: Die Pym Partikel-Technologie lässt Lebensmittel schrumpfen oder anwachsen, wodurch viele Gerichte in unterschiedlichen Größen serviert werden. Riesenburger, die man selbst mit dem größten Hunger nicht auf einmal Aufessen könnte und kleine Miniburger stehen dabei genauso auf dem Speiseplan wie Riesen-Hot Dogs und deren kleine Variante. Darüber hinaus gibt es leckere Schmorgerichte und frische Pasta. Doch nicht nur die Hauptgerichte, sondern auch die Vorspeisen können sich sehen lassen:

Pym Kitchen bietet eine reichhaltige Auswahl an Salaten, Seafood und kleine Köstlichkeiten, teilweise sogar französische Spezialitäten. Die Gerichte wechseln saisonal.

Tipps: Unbedingt ausreichend Platz für den Nachtisch lassen. Die Dessertauswahl ist eine der größten im ganzen Resort und auch die Desserts wurden mit Pym-Partikeln behandelt. Besonders lecker ist dabei die große Erdbeere, hinter der sich eine Erdbeer-Sahne-Torte verbirgt, oder ein riesiger Oreo-Kuchen. Beide gibt es auch noch in Miniformat - und noch vieles anderes und genauso leckeres mehr.

Die Käseplatte kann sich ebenfalls sehen lassen.

Der *Mocktail* macht den Restaurantbesuch auch getränkeseitig zu etwas besonderen. Außerdem gibt es auf der Getränkekarte eine kleine *Bierprobe*, bei der die Biere in miniaturisierten Biergläsern gereicht werden. Die Bierprobe kann man auch als Souvenir für daheim bestellen. Kinder bekommen ihre Getränke übrigens in Reagenzgläsern serviert – eine nette Aufmerksamkeit.

Kosten für das Buffet: Erwachsene zahlen pro Person 45 Euro, für Kinder werden 25 Euro berechnet. Für große und kleine Geburtstagskinder gibt es im Pym einen passend dekorierten Geburtstagskuchen (auf Vorbestellung); Kosten: 35 Euro.

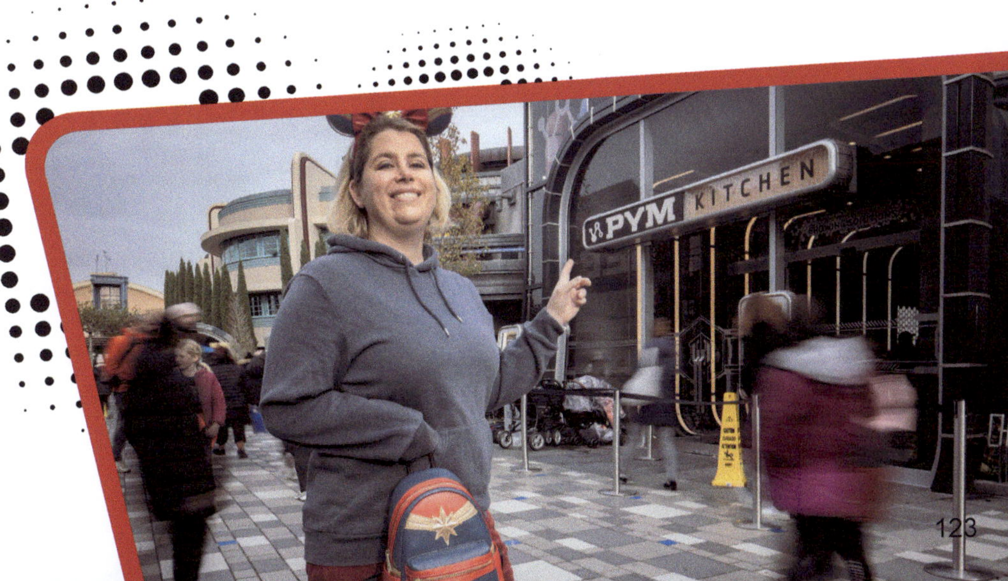

Stark Factory (Fast Food Restaurant)

In der Stark Factory gibt es eine ansprechende Auswahl an leckeren Pizzastücken (mit dickem Boden), die mit Schinken, Käse oder Gemüse (vegan) belegt sind, Pasta mit Bolognese-, Käse- oder Tomatensauce (vegan) und Bowls (auch als vegane Variante) sowie leckere Nachtische. Die einzelnen Gerichte sind zwar nicht gerade günstig (Pizzen kosten 14 Euro, Pasta 13 Euro, die Bowls 8,50 Euro), jedoch sind die Portionen entsprechend groß und sättigend.

Die Einrichtung des Restaurants ist dem Namen entsprechend im Stile einer High Tech-Werkstatt und Fabrik gehalten.

Bevor man an die Station mit dem Essen gelangt (das man sich selbst nimmt) steht man vor einem riesigen Hulkbuster-Anzug, der zur Reparatur in die Fabrik gebracht wurde.

Die Stark Factory bietet ausreichend Platz für hungrige Gäste und mit etwas Glück bekommt man sogar einen Platz im Nebenraum, in dem sich ein Nachbau des Büros von Agent Peggy Carter befindet. Hier sitzt es sich am gemütlichsten, jedoch ist der Bereich nicht immer geöffnet.

FUN FACT: Lage und Name der Stark Factory sind kein Zufall, denn die Fabrik und das Gelände darum herum gehörte dem Vater von Tony Stark, Howard Stark. Der Hulkbuster hat seinen Auftritt übrigens im Film „Avengers: Age of Ultron“

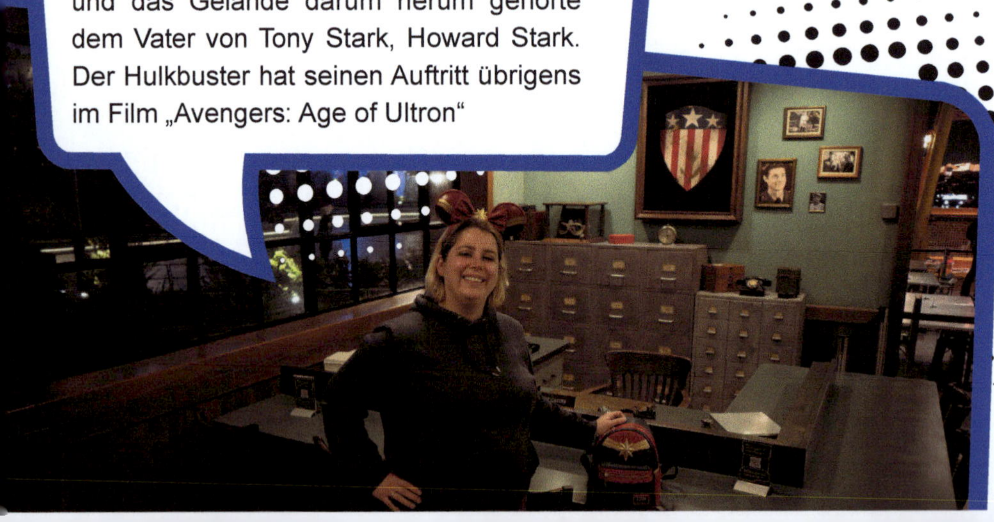

FAN-tastic Food Truck

Der FAN-tastic Food Truck bietet hauptsächlich Hot Dogs an sowie leckere Desserts (auch vegane Varianten). Falls man sich setzen möchte gibt es im Außenbereich des Super Diners, das sich direkt gegenüber befindet, ein paar Plätze. Der FAN-tastic Food Truck öffnet in der Regel Mittags oder Nachmittags, hat jedoch keine bekannten festen Öffnungszeiten.

Die Hot Dogs kosten 11 Euro.

WEB Food Truck

Der WEB (Worldwide Eating Brigade) Food Truck ist ein Highlight für Fans der asiatischen Küche, denn dort werden leckere Nudelgerichte (Ramen) angeboten, die sich besonders an kälteren Tagen zum Aufwärmen eignen. Es gibt die Ramen entweder mit Fleisch-, Garnelen- und Tofu-Einlage, wobei die Brühe immer die gleiche ist. Die Ramen kosten 11 Euro.

Tipp: Besonders lecker sind die warmen Kokosbällchen (5 Euro).

Super Diner

Das kleine, aber feine Super-Diner bietet regelmäßig wechselnde Essensangebote (für Erwachsene und Kinder, auch vegan). Für den süßen Hunger gibt es vegane Cookies und den Schoko Blast-Riegel mit Erdnussbutter, Schokolade und Karamell.

Fun Fact: Der Truck ist kein Nachbau, sondern ein echtes Diner aus den 50er Jahren, der von Disney aufgekauft und aufgearbeitet wurde.

Shopping

Im Shop Mission Equipment findet man eine große Auswahl an Kleidung, Taschen, Tassen und allerlei andere Souvenirs zu Marvel-Charakteren, insbesondere zu Spider-Man, sowie zur Attraktion Spider-Man W.E.B.Slinger (deren Ausgang direkt in den Shop führt). Auch Spider-Bots in verschiedenen Größen für Daheim gibt es hier zu kaufen.

Das besondere Angebot ist jedoch das W.E.B.- und Campus-Technologie-Equipment, mit dem in der Attraktion zusätzliche, von Iron Man, Dr. Strange und Spider-Man inspirierte Kräfte aktiviert werden können, wie ein W.E.B. Power Band, ein Web Shooter, der Vibranium Sonic Handschuh oder eine Spider-Man-Brille.

Fun Fact: Der Spider Man W.E.B Slinger ist die erste Attraktion in Disneyland Paris, in der man das On-Ride-Erlebnis mit Equipment verstärken kann.

Tipp: Eine kleine Auswahl Merchandise bekommt man auch im Shop am Eingang des Marvel Avengers Campus.

Es war einmal – der Themenbereich Backlot

Die ursprüngliche Thematisierung des Themenbereichs drehte sich um klassische Actionfilme – von Reminiszenzen an Klassikern des Schwarz-Weiß-Films bis hin zu Attraktionen zum damals brandneuen Film Armaggedon, der heutzutage ebenfalls bereits als Filmklassiker gilt. Es war daher nur eine Frage der Zeit, bis der in die Jahre gekommene Themenbereich neuen Heldinnen und Helden weichen musste.

Der im Sommer 2022 eröffnete Avengers-Campus hat neue Maßstäbe gesetzt, als die Stars des Marvel-Kosmos das Backlot übernommen und einen Trainingsort für Superheldinnen und -helden erschaffen haben. Wer den Bereich von früher kannte wird kaum etwas wiedererkennen, außer vielleicht die Achterbahn Avengers Assemble: Flight Force (die neu thematisiert wurde, aber noch die gleichen, wenn auch überholten

Wagen und Strecke verwendet wie früher der Rock ‚n' Roller Coaster Starring Aerosmith) sowie die beiden Gastroangebote Stark Factory und Super Diner, die lediglich partiell neu sind. Das Areal der ehemaligen Stunt Show wird aktuell nicht für Gäste genutzt.

Frühere Attraktionen

Armaggedon: les Effets Spéciaux

In „Armaggedon: les Effets Spéciaux (Spezialeffekte)" wurde die Entstehung von Spezialeffekten erklärt. Mit Hilfe von Pyrotechnik und wackelnden Bodenplatten bekamen Gäste am eigenen Leib zu spüren, wie es Actionhelden bei den Dreharbeiten ergeht. Vor der Attraktion stand eine Nachbildung des im Film eingesetzten Bohrfahrzeugs Armadillo.

Moteurs ... Action! Stunt-Show Spectacular®

Fans schneller Autos und atemberaubender Stunts kamen bei Moteurs ... Action! auf ihre Kosten. Während der Show zeigten echte Fahrkünstler ihr Können und ließen den Kerosingehalt der Luft und Drehzahlen der Motoren gleichermaßen in die Höhe schnellen. Wilde Verfolgungsjagden und atemberaubende Kunststücke wechselten sich ab, kühne Sprünge durch Feuer und Fahrten durch Explosionen hindurch inklusive. Hin und wieder war sogar Lightning McQueen aus Cars als Gaststar dabei.

Rock ‚n' Roller Coaster starring Aerosmith

Im Takt der Musik von Aerosmith wurden Fahrgäste dieser Achterbahn in atemberaubender Geschwindigkeit von einem Adrenalinkick zum nächsten geschossen. Lichtblitze dienten als einzige Lichtquelle, während dröhnende Musik und wummernde Bässe die Schreie übertönten. Hier half nur anschnallen und losrocken!

Der Rock'n Roller Coaster starring Aerosmith wurde im September 2019 geschlossen. Die Achterbahn ist in seiner Streckenführung zwar noch vorhanden, jedoch sind die Klänge von Aerosmith Iron Man gewichen.

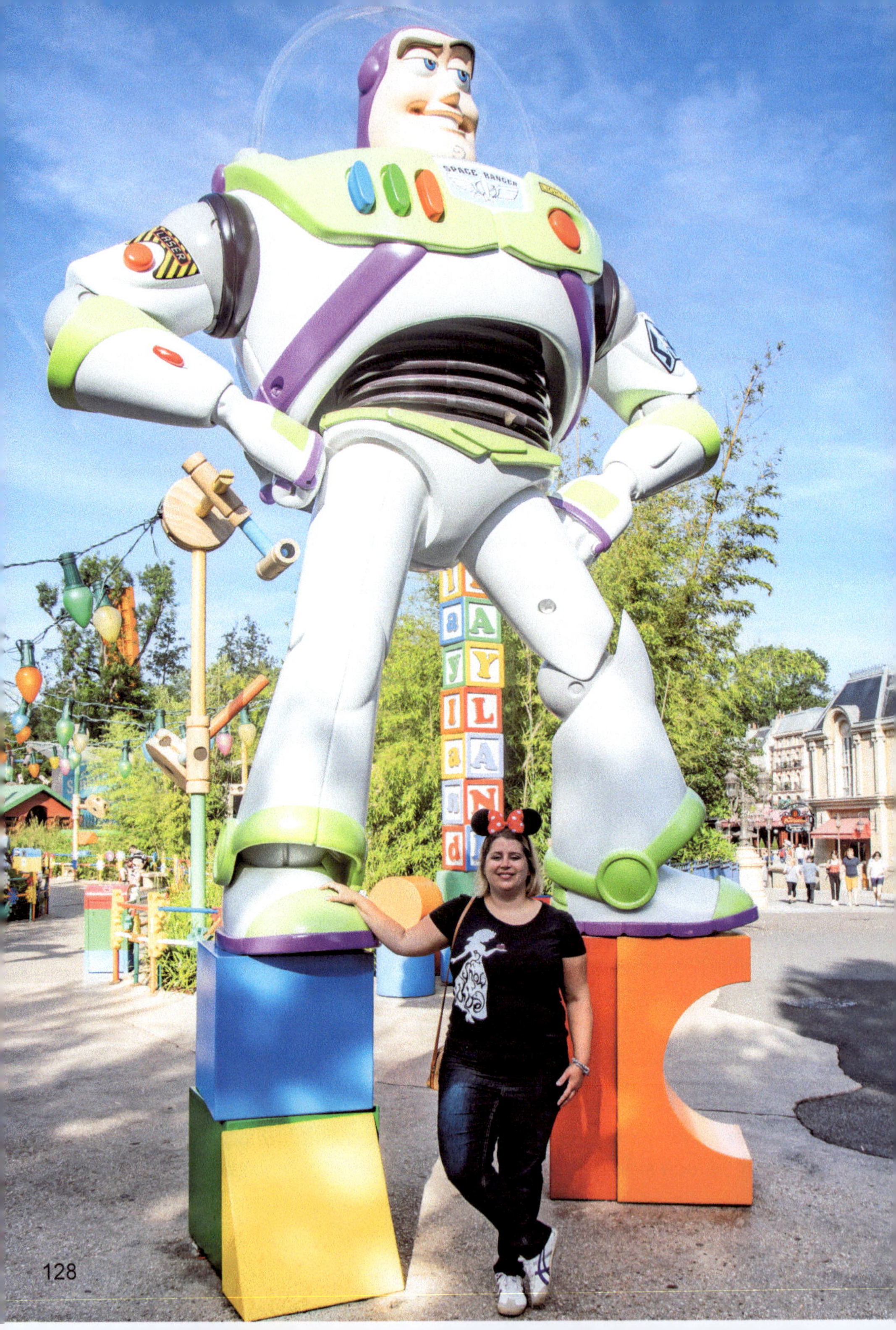
SPACE RANGER

Toon Studio mit Worlds of Pixar und Toystory Playland

Für kaum etwas steht die Marke Disney® so sehr wie für Trickfilme. Viele der großen Erfolge der letzten zwanzig Jahre stammen jedoch aus dem Hause Disney•Pixar. Daher verwundert es nicht, dass die *Worlds of Pixar* einen großen Bereich innerhalb der Toon Studios einnehmen. Mit einer Vielzahl an Attraktionen, mit meet & greets, Souvenirläden und thematisch passendem Essensangebot gibt es ein breites Angebot für kleine und große Gäste, für jeden Geschmack und jedes Alter. Hierzu gehören auch die neueste Attraktion *Cars ROAD TRIP* sowie die Attraktion *Ratatouille: L'Aventure Totalement Toquée de Rémy*, durch die Pariser Flair in den Walt Disney Studios® Park Einzug gehalten hat. Der fliegende Teppich aus *Aladdin* taucht dann eher unerwartet auf.

Jede einzelne der Attraktionen erfreut sich großer Beliebtheit, so dass in diesem Teil des Parks oft viel los ist.

Attraktionen

Cars ROAD TRIP

Auf diesem Roadtrip entlang der legendären Route 66 begegnet man allerlei beliebten Figuren aus der Filmtrilogie *Cars* – allen voran *Lightning McQueen*, DEM Star der Filmreihe, sowie *Luigi* und *Guido.* Absolutes Highlight der Fahrt ist die Explosion des Dinoco-Lasters im CARS-TASTROPHE CANYON, bei dem Gäste durchaus nass werden können. Trotz einer Explosion ist die Tour vollkommen harmlos und ein Spaß für die ganze Familie.

Wirklich witzig ist die Nachbildung des Pariser Eiffel-Towers aus Autoteilen, dem *I-Fuel Tower*, der vom Abschleppwagen *Hook* sowie dem Hippie-Bus *Bully* flankiert wird.

Diese Attraktion erfordert keine Mindestgröße. Die Tour ist zweisprachig (englisch und französisch).

Tipp: Passend zur Attraktion bietet der Foodtruck *Laugh'n Go* u.a. einen *Croque McQueen* (adaptiert vom französischen Snack-Klassiker Croque Monsieur) an. Alle dort verkauften Speisen enthalten Streichkäse der französischen Kultmarke *La Vache qui rit®* (deutsch: Die Lachende Kuh) - Radiator Springs-Charm à la française.

Fun Facts: Im Zuge der Parkerweiterung wurden die Studiofahrzeuge der *Studio Tram Tour®: Behind the Magic* übernommen und das Filmset nach Radiator Springs verlegt. Früher wurden Gäste über ein Filmgelände hinweg an *Requisiten* vorbeikutschiert: so gab es entlang der Strecke Artefakte und Fahrzeuge aus bekannten Filmen wie *Dinotopia*, *Pearl Harbour*, der Realverfilmung von *101 Dalmatiner u.v.a.m.* zu entdecken. Auch führte die Tour durch das zerstörte London aus dem Film *Die Herrschaft des Feuers*. Bis vor einigen Jahren konnte man sogar Schneiderinnen bei der Arbeit zuschauen.

Von all dem ist in der neugestalteten Attraktion einzig die Explosion des Tankwagens im *Catastrophe Canyon* erhalten geblieben, wenn auch unter dem neuen Namen *CARS-TASTROPHE CANYON*. Das Feuer wird übrigens nach wie vor auf spektakuläre Art und Weise von Hunderttausenden Litern Wasser gelöscht.

Cars Quatre Roues Rallye

Direkt dem Film *Cars* entsprungen, können Fans der Filme ein paar Runden in den Fahrzeugen aus Radiator Springs drehen. Fast-Zusammenstöße der sich im Kreis drehenden Fahrzeuge gehen zum Glück immer glimpflich aus. Diese Attraktion erweckt die Charaktere und Gebäude aus *Cars* zum Leben, so dass selbst das Warten zum Vergnügen wird. Als Kulisse rund um die Attraktion dienen bekannte Gebäude aus Radiator Springs. So finden sich dort u.a. *Luigis Werkstatt* und *Hooks Abschlepphof* wieder.

Diese Attraktion erfordert keine Mindestgröße.

Crush's Coaster®

Schon von weitem lässt *Findet Nemo* grüßen – in Form von Crush, der Schulbus-Schildkröte aus dem überaus erfolgreichen Disney•Pixar-Film *Findet Nemo*. Auf dem Rücken von Crush wirbeln Passagiere in der starken australischen Meeresströmung umher – vorwärts und rückwärts und wild im Kreis, unvorhersehbare Richtungswechsel inklusive, bis Crush seine Passagiere sicher ans Ziel gebracht hat.

Tipps: Aufgrund des hohen Tempos und der wilden Richtungswechsel ist der *Ritt auf dem Schildkrötenpanzer* nicht ohne. Einen guten Eindruck, wie sehr sich der Schildkrötenpanzer in der Meeresströmung dreht, vermittelt eine sich drehende Figur vor dem Eingang der Attraktion.

Die erforderliche Mindestgröße beträgt 1,07 m. Kinder unter 7 Jahren dürfen nur in Begleitung Erwachsener fahren. Die Sitze sind etwas beengt, so dass die Fahrt bei größerem Körperumfang ggfls. nicht möglich ist.

An dieser Attraktion ist aufgrund seiner großen Beliebtheit durchgehend mit langen Wartezeiten zu rechnen. Gegen Aufpreis ist das Premier Acces-System verfügbar, um langes Anstehen zu umgehen.

Nach Möglichkeit kann man auch den Single Rider-Eingang nutzen, über den man als Einzelperson geringere Wartezeiten hat. Allerdings hat man dann keinen Anspruch darauf, als Gruppe/Familie zusammenzusitzen, auch wenn man sich gemeinsam angestellt hat.

Ratatouille: L'Aventure Totalement Toquée de Rémy - Ratatouille: Das Abenteuer

Auf Rattengröße geschrumpft, kann man in *Ratatouille: L'Aventure Totalement Toquée de Rémy* die Abenteuer der Gourmet-Ratte Rémy aus dem Film *Ratatouille* hautnah miterleben. In Wagen in Form niedlicher Ratten (Rémy und Emilie lassen grüßen) fährt man durch die Küche, in der Rémy von der Kanalratte mit Geschmack zum Koch aufsteigt – alles getreu dem Motto des fiktiven Kochs Gusteau, dass *Jeder kochen kann*.

Während zügiger, aber familientauglicher Richtungswechsel erlebt man das 4D-Abenteuer mit allen Sinnen und aus einer ganz besonderen Perspektive und kommt aus dem Staunen nicht heraus – und entdeckt bei jeder Fahrt wieder etwas Neues. Nicht ohne Grund bilden sich hier ganztags lange Warteschlangen, denn mit dieser Attraktion ist den Machern des Parks etwas Großartiges gelungen.

3-D-Brillen werden vor Ort ausgehändigt. Diese Attraktion ist zweisprachig (englisch und französisch).

Hinweis: Für Menschen mit Reiseübelkeit kann diese Attraktion eine Herausforderung sein. Am besten sorgt man vor.

Die Attraktion erfordert keine Mindestgröße.

An dieser Attraktion ist aufgrund seiner großen Beliebtheit durchgehend mit langen Wartezeiten zu rechnen. Gegen Aufpreis ist das Premier Acces-System verfügbar, um langes Anstehen zu umgehen.

Als Single-Rider kann man die Wartezeit deutlich verkürzen, hat dann aber keine Möglichkeit, zusammen in einem Wagen zu sitzen, auch wenn man als Gruppe ansteht. Für Kinder gibt es ein Mindestalter für das Allein-Fahren.

Ninas Tipp: Einen Besuch im Shop *Chez Marianne* und in dem der Attraktion angeschlossenen Restaurant *Bistro chez Rémy* sollte man sich nicht entgehen lassen. Der *Place de Rémy* lädt zum Genießen des Pariser

Flairs ein, das in diesem Quartier wirklich bemerkenswert authentisch eingefangen wurde und dem nur wenige Kilometer entfernt gelegenen Original gerecht wird.

Fun Facts: Auch mehrmaliges Fahren lässt diese Attraktion nicht langweilig werden – in kaum einer anderen Attraktion der beiden Parks passiert so viel wie hier, zumal die Wagen auf leicht unterschiedlichen Strecken unterwegs sind. Hin und wieder machen sie sogar einen kleinen Umweg über den Kühlraum. Beeindruckend sind dort der riesige Fisch, der stolze 7,50 Meter misst und die glimmenden Augen, die aus den Kisten heraus verfolgen, was um sie herum passiert.

In der Attraktion *Ratatouille – L'Aventure Totalement Toquée de Rémy* dreht sich alles um Gusteau, den großen französischen Sternekoch, in dessen Küche die Ratte Rémy das einzigartig leckere Ratatouille kocht. Gusteau ist natürlich ein Pseudonym für Paul Bocuse, dem vermutlich berühmtesten Sternekoch Frankreichs, der die moderne französische Küche (Nouvelle Cuisine) nachhaltig geprägt und in der ganzen Welt berühmt gemacht hat. Bocuse ist 2018 in hohem Alter verstorben.

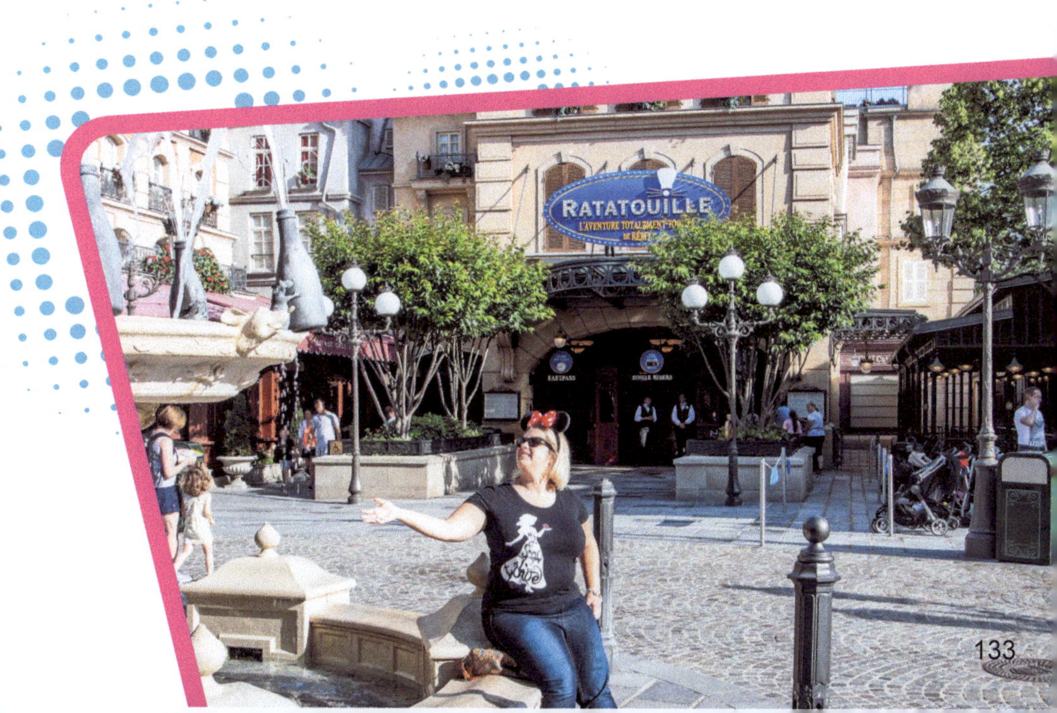

Toy Story Playland

Der erfolgreichen Filmreihe *Toy Story* ist mit dem *Toy Story Playland* ein eigener Themenbereich gewidmet. Schon von Weitem grüßt Buzz Lightyear (im Französischen übrigens Buzz L'Éclair) und markiert den Eingang zum Toy Story-Playland, das an Andys Zimmer aus den Toy Story-Filmen erinnert. Seit 2010 ist dieser Bereich im Walt Disney Studios® Park vertreten und liefert mit insgesamt drei Attraktionen gute Gründe für einen Abstecher – Spaß ist garantiert. Neben den Attraktionen, die allesamt überdimensionales Spielzeug darstellen, sind viele weitere von Andys Lieblingsspielzeugen im Toy Story Playland verstreut zu finden – so auch ein riesiger Rex, der ein tolles Fotomotiv abgibt.

Toy Soldier Parachute Drop

In dieser kindgerechten Freefall-Variante können kleine und große Rekrutinnen und Rekruten das Fallschirmspringen erlernen und Andys grünen Spielzeug-Soldaten aus Teil 1 der Toy Story-Filme nacheifern. Geschützt durch insgesamt sechs Fallschirme wird der kühne Abwurf aus 25 Meter Höhe zum Kinderspiel(zeug). In jedem der Fallschirme können sechs Personen Platz nehmen.

Mindestgröße für diese Attraktion ist 81 cm.
Die Attraktion hat einen Single Rider-Service.

Tipp: Vom höchsten Punkt aus hat man einen guten Blick auf die Bauarbeiten für das Frozen-Land, das 2024/25 fertiggestellt werden soll.

Slinky Dog Zigzag Spin

Auf dem Rücken von Slinky Dog, dem Spiral-Dackel, geht es wild bergauf und bergab und rund herum um einen riesigen Futternapf mit Gummiknochen und einem Baseball. Während Slinky Dog erfolglos versucht, seinen Schwanz zu fangen, kommen Fans von spaßigen Berg- und Talbahnen bei dieser nur leicht wilden, absolut kindertauglichen Fahrt auf ihre Kosten.

Die Attraktion erfordert keine Mindestgröße.

RC Racer

Nachdem den *Toy Story*-Helden Woody und Buzz Lightyear dank des Rennautos *RC Racer* eine wilde Verfolgungsjagd gelang, steht dieser nun wieder voll aufgeladen in Andys Spielzimmer.

Der Looping wurde in der Attraktion *RC Racer* zwar nicht ausgepackt, jedoch hat es die 25 Meter hohe Halfpipe trotzdem in sich. Sie wird zu einer wilden Rennbahn, wenn Andy Gas gibt und sein Lieblings-Rennauto in hohem Tempo vor- und zurückrasen lässt. Einsteigen und Festhalten!

Mindestgröße für diese Attraktion ist 1,20 m. In jedem Rennwagen finden bis zu 20 Personen Platz.

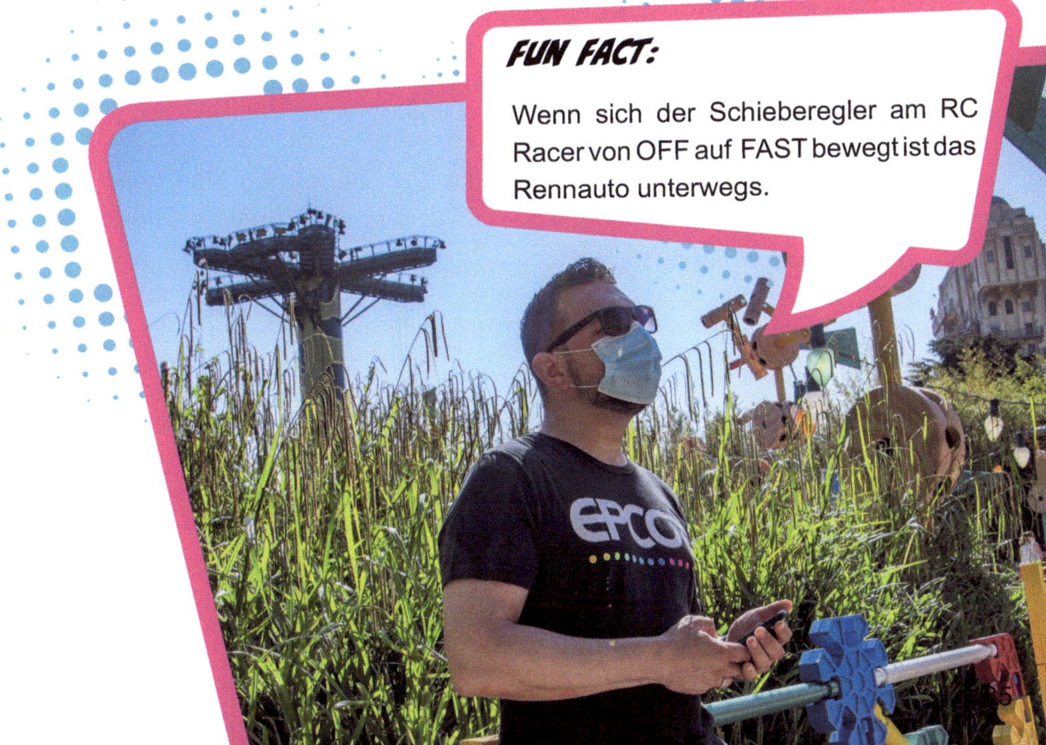

Les Tapis Volants – Flying Carpets over Agrabah®

Auf fliegenden Teppichen können Fluggäste ein paar Runden über das sagenumwobene Agrabah drehen. Dabei geraten sie mitten hinein in ein Filmset, auf dem der Flaschengeist Dschinni als Regisseur fungiert.

Wenngleich man von der im Film *Aladdin* transportierten Romantik nicht viel spürt (was bei der Konzeption auch nicht der Anspruch war, denn schließlich befindet man sich auf einem Filmset) lohnt sich ein Flug in jedem Fall. Wo sonst hat man die Gelegenheit, auf einem fliegenden Teppich, dessen Flughöhe und Neigungswinkel individuell steuerbar ist, Platz zu nehmen?

Diese Attraktion erfordert keine Mindestgröße. Allerdings sind die Sitzreihen etwas beengt, aber zwei Erwachsene und zwei Kinder passen in jedem Fall auf bzw. hinein in einen der insgesamt 16 fliegenden Teppiche.

Scream Monitors

Im Film Monster AG wird Energie aus den Schreien von Kindern gewonnen – an den *Scream Monitors* kann sich die ganze Familie lauthals ausschreien. Die beim Schreien freigesetzte Energie wird angezeigt. Wer schreit am lautesten?

Neben den Screen Monitors steht die Tür des kleinen Mädchens aus Monster AG. Hin und wieder wird die Tür als meet&greet für Charaktere der Monster AG genutzt.

Animation Celebration

In Walt Disney Studios® Park herrscht Eiszeit, wenn die Heldinnen und Helden aus den Filmhits *Die Eiskönigin – Völlig unverfroren* und *Die Eiskönigin II* den überdimensionalen Zauberhut aus dem Disneyklassiker *Phantasia* betreten und für unvergessliche Fotos posieren.

Anna und Elsa sowie der überaus beliebte Schneemann Olaf sind dort regelmäßig anzutreffen, bevor sie 2024/25 in ihr eigenes Themenland umziehen werden. Zeiten können dem Programm entnommen werden.

In der kleinen, aber feinen **Disney Animation Gallery** gibt es passende Souvenirs. Hinter der im gleichen Gebäude untergebrachten **Drawing Academy** verbirgt sich eine Zeichenschule, in der Micky, Minnie & Co. unter Anleitung gezeichnet werden können.

Restaurants

Bistrot chez Rémy (À-la-carte-Restaurant)

Das *Bistro Chez Rémy* ist Bestandteil bzw. Endpunkt der Attraktion *Ratatouille – L'Aventure Totalement Toquée de Rémy*. Beim Betreten des Restaurants überschreitet man eine magische Schwelle und schrumpft auf Rattengröße.

Auf Rattengröße geschrumpft, lässt es sich im *Restaurant der Ratten* unter einem raumfüllenden Blätterdach in wirklich einzigartigem Ambiente speisen. Platz genommen wird auch auf Champagnerkorken, Teller dienen als Raumteiler, Marmeladengläser als Tische.

Serviert werden traditionelle französische Spezialitäten auf hohem Niveau, die wirklich ganz hervorragend zubereitet sind. Neben Steak und Fisch gibt es auch ein vegetarisches Gericht.

Menüs kosten ab 40 Euro für Erwachsene und ab 30 Euro für Kinder. Selbstverständlich wird auch Ratatouille angeboten, jedoch nicht in der aus dem Film bekannten Zubereitungsform in Scheiben, sondern gewürfelt. Besonders lecker sind wie immer auch die Desserts.

Einziger Wermutstropfen des Bistro Chez Rémy sind dessen kurze Öffnungszeiten: Die letzte Reservierung wird oftmals für den späten Nachmittag entgegengenommen.

Souvenirs / Shopping

Chez Marianne – Souvenirs zum Film *Ratatouille*, tolle Küchenaccessoires und Paris-Souvenirs

Toy Story Playland Boutique – klein, aber fein, und fast ein Geheimtipp, denn die *Toy Story Playland Boutique* hatte früher selten geöffnet. Mittlerweile können sich Fans dort regelmäßig mit *Toy Story*-Merchandise eindecken. Außerdem ist der Shop auch ein guter Anlaufpunkt für Getränke. Zu finden ist die Boutique im Durchgang zwischen Toy Story Playland und dem Place de Rémy.

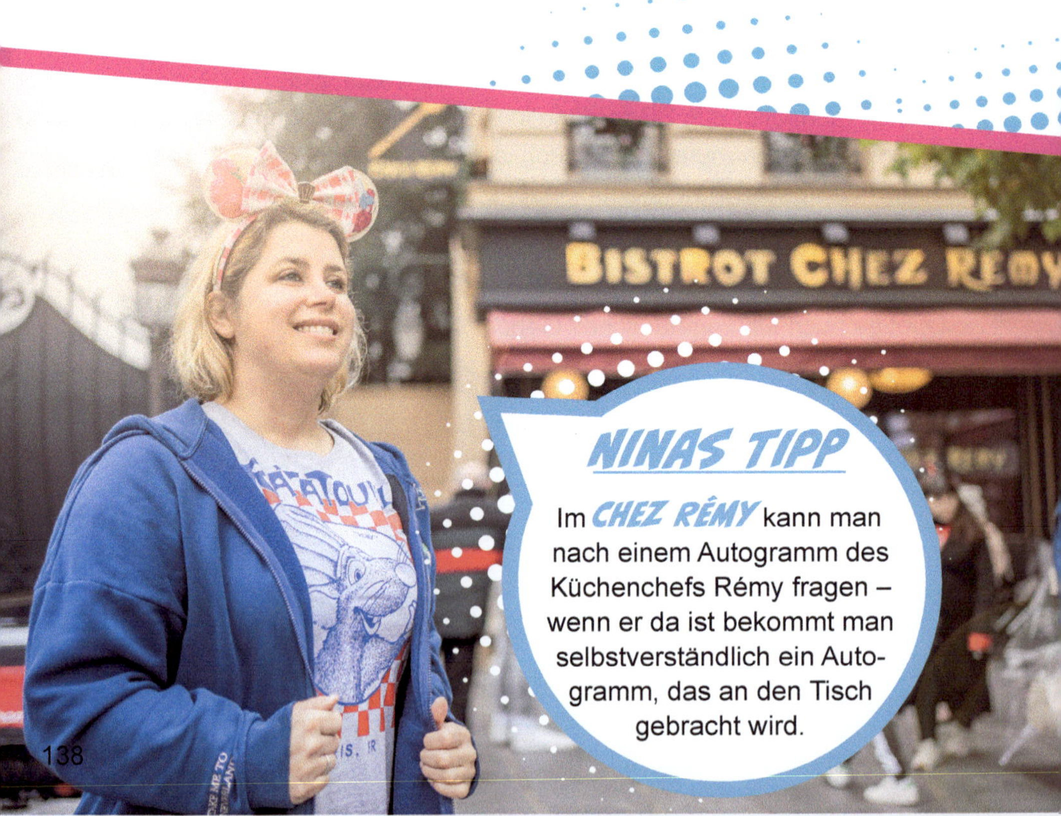

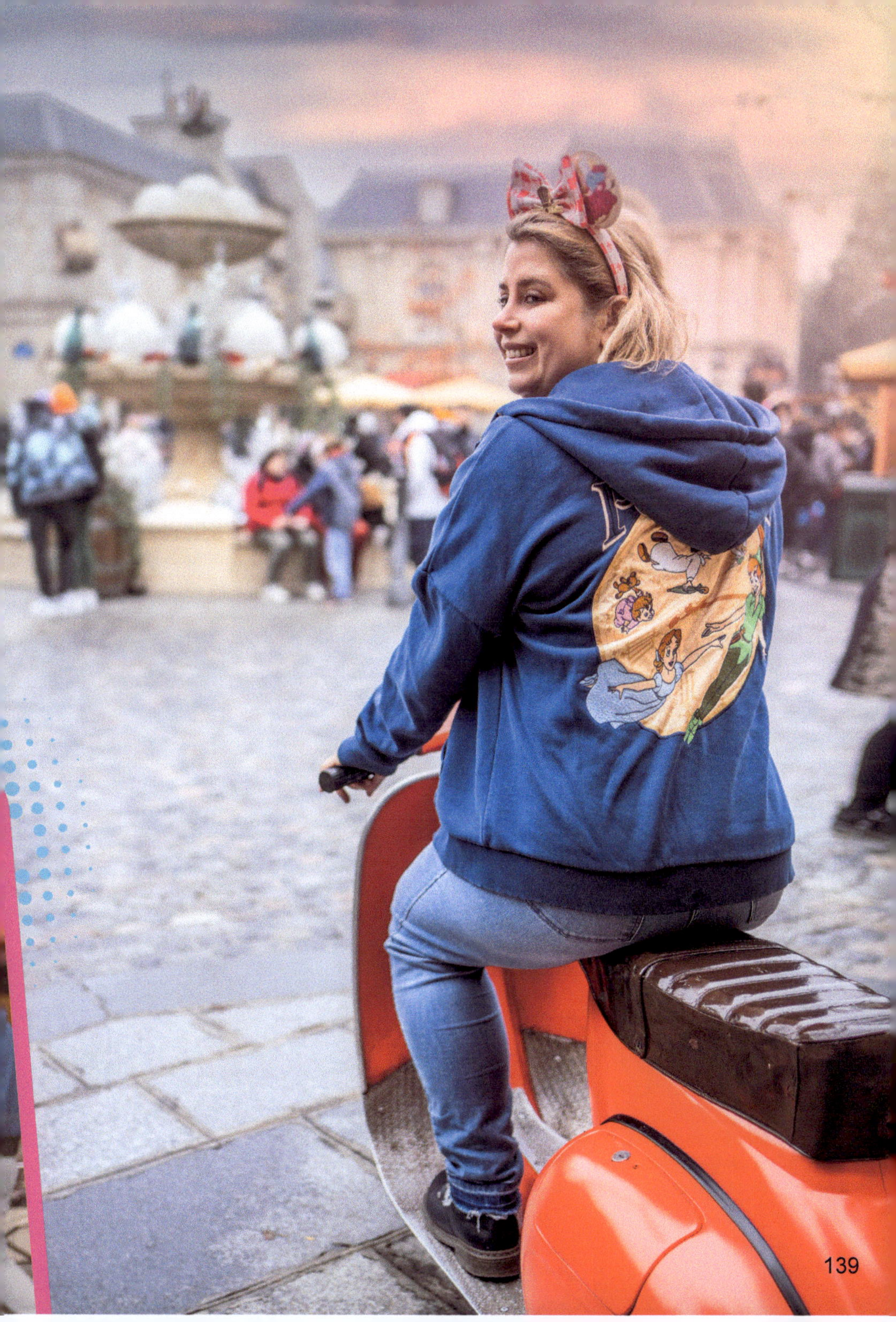

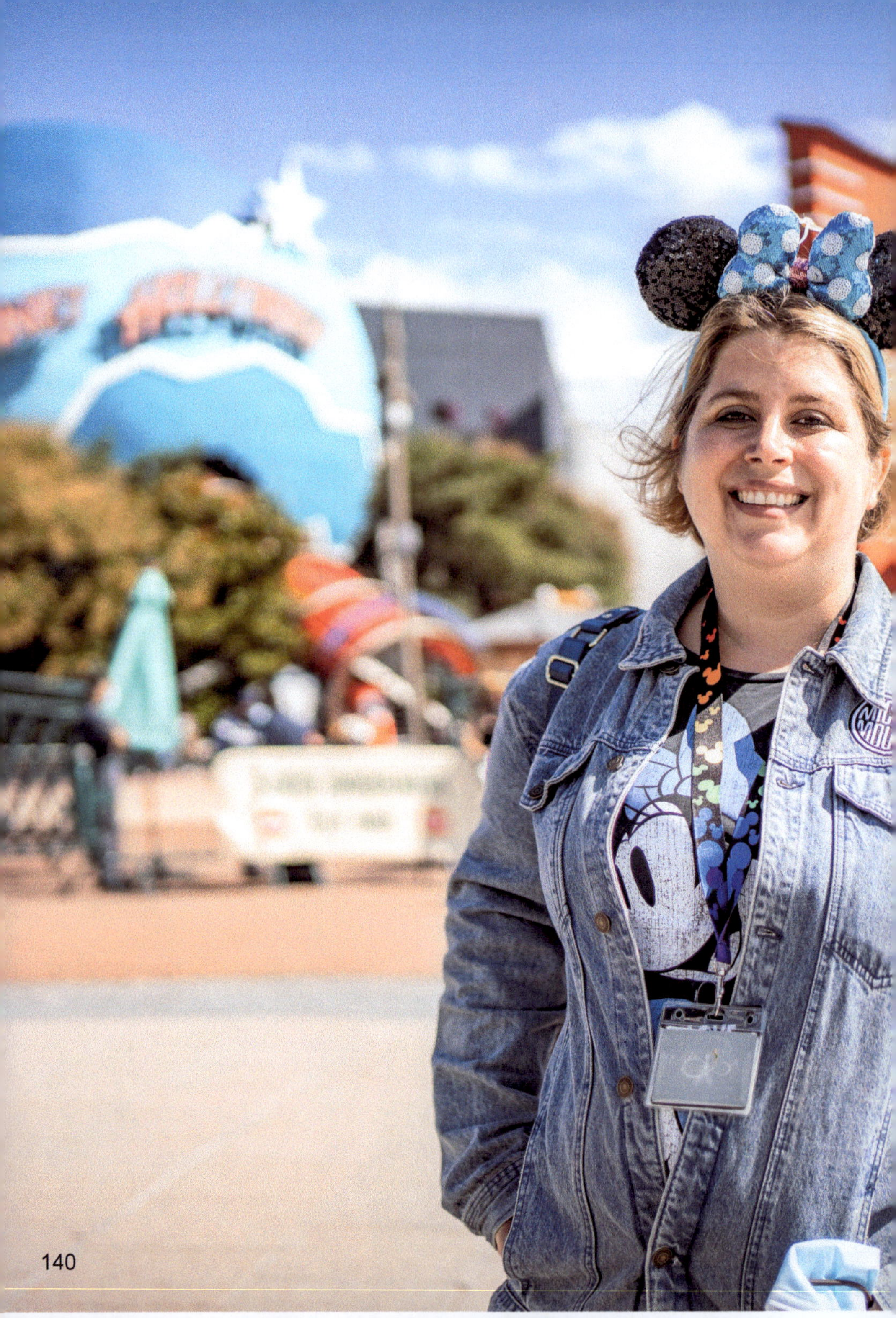

Disney Village®

Wenngleich das Disney Village® kein eigener Themenpark ist, so ist es doch ein besonderer Ort: Das *Disney Village®* ist als Verbindung zwischen den beiden Parks und den Disney®-Hotels gedacht und entfaltet insbesondere in den Abendstunden seine Wirkung, wenn die Massen der aus dem Park strömenden Hotelgäste darin aufgenommen werden. Nach Lust, Laune, Energie und Budget der Gäste stehen zahlreiche Shops, Restaurants für den kleinen und großen Hunger sowie familientaugliche Vergnügungsmöglichkeiten zur Verfügung.

Der Eingang zum Disney Village® befindet sich zwischen dem Zugangsbereich zu den beiden Parks und dem Bahnhof sowie neben Disney's Hotel New York the Art of Marvel. Hotelgäste erreichen den Bereich ebenfalls vom Lake Disney aus kommend. Für das Disney Village® benötige man kein zusätzliches Ticket. Die Zugänge werden von Sicherheitspersonal kontrolliert.

Entertainment

Im Disney Village® wird Entertainment großgeschrieben. Ganzjährig werden die verschiedensten nationalen und internationalen Feiertage und Events gefeiert, die zum Erleben und Verweilen einladen.

Neben kostenpflichtigen Unterhaltungsangeboten gibt es im Disney Village® auch kostenloses Entertainment. Zahlreiche saisonale Musik- und Straßenfestivals wie der St. Patrick's Day (März), die *Fiesta Latina (Juni)* und das *Rock'n Roll-Festival (September)* bieten das ganze Jahr hindurch ein abwechslungsreiches Angebot mit Festivitäten und Feiertagen. Programme sind im Disney Village® erhältlich.

Billy Bob's Country Western Saloon

Live-Musik macht *Billy Bob's Country Western Saloon* zu einem außergewöhnlichen Erlebnis. Teilweise ist das Angebot kostenpflichtig. Im Saloon werden kleine Snacks angeboten.

Kino Gaumont

Im 3D-Kino werden aktuelle Kinofilme (in Französisch) gezeigt. Neben Touristen lockt das Kino auch Gäste aus der Umgebung an.

PanoraMagique

Der Heißluftballon *PanoraMagique* bietet von oben den besten Blick über das komplette Resort und auf die magische Disneywelt. Ein Flug dauert rund acht Minuten und lohnt sich. Die sogenannte *Montgolfière* kann jedoch nur starten, wenn es die Wetterverhältnisse zulassen. Die Sicherung erfolgt durch Seile, so dass man einen gesicherten Aufstieg in die Höhe erlebt. Maximale Steighöhe ist 100 Meter.

Kosten: Erwachsene 15 Euro / Kinder 8 Euro (3-11 Jahre); Jahreskartenrabatt ist möglich.

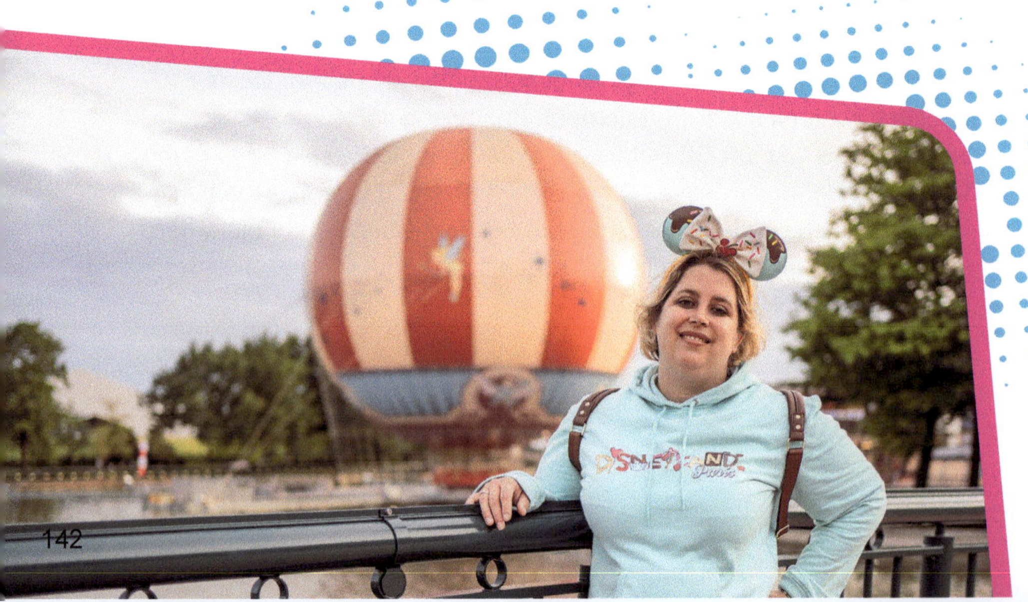

Video Games Arcade

Die *Video Games Arcade* bietet allerlei Möglichkeiten zum Spielen, jedoch gegen Aufpreis. Praktischerweise ist die Video Games Arcade in die Sportsbar integriert, so dass Kinder zocken können, während ihre Eltern die Sportsbar besuchen.

Restaurants

À-la-carte- und Schnell-Restaurants lassen auch im Disney Village® keine kulinarischen Wünsche offen und bieten Essen für jedes Budget.

Brasserie Rosalie (À-la-carte-Restaurant und Take-away)

Das französische Familienrestaurant *Brasserie Rosalie* ist das neueste Restaurant im Disney Village und hat süße und herzhafte französische Spezialitäten und Leckereien im Angebot. Außerdem bietet die Brassiere Bar- und Cafébetrieb an. Speisen sind auch im Take-away erhältlich.

Tipp: Von den Tischen am Fenster aus hat man einen wunderbaren Blick auf den *Lake Disney*.

Rainforest Café (À-la-carte-Restaurant)

Internationale Küche in exotischem Ambiente bietet das *Rainforest Café*, in dem Essen beinahe Nebensache wird. Beeindruckende Röhren- und Deckenaquarien, in denen unzählige echte Fische herumschwimmen, raumfüllende Pflanzenarrangements und künstlichen Tiere, aber vor allem tropische Gewitter erzeugen eine fast perfekte Regenwald-Atmosphäre.

Auf der Speisekarte stehen Pasta, Burger, Quesadillas, Salate und verschiedenste Fleischgerichte. Mit einer Jahreskarte erhält man Rabatt.

Passende Souvenirs zum Restaurant gibt es im Shop, der sich im Ausgangsbereich findet.

Tipp: Vom Shop aus hat man einen tollen Blick ins Restaurant und auf Teile der Aquarien, ohne das Restaurant betreten zu müssen.

The Royal Pub (À-la-carte-Restaurant)

Englische Pubkultur trifft auf internationales Publikum in Frankreich - Fans von Bier und leckeren Cocktails kommen hier während der Happy Hour auf ihre Kosten. Für den großen und kleinen Hunger gibt es Burger, Sandwichs und Salate.

McDonald's (Schnellrestaurant)

Nirgends im ganzen Resort isst man so günstig wie bei *McDonald's.* Daher ist hier ganztägig mit großem Andrang zu rechnen. Im Angebot sind die bekannten Fast Food-Gerichte.

Earl of Sandwich (Schnellrestaurant)

Die Kette *Earl of Sandwich* bietet, wie der Name schon sagt, Sandwiches an, aber nicht nur. Das Angebot an warmen Sandwichs wird von Salaten und Wraps sowie leckeren Desserts abgerundet. Die Sandwichs werden in zwei Größen angeboten. Sandwichs, Wraps und Salate gibt es im Menü etwas günstiger. Menüs beinhalten neben dem Hauptessen ein Getränk und einen kleinen Snack.

Empfehlenswert ist auch das Frühstücksangebot (von 8 Uhr bis 11.30 Uhr). Es gibt ein französisches Frühstück für 6 Euro sowie ein amerikanisches (7,50 Euro) und ein großes englisches Frühstück (rund 11 Euro).

Preis- und Zeitangaben ohne Gewähr.

Tipp: Vom oberen Stockwerk aus hat man einen tollen Blick auf den *Lake Disney*. Die Speisen sind auch im Take-away erhältlich.

Fun Fact: Das erste bekannte Sandwich wurde 1762 vom Earl of Sandwich kreiert, der Fleisch zwischen zwei Brotscheiben serviert bekommen wollte.

La Grange in Billy Bob's Country Western Saloon (Buffet-Restaurant)

Im Restaurant *La Grange* (die Scheune) in Billy Bob's Country Western-Saloon wird eine große Auswahl an Tex-Mex-Essen in Buffet-Form angeboten. Im Angebot sind Fleisch, Fisch und Gemüse sowie Kartoffel- und Nudelgerichte. Garniert wird das Ganze in den Abendstunden mit Live-Musik aus dem Saloon im Erdgeschoss, was den Restaurantbesuch insbesondere in den Abendstunden zu einem außergewöhnlichen Erlebnis macht. Das Restaurant befindet sich auf zwei Etagen.

Das Buffet kostet 40 Euro für Erwachsene und 22 Euro für Kinder.

Annette's Diner (À-la-carte-Restaurant)

In *Annette's Diner* wird amerikanische Küche im stilechten 50er Jahre-Ambiente serviert – nicht selten von auf Rollschuhen vorbeiflitzenden Kellnerinnen und Kellnern. Zum Essensangebot gehören neben außergewöhnlich leckeren Burgern (Tipp: Der Fifty Fifty Burger mit Hähnchen-Filet und Fleisch-Patty), Hotdogs, Salaten und Milkshakes auch der in Amerika erfundene Banana Split und leckere Coke Floats (Cola mit Eis). Menüs beginnen bei 25 Euro für Erwachsene (16 Euro für Kinder).

Empfehlenswert ist auch das Frühstücksangebot, das mit amerikanischen Klassikern wie Speck, Rührei und Bohnen zu einem akzeptablen Preis (15 Euro) aufwartet.

Wenngleich Reservierungen nicht möglich sind, findet sich immer ein Tisch – natürlich mit Wartezeiten, typisch amerikanisch eben.

Fun Facts: Zur Deko des zweistöckigen Restaurants gehören original Wurlitzer Jukeboxen, die dem in Pastellfarben gehaltenen Interieur den letzten Schliff geben. Das obere Stockwerk wurde nachträglich eingezogen, um das Sitzplatzangebot zu erweitern.

New York Style Sandwiches (Schnellrestaurant)

Eingerichtet wie ein New Yorker Deli der 50er Jahre, kann man in *New York Style Sandwiches* leckere Sandwiches und andere Gerichte (Nudeln, Pizza) genießen. Menüs kosten ab 10 Euro für Erwachsene und 9 Euro für Kinder.

Tipp: Bei *New York Style Sandwiches* gibt es Frühstück für 7 Euro (mit Croissant oder Pain au Chocolat, Saft und Heißgetränk) bzw. 9 Euro (mit zusätzlichem Brötchen).

Sports Bar (Schnellrestaurant)

In der *Sports Bar* wird das Essen (Hot Dogs, Pizza und Sandwichs) schnell zur Nebensache, wenn das gemeinsame Public-Viewing von nationalen und internationalen Sportereignissen wie Welt- und Europameisterschaften, Olympiaden, Fußballspielen etc. zum Großereignis wird. Abgerundet wird das Erlebnis von einer lohnenswerten Getränke-Happy Hour am frühen Abend.

The Steakhouse (À-la-carte-Restaurant)

Im ganzen Resort gibt es nur zwei Steakhäuser – eines davon findet sich im Disney Village®. Das *Steakhouse* besticht durch eine auf Hochglanz polierte, edle Innenausstattung im Chicagoer Ambiente der 50er Jahre.

Serviert werden neben amerikanischen Food-Klassikern wie Spareribs und Steaks auch Pastagerichte, Fisch und vegetarische sowie vegane Gerichte.

Menüs für Erwachsene kosten ab 35 Euro, Menüs für Kinder kosten 25 Euro.

Starbucks

Starbucks bietet auch im Disney Village® das, was Starbucks weltweit bietet: Kaffeespezialitäten und kleine Snacks. Außerdem gibt es ein kleines Frühstücksangebot: Ein Heißgetränk und zwei Frühstücksteile kosten 12 Euro.

Vapiano und Five Guys (Schnellrestaurants)

Um die Ecke des Gaumont Kino Komplex finden hungrige Gäste Filialen der beliebten Ketten *Vapiano* und *Five Guys*. Die bekannten Ketten haben sich erst vor wenigen Jahren in Disneyland® Paris niedergelassen, um hungrige Mäuler mit bekannt leckerem Essen zu stopfen.

Vapiano

Wie überall in Europa bietet *Vapiano* auch in Disneyland® Paris italienische Gerichte wie Pizza, Pasta und Salate an. Das Essen wird auf Bestellung zubereitet, während die Gäste dabei zuschauen bzw. mittels Buzzer über die Fertigstellung informiert werden.

Five Guys

Seitdem die Lieblings-Burgerkette des ehemaligen US-Präsidenten Barack Obama endlich europäischen Boden betreten hat, erfreut sich das

Five Guys großer Beliebtheit. Hier werden Burger ohne großen Schnickschnack, dafür aber mit allerlei frei wählbaren klassischen Toppings angeboten. Wer keine Burger mag, wird mit Hot Dogs oder Sandwiches und den legendären, in Erdnussöl frittierten French Fries (Pommes Frites) glücklich. Kostenlos dazu gibt es Erdnüsse – unbedingt zugreifen, außer natürlich man hat eine Nussallergie.

Tipp: Grandios lecker sind auch die Milkshakes - man kann verschiedene Geschmacksrichtungen kombinieren. Wer die Kombi aus süß und salzig mag, kann den Milkshake sogar mit Bacon garnieren.

Einziger Wermutstropfen: Die beiden Restaurants Vapiano und Five Guys befinden sich außerhalb des Sicherheitsbereichs, so dass man auf dem Rückweg wieder durch die Sicherheitskontrolle muss – genau wie die Essenstüten.

Souvenirs / Shopping

Wer tagsüber in den Parks noch nicht ausreichend genug geshoppt hat, dem seien die Shoppingmöglichkeiten im *Disney Village*® wärmstens empfohlen. Hier finden sich Souvenirs, die sonst im ganzen Park nicht zu finden sind.

World of Disney – hier gibt es nichts, was es nicht gibt.

Lego® Store – große Auswahl der neuesten und tollsten Lego®-Sets. Beeindruckende Steckfiguren und die aus den beliebten Steinen kreierte Bilder machen den Store sehens- und erlebenswert. Tipp: Stempel im Lego®-Pass abholen nicht vergessen.

Disney Fashion – exklusive Kollektionen und Accessoires mit Disney®-Motiven.

Disney Store – Ein toller Laden mit einzigartiger Inneneinrichtung und tollen Souvenirs so weit das Auge reicht.

Disney Gallery – schöne Kunst- und Sammelobjekte (Kreditkarte nicht vergessen, es kann teuer werden).

Es war einmal: Festival Disney®

Fans der ersten Stunde kennen das Disney Village® noch unter dem ursprünglichen Namen *Festival Disney®*. Der Fokus lag auf amerikanischem Lifestyle und konnte auch optisch amerikanischer kaum sein – neben der Diskothek *Hurricanes* gab es ausschließlich amerikanisch thematisierte Bars, Restaurants und Shops. Damals lag die Ausrichtung des Konzepts auf einem abwechslungsreichen Vergnügungsbereich mit lebhaftem Nachtleben, das sogar Jugendliche aus Paris anlockte.

Für die äußere Gestaltung war der international renommierte Architekt Frank Gehry verantwortlich, der beispielsweise die Walt Disney Concert Hall in Los Angeles oder das Guggenheim Museum in Bilbao entworfen hat.

Mit der Gestaltung des Festival Disney® konnte er einen besonderen Akzent setzen: Metallisch glänzende, von einem wilden Materialmix dominierte Säulen und Neon-Elementen schufen eine lebhafte Atmosphäre; ein beeindruckendes Oberlicht, das mit mehreren tausend Birnen einen leuchtenden Sternenhimmel nachbildete und den kompletten Bereich überspannte, erinnerte in Grundzügen an den legendären Strip in Las Vegas.

Doch seit damals hat sich vieles verändert: Institutionen wie beispielsweise die Restaurants Key West Seafood Restaurant und Rock'n'Roll America oder der Los Angeles Bar & Grill wurden durch neue Restaurants ersetzt: An deren Stelle findet man heute das Rain Forest Café, das Royal Pub bzw. die Brasserie Rosalie, andere wurde sogar komplett geschlossen wie bspw. die Diskothek Hurricanes. Im Gebäude der Diskothek befindet sich mittlerweile ein Restaurant für Cast Member, davor gibt es saisonale Pop Up-Stores.

Erhalten geblieben sind die Säulen – und wer genau hinschaut entdeckt an einigen der Gebäude noch Hinweise auf die ursprüngliche Gestaltung.

Auch die *Buffalo Bill's Wild West Show*, eines der letzten Relikte der früheren Thematisierung, wurde abgesetzt. Namenspate dieses Dinner-Spektakels, bei dem das Essen übrigens stilecht in Kesseln serviert wurde, war der (mittlerweile umstrittene) Wild West-Abenteurer *Buffalo Bill*. Über 90 Mitwirkende (Disney®-Lieblinge und Westerncharaktere) sowie echte Büffel und eine Vielzahl an Pferden machten die Show zu einem besonderen Erlebnis für die ganze Familie.

Zuletzt wurde auch das Restaurant *Planet Hollywood* geschlossen. Die Filiale der beliebten Restaurant-Kette dominierte mit einer überdimensionalen, grün-blauen Weltkugel den Eingangsbereich des Disney Village®. In den 90er Jahren gegründet, waren lange Jahre eine ganze Reihe amerikanischer Filmstars wie Arnold Schwarzenegger, Sylvester Stallone und Whoopi Goldberg an der Restaurant-Kette beteiligt. So kam es vor, dass sich regelmäßig einer der Teilhabenden blicken ließ und dem Restaurant einen Besuch abstattete – selbstverständlich mit großem Medienrummel.

Hinzugekommen sind einschlägig bekannte Schnell-Restaurants wie die Fastfood-Restaurants *McDonalds, Five Guys, Vapiano* sowie eine Filiale des beliebten Coffee-Shops *Starbucks*. Wenngleich dies zwar überwiegend amerikanische Ketten sind, so haben sie doch nichts mehr mit der früheren durch und durch amerikanischen Thematisierung zu tun.

Seit Juni 1997 heißt das *Festival Disney®* offiziell *Disney Village®* und legt mit Gestaltung und Ausrichtung den Fokus auf ein familienfreundliches Angebot mit saisonalem Entertainment. Im Zuge groß angekündigter Umbaumaßnahmen wird das Disney Village® in den nächsten Jahren ein komplettes Makeover erhalten.

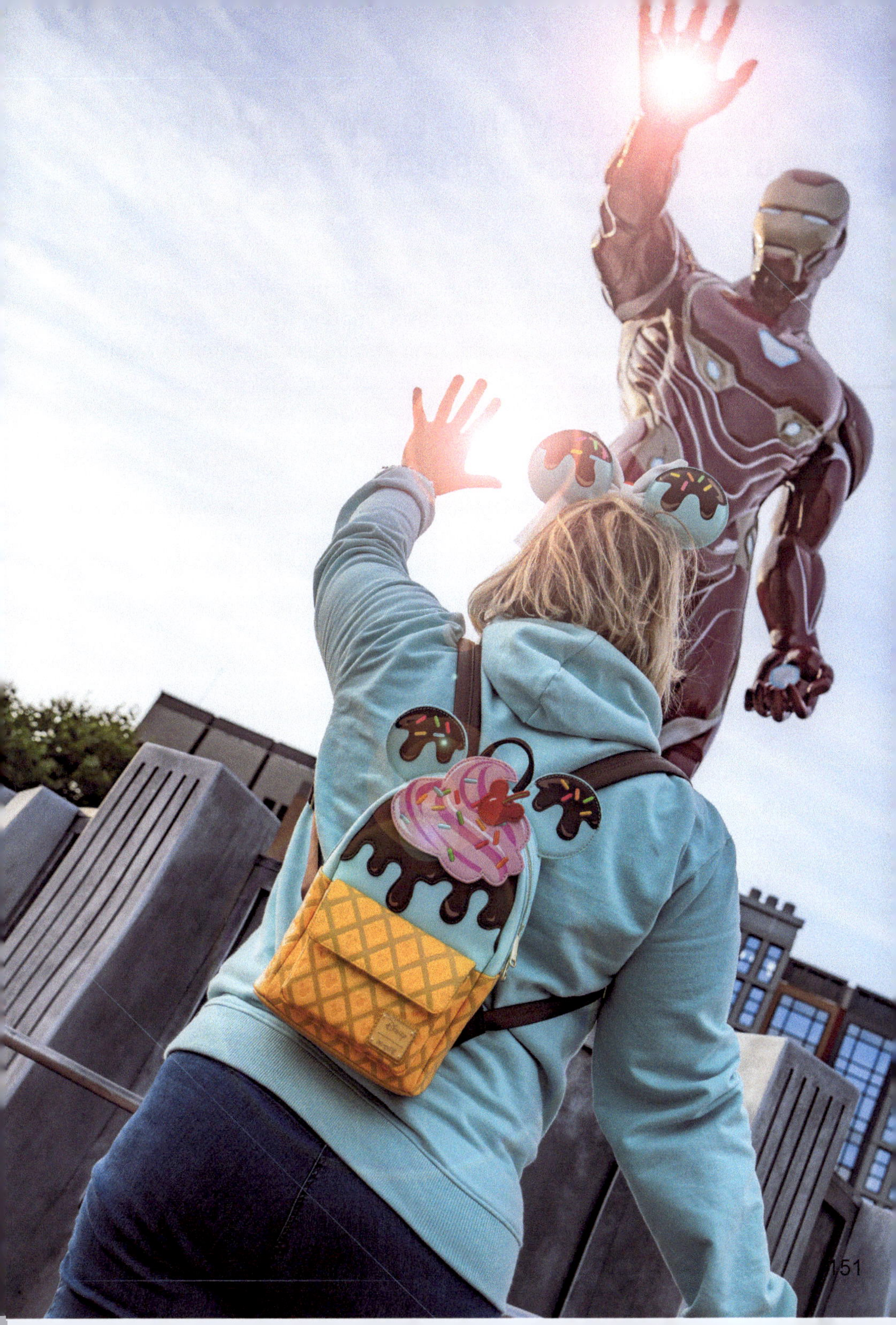

Die Qual der Wahl – Disneyland® Park oder Walt Disney Studios® Park?

Wem mehr als ein Tag Zeit für einen Besuch zur Verfügung steht, dem stehen die Tore beider Parks weit offen. Vor und während des Aufenthalts stellt sich aus persönlicher Erfahrung heraus trotzdem immer wieder die Frage, welchem der beiden Parks die kostbare Zeit gewidmet wird. Vor allem bei knapp bemessener Zeit ist es hilfreich, sich bereits im Vorfeld darüber Gedanken zu machen, was man sehen und erleben möchte. Wer das authentische Disney®-Erlebnis sucht, der sollte sich den *Disneyland® Park* auf keinen Fall entgehen lassen. Nicht nur, aber besonders für echte Disneyfans sowie für Gäste mit kleinen Kindern ist *Disneyland® Park* ein Muss. Das Angebot wird die Augen aller Familienmitglieder zum Strahlen bringen. Actionfans, Familien mit actionbegeisterten Kindern und Fans von Disney•Pixar und vor allem Marvel werden in *Walt Disney Studios® Park* jedoch genauso fündig.

Jeder der beiden Parks hat klare Vorteile. Welcher Park für den Aufenthalt geeigneter ist, hängt ganz von den Interessen und der Gruppenkonstellation ab. Letztendlich sollte man sich keinen der beiden Parks entgehen lassen und lieber einen Tag mehr einplanen.

Vorteile Disneyland® Park

- Ursprünglicher Disneyland®-Park
- Fokus auf Disney®-Klassiker
- besonders viele Attraktionen auch für kleine Kinder
- mehr Attraktionen für alle Altersstufen
- längere Öffnungszeiten.

Vorteile Walt Disney Studios® Park

- Paradies für Film- und Actionfans (mit Fokus auf Disney•Pixar und Marvel)
- oftmals geringere Auslastung als Disneyland® Park
- interessante Attraktionen für größere Kinder
- bei einem Kurztrip lässt sich durch die geringere Anzahl an Attraktionen und Fahrgeschäften anteilig mehr erleben als im Disneyland® Park.

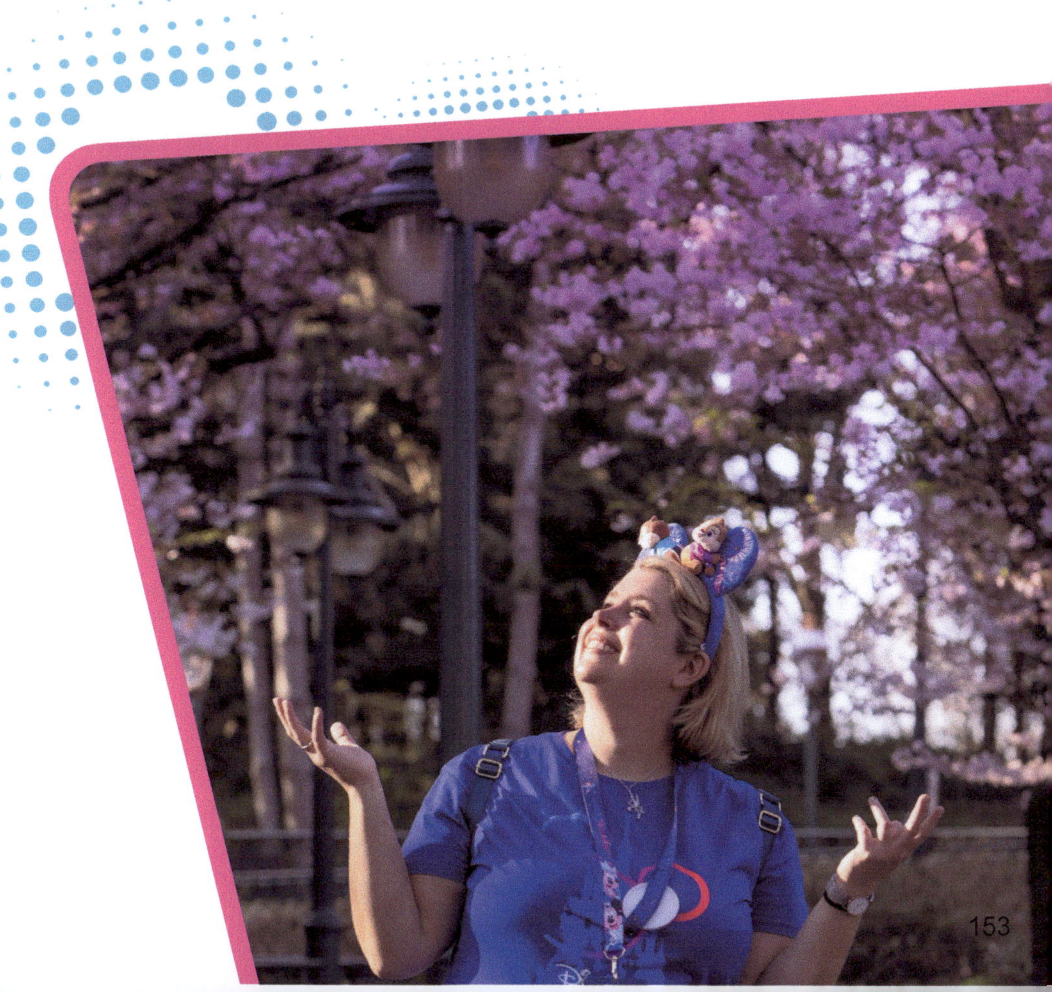

Ein Tag – ein Park oder Ein Tag – zwei Parks

Wenn man nur einen Tag für einen Besuch einplant macht es Sinn, im Vorfeld einige Grundüberlegungen anzustellen. Da die Zeit sehr knapp ist, um beide Parks richtig zu erleben, sollte man sich für einen der beiden Parks entscheiden. Das spart außerdem Geld beim Eintritt, weil dann das günstige *Ein Tag / Ein Park*-Ticket ausreicht.

Wer sich unbedingt beide Parks an einem Tag *antun* möchte, dem empfehle ich die folgende Planung:

Am besten beginnt man den Tag in *Walt Disney Studios® Park*, da dieser früher schließt als der *Disneyland® Park*. Nach einer Fahrt mit *Ratatouille oder Crush's Coaster*, jeweils über den Single Rider-Eingang (falls dieser im Einsatz ist) kann man nach einem Schlenker durch das *Toy Story Playland* noch kurz am *Tower of Terror* vorbeischauen. Mit viel Glück und geringen Wartezeiten kann man auf dem Weg in den *Disneyland® Park* noch eine Attraktion auf dem Avengers Campus mitnehmen. Gegen elf Uhr sollte man spätestens in den *Disneyland® Park* wechseln, da danach die Tagesgäste ankommen. Hier gilt: Lieblingsattraktionen auswählen und Wartezeiten, bspw. in der App, beachten. Die Wartezeiten an den Attraktionen können bei der Entscheidung helfen, welche Attraktionen man auswählt. Die Tipps zum „Zeit sparen mit Daniel Düsentrieb's Zeitumkehrer“ helfen zusätzlich weiter.

Zugangsvoraussetzungen und Tickets

Zugangsvoraussetzungen

Um die Parks zu besuchen, benötigt man selbstverständlich gültige Tickets, die am Eingang gescannt werden. Wenn diese nicht bereits in einer gebuchten Hotel-Pauschale enthalten sind, müssen Tickets **vorab** separat erworben werden. Hierfür gibt es verschiedene Möglichkeiten: Tickets können über die offizielle Website www.disneylandparis.de oder über Drittanbieter gekauft werden. Bei Letzteren ist es ratsam, auf Seriosität zu achten.

Tickets

Grundsätzlich gibt es einige Dinge, die bei den Tickets zu beachten sind. Es gibt

- Tickets für einen Tag / einen Park oder einen Tag / beide Parks
- Tickets für beide Parks für zwei Tage bis vier Tage
- datierte und undatierte Tagestickets.

Die Eintrittspreise schwanken saisonal und in Abhängigkeit vom Wochentag sowie vom Alter der Gäste. Kinder bis drei Jahre können die Parks kostenlos besuchen; ab 12 Jahren zahlen Kinder den Preis für Erwachsene. Bei Pauschalangeboten ist der Eintritt für alle Tage von Anreise bis Abreise inkludiert.

Tickets müssen vor Anreise erworben werden – die Kassen im Eingangsbereich sind nicht besetzt und oft sind die Parks komplett ausgebucht. Über die offizielle App gekaufte Tickets können bis drei Tage vorher kostenfrei storniert werden.

Ticketpreise für undatierte 1-Tages-Tickets

Mit undatierte Tickets muss man sich beim Kauf der Karten noch nicht auf ein Datum festlegen. Daher eigenen sie sich besonders gut als Geschenk. Die Preise variieren in Abhängigkeit vom Alter der Gäste und der Anzahl der Parks, die man besuchen möchte:

	Erwachsene (ab 12 Jahren)	Kinder (3-11 Jahre)
1 Park	105 Euro	97 Euro
2 Parks	130 Euro	122 Euro

Um Disneyland® Paris mit **undatierten (Mehr-)Tagestickets** zu besuchen, ist zusätzlich zum Kauf der Tickets eine vorherige, kostenlose Reservierung der gewünschten Daten unter https://register.disneylandparis.com (limitiertes Kontingent) erforderlich. Diese Reservierung sollte aufgrund der begrenzten Parkkapazitäten mit möglichst langer Vorlaufzeit erfolgen. Dies gilt auch für Inhaberinnen und Inhaber von Jahreskarten.

Gäste von Disney®-Hotels erhalten Zugang zu den Parks unter Vorlage des *Magic Pass*, der bei Anreise ausgegeben wird. Diese Regelung gilt nicht für Gäste der Partner-Hotels.

Ticketpreise für datierte 1-Tages-Tickets und Mehrtages-Tickets

Die Ticketpreise für datierte Tagestickets hängen sehr stark vom Anreisetag sowie vom Alter der Gäste ab. Mehrtagestickets beinhalten **grundsätzlich** den Besuch beider Parks und können bis drei Tage vor dem Termin storniert werden.

Die nachstehend angebenden Preise beziehen sich jeweils auf die günstigste von insgesamt sechs Preisstufen (Preise Stand September 2023):

Anzahl Tage	Anzahl Parks	Erwachsene (ab 12 Jahren): (Preis pro Tag)	Kinder (3-11 Jahre): (Preis pro Tag)
1	1	ab 56 Euro	ab 52 Euro
1	2	ab 81 Euro	ab 77 Euro
2	2	Ab 71 Euro	ab 66 Euro
3	2	ab 67 Euro	ab 62 Euro
4	2	ab 59 Euro	ab 55 Euro

Jahreskarten

Unter bestimmten Bedingungen kann es sich lohnen, in eine Jahreskarte zu investieren. Jahreskarten funktionieren ähnlich wie Dauerkarten und gelten für beide Parks. Bereits ab einem Aufenthalt von mehreren Tagen bzw. ab dem dritten geplanten Besuch innerhalb von 12 Monaten kann es sich lohnen, eine Jahreskarte zu erwerben. Jahreskarten bieten neben dem Eintritt diverse Vorteile wie Zugang zu exklusiven Events sowie Rabatte für Restaurants und Souvenirs.

Aktuell gibt es insgesamt drei verschiedene Jahreskartenmodelle, die in Abhängigkeit des Kaufpreises unterschiedliche Vergünstigungen und Sonderrechte enthalten. Das wichtigste Entscheidungskriterium und der größte Unterschied ist neben dem Preis die Anzahl der Tage, an denen die Jahreskarte theoretisch genutzt werden kann bzw. nicht genutzt werden darf (Letzteres sind die sogenannten Blockout-Tage). Kurzum, je teurer die Karte ist, desto geringer bis nicht mehr existent ist die Anzahl der Blockout-Tage. Als Hotelgast eines Resort-Hotels kann man die Blockout-Tage ebenfalls nicht umgehen.

Hinweis: Es gibt Kapazitätsgrenzen für Gäste in den beiden Parks. Wenn dieses Limit erreicht ist, erhalten auch Inhaberinnen und Inhaber von Jahreskarten keinen Zutritt mehr.

Seit 2021 müssen Gäste mit Jahreskarte ihren Parkbesuch zudem im Vorfeld registrieren – mit der Einschränkung, dass maximal drei Tage gleichzeitig reserviert werden können. Die Reservierung der gewünschten Daten erfolgt unter https://register.disneylandparis.com.

Jahreskarten – Preise und Umfang (Stand Oktober 2023):

Jahreskarten-Typ	Umfang	Kosten
Bronze	150 Tage Eintritt	289 Euro
Silber	300 Tage Eintritt	499 Euro
Gold	365 Tage Eintritt	699 Euro

Letztendlich ist ein Leistungs- und Bedarfsabgleich unumgänglich, ob sich der Erwerb einer Jahreskarte lohnt. Das Kontingent der Jahreskarten ist nicht unbegrenzt.

Anreise

So verschieden die individuellen Urlaubsvorlieben sind, so unterschiedlich sind auch die Anreise-Vorlieben.

Mit dem Auto

Die flexibelste Möglichkeit, ins Disneyland® zu reisen, ist die Anreise mit dem Auto. Die Anreisedauer variiert in Abhängigkeit von Strecke, Fahrttempo, Jahreszeit und Anreisetag. Am besten checkt man die Strecke vorher über einen Routenplaner. Als Beispiel: Ab dem Großraum Frankfurt dauert die Anreise ca. fünf bis sechs Stunden.

Die Autorin empfiehlt die Nutzung der mautpflichtigen Strecken (Autobahnen), wenngleich deren Nutzung gebührenpflichtig ist. Dafür sind die Autobahnen selten überfüllt und meistens in gutem Zustand. Die Maut kann bar, mit Kreditkarte oder über einen Telemaut-Badge von Bip&Go bezahlt werden. Die Preise variieren saisonal.

Tanken ist überall entlang der Strecke möglich, auch wenn das Benzin immer teurer wird, je näher man Paris kommt. Elektrofahrzeuge können entlang der Strecke regelmäßig nachgeladen werden.

Tipp: Hinter dem Hotel *Santa Fe* befindet sich auch eine Tankstelle, an der es sogar Autogas gibt.

Zieladresse:

77700 Serris / Coupvray, Straße: Boulevard de Parc Disney

Abfahrt 14 auf der Autobahn A4 (Micky Maus grüßt rechtzeitig)

Breitengrad 48.876077 – Längengrad 2.79646

(Parkplatz Disneyland® Paris; Hotelgäste müssen vorher abzweigen)

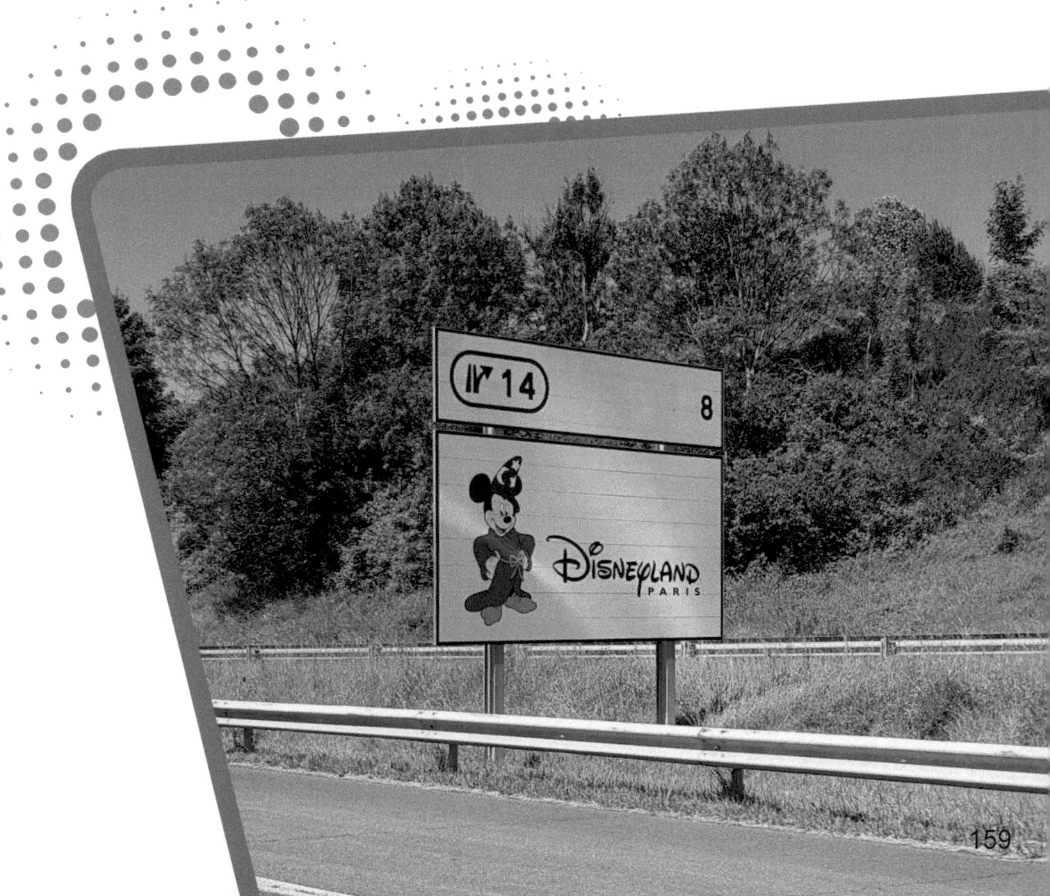

Mit dem Flugzeug

In Paris gibt es zwei Flughäfen, die Paris regelmäßig aus Deutschland heraus anfliegen: *Paris Charles de Gaulle (CDG)* sowie *Paris Orly (ORY)*. Das Resort wird von beiden Flughäfen aus regelmäßig mit kostenpflichtigen Shuttlebussen *(Magic Shuttle)* angefahren; die Fahrt dauert bis zu 60 Minuten. Eine Vorabreservierung kann zu Ferienzeiten sinnvoll sein.

Eine Alternative ist die Fahrt mit dem Schnellzug *TGV*, der vom Flughafen Charles de Gaulle aus ebenfalls das Resort ansteuert. Diese Fahrt dauert ca. 10 Minuten.

Alternativ kann man von den Flughäfen aus auch den *ÖPNV* nutzen. Die Fahrt mit *Metro* und *RER-Schnellbahn* dauert ca. 40 Minuten. Infos zu Preisen und Abfahrtszeiten erhält man unter https://www.ratp.fr/en/ (die Website ist auf Englisch verfügbar).

Mit dem Zug

Dank gezielter Investitionen im Zuge der Resort-Planung verfügt Disneyland® Paris mit dem Bahnhof *Marne la Vallée-Chessy* über einen direkten Anschluss an das TGV-Bahnnetz sowie die Regionalzüge *RER*.

Fernverkehr aus Deutschland:

Viele deutsche Städte verfügen über eine Direktverbindung nach Paris, von denen einige nachstehend beispielhaft aufgeführt sind:

Von *Frankfurt am Main* und *Stuttgart* erreicht man den Bahnhof Paris *Gare d'Est* in knapp vier Stunden. Von dort aus erreicht man das Resort bspw. mit der Metro M4 Richtung *Mairie de Montrouge*, Umstieg an der Station Les Halles in die RER-Schnellbahn Linie A Richtung Marne-la-Vallée, Ausstieg Parcs Disneyland®.

Aus *Köln* und *Aachen* gelangt man am einfachsten mit dem *Thalys* nach *Paris Nord*. Von dort verkehrt ebenfalls die RER. Alternativ bietet sich auch der *DB Nachtzug* an, der *Berlin* und *Hamburg* mit Paris verbindet. Informationen und Reisemöglichkeiten erhält man unter www.bahn.de/citynightline.

Zugtickets können über die Websites der Anbieter erworben werden:

- www.bahn.de
- www.sncf.de
- www.thalys.de

Tipps: Die Anreise mit *ICE* und *TGV* ist in Frankreich reservierungspflichtig. Nur solange es noch freie Sitzplätze gibt, sind Tickets verfügbar. Daher lohnt es sich, rechtzeitig zu reservieren.

Nahverkehr in Paris

Über die *RER-Linie A* ist das Resort aus dem Zentrum von Paris (Stationen Charles-de-Gaulle-Étoile, Auber, Châtelet-Les-Halles, Gare de Lyon oder Nation) zu erreichen (Endstation Marne la Vallée-Chessy/Parcs Disneyland®). Die Fahrt mit der RER dauert ca. 40 Minuten. Infos zu Preisen und Abfahrtszeiten erhält man unter https://www.ratp.fr/en/ (Seite auf Englisch). Karten für *RER* und *Metro* kauft man bequem vor Ort am Automaten oder am Ticketschalter.

Tipp: Die Rush Hour in Paris ist bis ca. 9.30 Uhr. Daher empfiehlt es sich, die Anreise entsprechend nachgelagert einzuplanen, wenn man es nicht allzu eilig hat.

Mit dem Bus

Busunternehmen bieten mitunter Ein-Tages- oder Mehr-Tages-Reisen nach Disneyland® Paris an. Bei Tagesreisen starten die Busse in der Regel am späten Vorabend und fahren die Nacht durch. Angebote von Reiseunternehmen unterliegen jedoch saisonalen und qualitativen Schwankungen, weswegen keine Empfehlung abgegeben werden kann. Ausnahme:

Flixbus

Eine gute Möglichkeit zur Anreise ist der Anbieter Flixbus. Das Disneyland Paris hat eine eigene Fernreisebus-Haltestelle, die von Flixbus auf der Route nach Paris auch aus einigen deutschen Städten angefahren wird. Die Haltestelle befindet sich außerhalb vom Disney Village, ganz in der Nähe des öfentlichen Parkhauses und dem gastronomischen Angebot von Vapiano und Five Guys. Zum Eingang von Disney Village braucht man von der Haltestelle nur etwa eine Minute zu Fuß.

Die Reise mit Flixbus ist über die Website www.flixbus.de buchbar. Die Preise der Fahrten variieren. Am günstigsten sind Nachtfahrten, zudem gilt auch hier: Je früher gebucht wird desto günstiger ist das Ticket.

Tipps: Im angezeigten Preis ist ein Anrecht auf einen Sitzplatz enthalten, den man sich im Bus aussuchen kann. Möchte man einen bestimmten Sitzplatz, kann man diesen für ein paar Euro reservieren. Auch den Nebenplatz kann man kostenpflichtig, für einen geringen Aufpreis reservieren. Ebenso inbegriffen ist ein Teil Handgepäck (bis zu sieben Kilo schwer, Maximalmaße 42 cm x 30 cm x 18 cm) sowie ein Reisegepäckstück (maximal 20 Kilo mit den Maßen 80 cm x 50 cm x 30 cm). Für je fünf Euro können weitere Gepäckstücke dazugebucht werden.

Die Fahrt kann bis 15 Minuten vor der Abfahrt umgebucht werden auf die gleiche Strecke aber einen anderen Tag. Die Preisdifferenzen müssen gezahlt werden oder werden erstattet. Auch eine Stornierung ist möglich bis 15 Minuten vor Abfahrt, dabei bitte die Stornierungsbedingungen beachten (volle Erstattung nur bis 30 Tage vorher). Auch eine Zubuchung von Gepäck oder Sitzplätzen ist jederzeit möglich.

Das Ticket wird per E-Mail verschickt, kann aber auch in der Flixbus App angezeigt werden. Auf dem Ticket werden auch der Fahrtverlauf mit Zwischenhaltestellen angezeigt sowie jeweils eine Karte (in der App ist ein Link) für die Start- und Endhaltestelle.

Hinweis: Es wird während der Fahrt nicht zwischendurch an Rastplätzen gehalten, sodass die Toilette im Bus die einzige Möglichkeit ist.

Haltestellen werden per Durchsage angesagt. Für Familien mit (kleinen) Kinder sind Busreisen aber eher nicht geeignet, da es keine Möglichkeit zum bewegen und laut sein gibt.

Übernachten

Um Gästen ein ganzheitliches Erlebnis zu bieten, wurden Hotels für jeden Geschmack in das Resort integriert. Die *Disney®-Hotels* befinden sich in fußläufiger Entfernung zu den beiden Parks sowie zum Disney Village und bieten einen kostenlosen Shuttle-Service an (mit Ausnahme der Disney's Davy Crockett Ranch).

Um die Besucherströme aufzufangen, bieten bekannte Hotelketten (siehe Abschnitt *Partnerhotels*) zusätzliche Übernachtungskapazitäten. Diese befinden sich außerhalb des Resorts, sind aber ebenfalls durch Shuttlebusse an die beiden Parks angeschlossen.

Pauschalangebote

Sowohl für die Disney®-Hotels als auch für die Partnerhotels können Pauschalen gebucht werden. Die Pauschalen beinhalten Eintritt in beide Parks und die Hotelübernachtung. Regelmäßig sind Angebote verfügbar.

Je früher man bucht desto besser, denn die Preise sind tagesaktuelle Preise, die entsprechend der Nachfrage schwanken.

Buchen kann man die offiziellen Pauschalen auf verschiedenen Wegen: Online unter www.disneylandparis.com, telefonisch unter 069/13804107 oder im Reisebüro.

Tipp: Buchungen, die mindestens 30 Tage vor Anreise vorgenommen werden, können ohne Aufpreis in zwei Raten gezahlt werden. Zudem können die Reisen bis zu sieben Tage im Voraus kostenfrei storniert werden (Angabe ohne Gewähr, Änderungen dieses Angebots sind möglich).

Disneyland® Hotels

Es ist ein besonderes Erlebnis, den Besuch von Disneyland® Paris mit einer Übernachtung in einem der Disney-Hotels zu krönen. Die Magie aus den Parks überträgt sich auch auf die Disney®-eigenen Hotels.

Die Hotels befinden sich entweder direkt am Disneyland® Park (Disneyland® Hotel), rundherum um den Lake Disney (Disney's Hotel New York - The Art of Marvel, Disney's Newport Bay Club, Disney's Sequoia Lodge) oder in fußläufiger Entfernung (Disney's Hotel Cheyenne und Disney's Santa Fe). Ausnahme: Disney's Davy Crocket Ranch.

Jedes Hotel hat eine individuelle Thematisierung und spiegelt in Gestaltung und Ausrichtung verschiedene amerikanische Epochen und Regionen wider – natürlich nicht ohne Lieblingscharaktere von Disney® bzw. seit Neuestem auch Marvel in das Gestaltungskonzept zu integrieren. Saisonale Highlights werden auch in der Hoteldekoration aufgegriffen. Besonders zu Weihnachten sind die Hotels außerordentlich hübsch geschmückt und spielen ganztags Weihnachtsmusik.

Die Disneyland® Hotels bieten für (fast) jedes Reisebudget eine Übernachtungsmöglichkeit – allerdings hängen die Preise stark von Saison und Jahreszeit ab. Wer nicht an Ferien gebunden ist, kann Glück haben und zu guten und günstigen Konditionen übernachten.

Als Faustregel gilt: Je teurer das Hotel, desto kürzer der Weg zum Park – im teuersten Hotel am Platz, dem *Disneyland® Hotel*, wohnt man quasi direkt am Disneyland® Park. Dort gibt es dann verständlicherweise keinen Shuttle-Service. Allerdings kann man selbst von den weiter entfernten Hotels *Cheyenne* und *Santa Fe* aus entlang des Flusses *Rio Grande* zum Park hin und zurück laufen (mit Ausnahme der Disney's Davy Crockett Ranch). Alle Wege führen zum Lake Disney und von dort aus durch das Disney Village® direkt zu den Parks.

Praktische Hinweise: Der Check-In für die Hotels ist vorab online möglich. Hierzu können die persönlichen Daten ab sieben Tage vor Ankunft in der offiziellen Disneyland® Paris App hinterlegt werden. An der Rezeption erhalten Gäste am Anreisetag Ihren Magic Pass, der als Zimmerschlüssel und Zugangsberechtigung in die beiden Parks fungiert. Hierauf sind auch Zusatzleistungen wie vorab gebuchtes Frühstück und Meal Plans sowie Tickets für Zusatzveranstaltungen hinterlegt.

Praktische Hinweise: Die Zimmer sind am Anreisetag ab 15 Uhr bezugsfertig. Am Abreisetag stehen sie bis 11 Uhr zur Verfügung. Ausnahmslos alle Hotels halten logischerweise Handtücher und Bettwäsche für ihre Gäste bereit. Föns auch, dies jedoch mit Ausnahme der Standard-Blockhütten auf der *Davy Crocket Ranch*.

Tipp: Auch Nicht-Hotelgäste können sich die öffentlichen Bereiche der Disney®-Hotels anschauen und nutzen, bspw. die Bars und Restaurants (die Restaurants mit wenigen Ausnahmen).

Disneyland® Hotel

5 Sterne, Deluxe-Kategorie

Die Prinzessinnen und Prinzen laden zur Audienz! Mit der Renovierung des am 28. März 2024 wiedereröffneten *Disneyland® Hotels* haben die gekrönten Häupter Einzug im teuersten Hotel am Platz gehalten und royalen Glanz in das schon immer edle Hotel gebracht. Insgesamt elf verschiedene royale Disney®-Geschichten wurden in das Hotelthematisierung integriert.

Das Hotel empfängt seine Gäste mit romantischer Architektur und ist gleichzeitig der Eingangsbereich zum Disneyland® Park. Im Außenbereich des Hotels sind die für alle Gäste zugänglichen *Fantasia Gardens* angelegt. Blumenbeete, ein romantischer Teepavillon und Wasserläufe

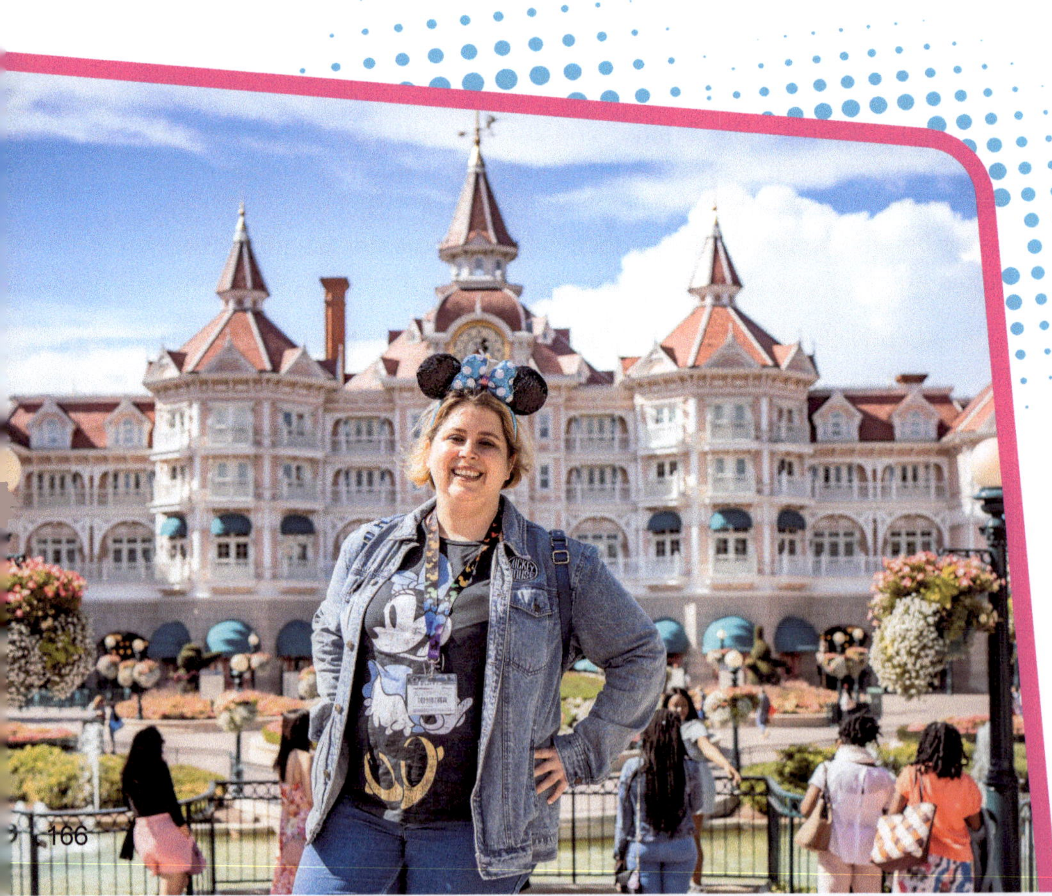

bilden einen würdigen Vorplatz für dieses imposante Hotel. Trotz des regen Treibens im Außenbereich des Disneyland® Park finden Gäste Ruhe und Entspannung.

Die 487 Zimmer und Suiten, die beiden Restaurants *Royal Banquet* und *La Table de Lumière* sowie die Bar *Fleur de Lys* und die diversen Lounges würdigen den Einzug der beliebten Disney® Prinzessinnen und ihre Prinzen standesgemäß. Micky und Minnie sind natürlich nicht weit und haben sich neu eingekleidet, damit ihre Aufwartung angemessen ausfällt.

Gästen des *Disneyland® Hotels* stehen zwei Zimmerkategorien zur Auswahl: Die in blau gehaltenen Superior Zimmer sowie die in Goldtönen bzw. rot-lila gehaltenen Deluxe-Zimmer. Beide Kategorien versprechen besonders luxuriös und edel ausgestattete Zimmer, jedoch sind die Decken der Deluxe Zimmer zusätzlich mit magischer Deckenbeleuchtung ausgestattet.

Auch wenn es in diesem 5 Sterne-Luxushotel nicht unbedingt großer Anstrengungen bedarf, um Luxus und Exklusivität zu genießen, so werden Gäste mit gehobenen Ansprüchen in den Zimmern und Suiten des *Castle Club* fündig. Diese sind besonders luxuriös eingerichtet und bieten ein gewisses Extra an Service und Entertainment. Besonders hervorzuheben sind hierbei die Suiten, die jeweils einer Prinzessin gewidmet sind, von denen die Frozen-Suite die größte Suite ist. Zu den Zusatzleistungen gehören

- separater Aufzug zum Castle Club
- Castle Club Lounge mit 65 Plätzen
- kostenlose alkoholfreie Getränke
- Frühstück mit Charakteren (7 Uhr bis 11 Uhr)
- Frozen Tea Time (16 Uhr bis 18 Uhr)
- ikonischer Blick auf das Schloss.

Wie es sich für das beste Hotel am Platz gehört ist die Dichte der verschiedensten Disney®-Charaktere, die den Gästen ohne allzu lange Schlangen ihre Aufwartung machen, im Disneyland® Hotel am höchsten. So kann es schnell passieren, dass Micky und Minnie oder eine der Prinzessinnen mit ihrem Prinzen den Weg der Gäste kreuzen und nett lächelnd für ein Foto posieren.

Tipps: Im Hotelshop wird eigens für das Hotel entworfenes Merchandise angeboten, das von Kleidung und Accessoires über Raumdüfte und Geschirr reicht. Diese Artikel sind eine tolle Erinnerung an einen hoffentlich unvergesslichen Aufenthalt. Besonders schön ist das Disneyland® Hotel zu Weihnachtszeit, wenn ein riesengroßer Weihnachtsbaum und ein großes Lebkuchenhaus die Lobby in weihnachtliche Stimmung einhüllen.

Restaurants und Bar:

- ***Royal Banquet*** (Buffet-Restaurant) – Das Royal Banquet ist ein Buffet-Restaurant, das internationale Küche auf gehobenem Niveau anbietet. Die Wände zieren Porträts berühmter Disney®-Persönlichkeiten, die sich von ihrer kulinarischen Seite zeigen. Das Restaurant verfügt über insgesamt vier große Räume, die allesamt unterschiedlich gestaltet sind, und mit 268 Plätzen ausreichend Platz für die Gäste eines großen royalen Banketts bietet. Die royalen Mäuse Micky und Minnie schauen regelmäßig gemeinsam mit ihren Freunden vorbei und zeigen sich in ihren königlichen Outfits. Geöffnet ist das Royal Banquet täglich morgens zum Frühstück (ohne Besuch von Charakteren) sowie von 12.30 Uhr bis 15 Uhr und von 18 Uhr bis 22.30 Uhr.

- ***La Table de Lumière*** (À-la-carte-Restaurant) – La Table de Lumière ist eine Hommage an den Disney-Klassiker *Die Schöne und das Biest* und bietet raffinierte französische Küche auf höchstem Niveau. Das exklusive, kulinarische Erlebnis wird von Besuchen royaler Paare abgerundet, die ihre Gäste in dem einem Spiegelsaal nachempfundenen Speiseraum begrüßen. Geöffnet ist das Restaurant, das über 166 Plätze verfügt, abends ab 18.15 Uhr bis ca. 22.30 Uhr. Mit etwas Glück bekommt man sogar einen Tisch mit Blick auf den Park.

- ***Bar de Lys*** – kaum eine Blume ist königlicher als die namensgebende Lilie, die gerne als royales Symbol genutzt wird. Die *Bar de Lys* ist eine stilvolle, edel ausgestattete Bar mit besonderer Getränke-Karte und kleinen Snacks.

Jede Bar hat eigene Cocktails im Angebot.

Besondere Hotel-Ausstattung und Angebote:

- Zimmer und Suiten mit Blick auf die Fantasia Gardens oder das Dornröschen-Schloss im Park
- separater Zugang zum Park
- *Une rencontre Royal Disney* – ein exklusives meet & greet mit royalen Disney-Pärchen (im Royal Kids Club, Reservierung ist ab 7 Tage vor Ankunft über die App oder vor Ort beim Concierge möglich)
- außergewöhnlicher persönlicher Service durch speziell ausgebildete Cast Member
- Touren mit sogenannten Story Keepers (Donnerstag bis Sonntag)
- Lunch und Dinner mit Besuch von Disney®-Charakteren (zusätzlich auch beim Frühstück für Gäste der Suiten)
- Besondere Aktivitäten und Services für Kinder wie Gute-Nacht-Geschichten, Spa- und Beautyanwendungen sowie der *Royal Kids Club*, der Augmented Reality Erlebnisse anbietet
- exklusives Hotel-Merchandise
- Innenpool und Whirlpool
- Sport- und Wellnessbereich
- Suiten mit höherem Komfort und inkludierten Zusatzleistungen.

Fun Facts: Das Hotel ist neben dem Schloss vermutlich das meistfotografierte Gebäude des gesamten Resorts. Zu seinen populärsten Zeiten mietete der verstorbene King of Pop Michael Jackson bei seinen Besuchen immer einen kompletten Flügel des Hotels für sich und seine Entourage an, um dem Rummel um seine Person zu entkommen. Außerdem nutzte er die Fahrgeschäfte des Parks ausschließlich nachts – diese Spezialbehandlung wird Normalsterblichen jedoch vorenthalten.

Wer einen Hauch Luxus abbekommen und einen neugierigen Blick riskieren möchte, kann dies auch als Tagesgast tun, denn die öffentlichen Einrichtungen des Hotels wie die Lobby, die Shops und Restaurants sind nicht exklusiv den Hotelgästen vorbehalten (Ausnahmen bezüglich der Buchbarkeit der gastronomischen Angebote sind in den ersten Monaten nach der Wiedereröffnung sowie bei großer Nachfrage möglich).

Disney‘s Hotel New York – The Art of Marvel

4 Sterne, Deluxe-Kategorie

Wie schon der Name des 2021 wiedereröffneten Hotels verrät, haben in Disney‘s Hotel New York die beliebten Heldinnen und Helden aus dem Marvel-Universum Einzug gehalten. Schon im Außenbereich grüßen Black Panther, Captain Marvel und Iron Man als lebensgroße Statuen und geben einen Vorgeschmack darauf, was Gäste im Inneren des Hotels erwartet: Das im modernsten New Yorker Stil gehaltene Hotel, dessen Architektur an einen der noblen Hochhauskomplexe im New Yorker Stadtteil Manhattan erinnert, beherbergt über 350 Kunstwerke und ist dadurch eine Mischung aus Kunstgalerie und Hotel.

Jede Etage ist mit Kunstwerken beliebter Marvel-Charactere ausgestattet: So finden sich in den Zimmern großartige Drucke von *Spider-Man*, *Captain America*, *Thor* und *Hulk*, *Iron Man*, *Captain Marvel*, den *Guardians of the Galaxy, Black Widow*, *Ant-Man and the Wasp* und *Dr. Strange.* Welche Artworks man erwischt, ist Glücksache. Sehenswert sind sie alle miteinander.

Die Zimmer sind ansonsten in schlichtem, geschmackvollem Grau und Weiß gehalten, denn die Farbakzente werden durch das Marvel-Artwork gesetzt. Das puristische, edle Design setzt sich in der Ausstattung fort. Selbst die Zimmernummern passen sich in das Marvel-Design ein.

Im hoteleigenen Shop, der *New York Boutique*, gibt es zudem eine riesige Auswahl an Marvel-Fanartikeln sowie Merchandise des Hotels, das es nur dort zu kaufen gibt.

Als besonderes Fan-Event gibt es exklusiv im Hotel die *Super Hero Station* – eine geniale Fotostation mit Fotoboxen und Kulissen, die Fotos im Super Hero-Style möglich machen: Neben Peter Parker, der sein Zimmer für ein Foto bereitstellt, haben auch Thor, Captain Marvel, die Guardians of the Galaxy sowie Ant-Man and the Wasp Accessoires bereitgestellt und ermöglichen tolle Fotos.

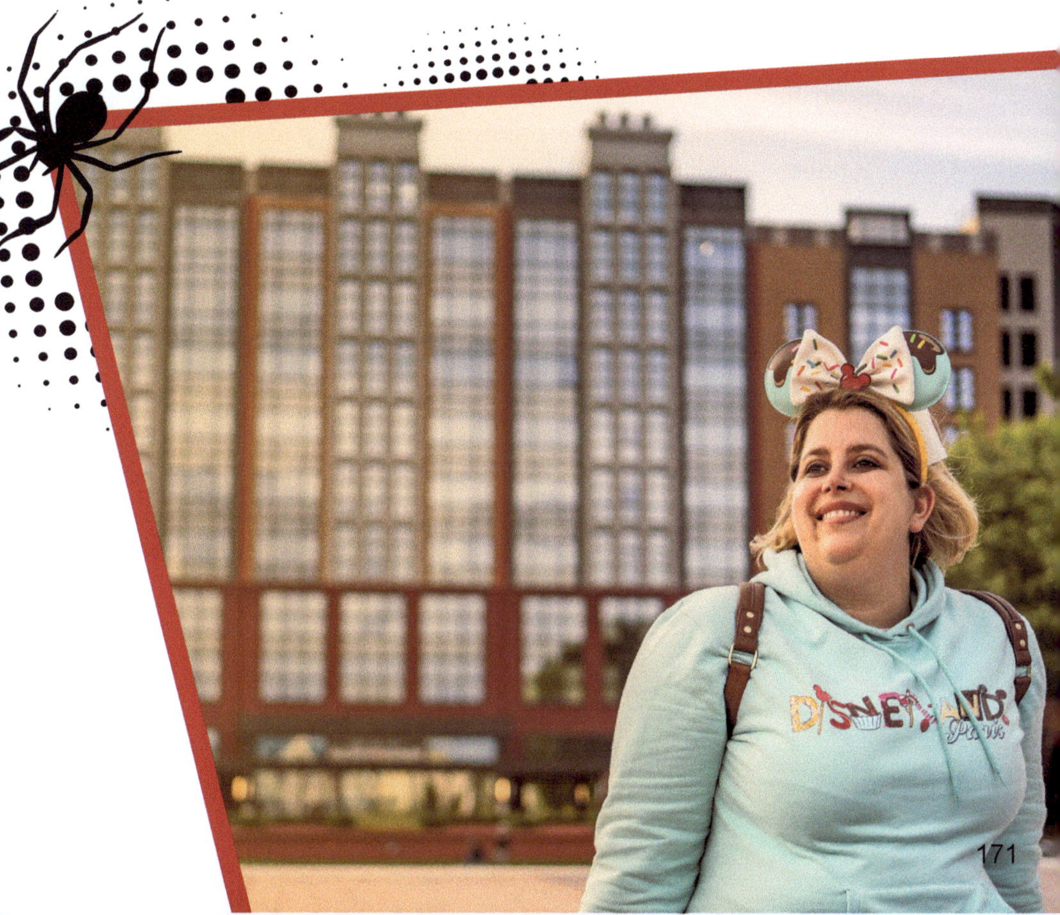

Tipp: Die Nutzung der Super Hero Station ist sieben Tage im Voraus über die offizielle Disneyland® Paris-App buchbar. Aufgrund der großen Nachfrage ist die Nutzung nur für Hotelgäste freigegeben.

Für junge Marvel-Fans gibt es das *Marvel Design Studio* mit Kreativmöglichkeiten (Öffnungszeiten: 8 bis 22 Uhr).

Restaurants und Bars:

- **Downtown Restaurant (Buffet-Restaurant)** - offene Küche mit Show-Cooking; die kulinarische Reise führt Gäste durch die New Yorker Stadtteile Chinatown und Little Italy und hält dementsprechend chinesische, amerikanische und italienische Gerichte für die Gäste bereit; Erwachsene zahlen 45 Euro, Kinder 25 Euro.
- **Manhattan Restaurant (À-la-carte-Restaurant)** - schickes Restaurant mit italienischer Küche, dessen Design an das fiktive Reich Asgard erinnern soll. Besonderes Highlight ist ein beeindruckender Kronleuchter in der Mitte des Saals. Das Menü kostet 55 Euro für Erwachsene (75 Euro mit passender Weinbegleitung), 30 Euro für Kinder.
- **Bleeker Street Lounge** – Bar im Stil eines modernen New Yorker Lofts, dessen Design durch Backsteine besticht. Im Angebot sind kleine Snacks sowie außergewöhnliche, thematisierte Cocktails für Erwachsene und Kinder (auch ohne Alkohol). Der Name der Bar ist eine dezente Reminiszenz an das Domizil von Dr. Strange.
- **Skyline Bar** – schicke, stilvolle Bar mit einem (animierten) Blick auf die Skyline von New York, in die sich der Stark-Tower hineingemogelt hat; hin und wieder schauen sogar Spider-Man und Iron Man vorbei, Quin Jets können beim Landen beobachtet werden. Angeboten werden thematisierte, außergewöhnliche Cocktails.

Jede Bar hat eigene Cocktails im Angebot.

Besondere Hotel-Ausstattung:

- Super Hero Station (Fotopoint)
- Schwimmbad *Metro Pool* (In- und Outdoorpool; Tipp: Wer sein Badezeug nicht dabei hat kann Schwimmbrillen, Badeanzüge und Badehosen aus einem Automaten ziehen)
- Hero Training Zone (Sportbereich)
- Marvel Design- Studio für Kinder und Jugendliche
- Empire State-Clubzimmer, Spider-Man- und Präsidenten-Suiten mit höherem Komfort und Zusatzleistungen; Preise der Suiten auf Anfrage.

Fun Facts: Disney‘s Hotel New York – The Art of Marvel ist das erste Marvel-thematisierte Hotel weltweit. Im Eingangsbereich sind Skizzen des Avenger Campus ausgestellt. Außerdem finden sich dort regelmäßig Ankündigungen kommender Filme sowie Kunstausstellungen.

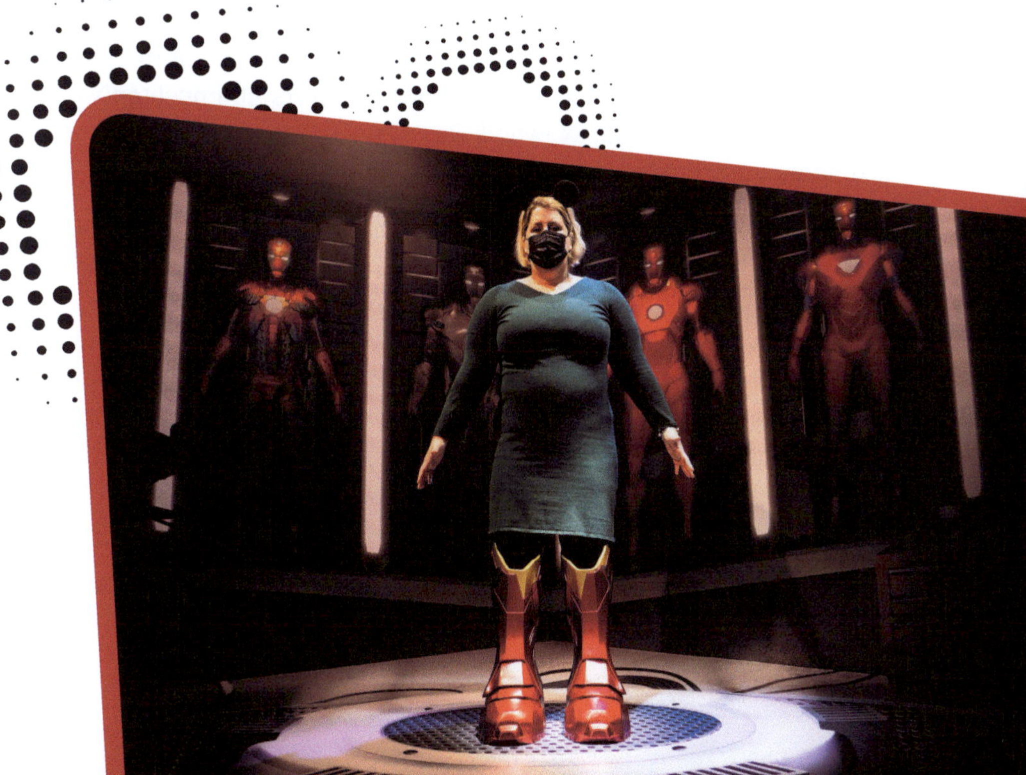

Disney's Hotel New York früher:

Bevor das Hotel im Januar 2019 für eine Kernsanierung geschlossen wurde, spiegelte es in seiner Gesamtheit den New Yorker Charme der 90er Jahre wider. Es machte dem *Big Apple*, wie New York im Volksmund auch genannt wird, alle Ehre. Gäste wurden bereits beim Eintreten von einem leichten Apfelgeruch empfangen, mit dem die öffentlichen Bereiche des Hotels beduftet wurden. Der Apfel als Symbol der Stadt, die niemals schläft, fand sich auch im Inventar des Hotels wieder. Auch die Aufzugsmusik erinnerte an die musikalischen Wurzeln der Stadt, bspw. mit dem Jazz-Lied *Take Five*.

Im Winter gab es zudem die Möglichkeit, Schlittschuh zu laufen – auf der hoteleigenen Eisbahn vor dem Hotel, die an die berühmte Eisbahn vor dem New Yorker Rockefeller Center erinnerte.

Disney's Newport Bay Club

4 Sterne, Deluxe-Kategorie

Am Lake Disney lässt Neuengland grüßen – wer schon immer einmal in einem mondänen Seebad des 19. Jahrhunderts übernachten wollte, ist hier richtig, denn der Newport Bay Club empfängt seine Gäste im luxuriösen, maritimen New England-Ambiente.

Die maritime Thematisierung des Hotels mit prominenter Lage am Lake Disney und hoteleigenem Steg wird auch in der Inneneinrichtung der öffentlichen Bereiche sowie in den Zimmern stilecht fortgesetzt. Die hotelspezifische Begrüßung *Willkommen an Bord* passt hervorragend zur Inneneinrichtung, denn die Zimmer sind luxuriösen und großzügigen Kajüten nachempfunden mit Möbeln, die wie Überseekoffer aussehen und *Bullaugen*, aus denen Disneycharaktere neugierig ins Zimmer hineinschauen – natürlich nur als Kunstelemente der Tapete.

Außerdem besticht das Hotel durch den schönsten und thematisch passendsten In- und Outdoor-Pool des Resorts mit vielen maritimen Elementen.

Von der Terrasse aus hat man einen schönen Blick auf den *Lake Disney*. Der im Rhythmus von Wind und Wellen schaukelnde Leuchtturm bringt Entspannung nach einem Tag im Trubel der Parks.

Die Restaurants warten mit Seafood und klassischen Fleischgerichten aus Neuengland auf. In der Hotelbar gibt es neben Getränken auch kleine Snacks. Beim Genuss der Cocktails können allerlei nautische Gegenstände und hochwertige Modellschiffe bestaunt werden.

Fun Fact: Das Hotel *Disney's Newport Bay Club* ist nicht nur das größte Hotel unter den Disney®-Hotels, sondern auch eines der größten Hotels in Europa.

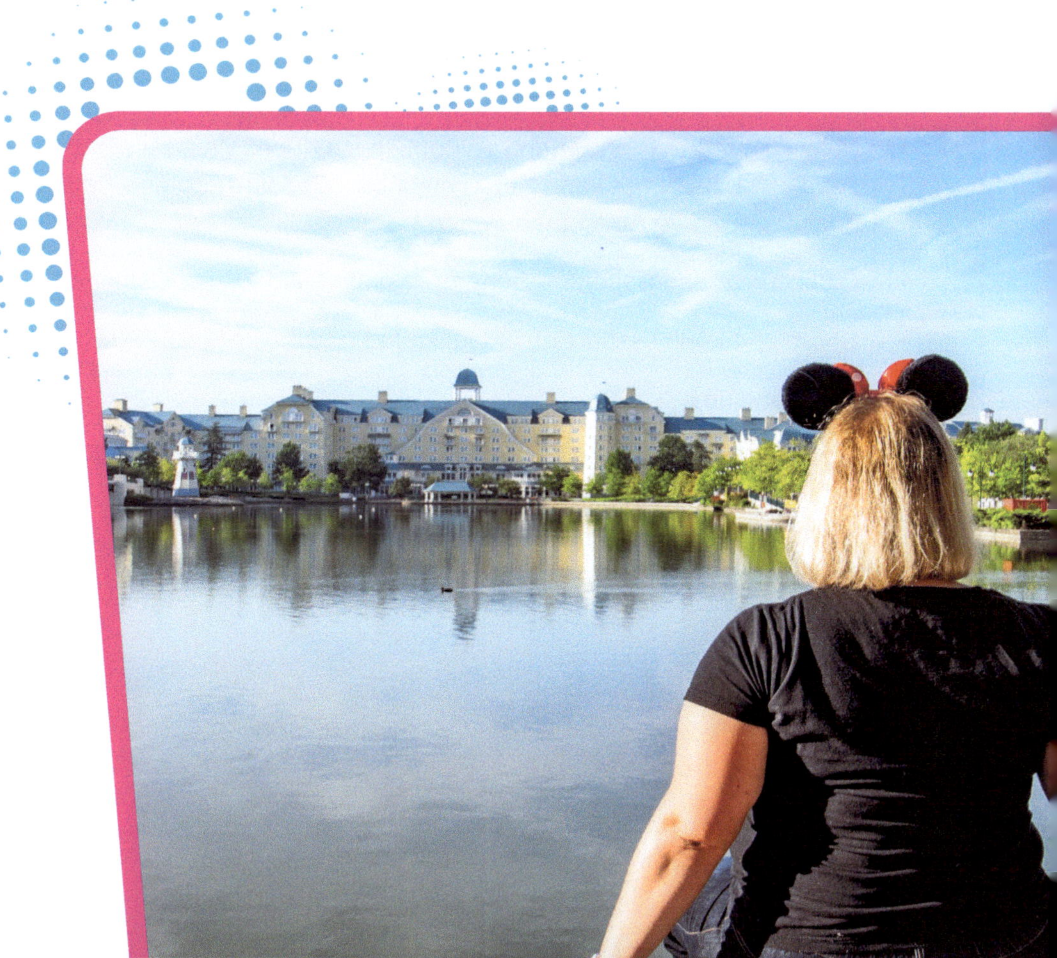

Restaurants und Bar:

- **Cape Cod (Buffet-Restaurant)** – hier werden internationale und mediterrane Fleisch- und Fischgerichte in Buffetform angeboten; Erwachsene zahlen 45 Euro, Kinder 25 Euro
- **Yacht Club (À-la-carte-Restaurant)** – Der Yacht-Club hat beliebte Fischgerichte im Angebot sowie (amerikanische) Fleisch-Klassiker wie Rib Eye Steak oder Kalbsmedaillons. Das Menü kostet 55 Euro für Erwachsene (75 Euro mit passender Weinbegleitung), 30 Euro für Kinder.
- **Captain's Quarters** – Cocktails, Aperitif und kleine Snacks inmitten nautischer Sammlerstücke und maritimem Ambiente.

Jede Bar hat eigene Cocktails im Angebot.

Besondere Hotel-Ausstattung:

- Schwimmbad mit Innen- und Außenbereich; Tipp: Wer sein Badezeug nicht dabei hat kann Schwimmbrillen, Badeanzüge und Badehosen aus einem Automaten ziehen
- Clubzimmer und Suiten mit höherem Komfort und Zusatzleistungen
- Sport- und Wellnessbereich, Joggingpfad
- Tagungsräume.

Disney‘s Sequoia Lodge

3 Sterne, Moderate-Kategorie

Im Stil der großen amerikanischen Nationalparks angelegt, ist das Disney®-Hotel *Sequoia Lodge* mit das rustikalste, gleichzeitig aber eines der gemütlichsten Hotels unter den Disney®-Hotels. Neben dem Haupthaus laden Lodges dazu ein, einen Urlaub mitten in der Natur zu verbringen.

Im Inneren empfängt die *Lodge* seine Gäste mit einem dezenten Geruch von Pinie. Das rustikale und gemütliche Interieur lädt am offenen Kaminfeuer der *Redwood Bar and Lounge* zum Verweilen ein, um die schönen Erlebnisse des Tages Revue passieren zu lassen - der perfekte Ort für kalte Herbst- und Winterabende.

Die Zimmer sind genau wie die öffentlichen Bereiche eher rustikal eingerichtet und warten mit einer waldbezogenen Thematisierung auf. So grüßt u.a. Bambi von der Tapete.

Die Außenanlage beeindruckt mit imposanten, eigens importierten Mammutbäumen (Sequoias) und gibt Gästen das Gefühl von Ruhe und Abgeschiedenheit. Familie Biber tummelt sich derweil am hoteleigenen Biberdamm und ist fleißig am Bauen.

Eines ist sicher: Mit direkter Lage am Lake Disney muss sich die *Sequoia Lodge* nicht hinter den beiden luxuriöseren Hotels verstecken.

Restaurants und Bar:

- **Hunter’s Grill und Beaver Creek Tavern (Buffet-Restaurants)** – Die beiden Restaurants bieten internationale Fleisch- und Fischgerichte für jeden Geschmack im Ambiente einer rustikalen kanadischen Hütte. Das Buffet kostet 45 Euro für Erwachsene und 25 Euro für Kinder. Die Restaurants befinden sich im Souterrain des Hotels.

In Abhängigkeit von der Auslastung der Parks und des Hotels hat ggfls. nur eines der beiden Restaurants geöffnet.

- **Redwood Bar and Lounge** – Die Redwood Bar and Lounge ist das Herzstück der Sequoia Lodge und nach Meinung der Autorin die gemütlichste Bar im ganzen Resort, besonders wenn in der kalten Jahreszeit der Kamin angeheizt wird. Die Bar wird von eben diesem riesigen Kamin dominiert wird und erinnert in ihrer Gemütlichkeit an eine (große) kanadische Holzhütte. *Ninas Tipp:* Die Bar verfügt über einen Take-away Schalter, der gegenüber vom Kinderbereich zu finden ist. Dort gibt es immer noch ein schnelles Bier auf die Hand oder ein Getränk zum Mitnehmen aufs Zimmer, bspw. wenn der Nachwuchs schon ins Bett musste.

Jede Bar hat eigene Cocktails im Angebot.

Besondere Hotel-Ausstattung:

- Hauptgebäude und separate Lodges
- In- und Outdoorpool; Tipp: Wer sein Badezeug nicht dabei hat kann Schwimmbrillen, Badeanzüge und Badehosen aus einem Automaten ziehen
- Sport- und Wellnessbereich, Joggingpfad
- Kinderbereich
- Schöner Außenbereich mit Biberdamm
- Clubzimmer und Suiten mit höherem Komfort und Zusatzleistungen.

Disney‘s Hotel Cheyenne

3 Sterne, Value-Kategorie

Für kleine und große Cowboys und Cowgirls, Familien, Paare und Gruppen, die keinen Wert auf Luxus legen, sondern etwas erleben und entdecken möchten, ist das *Hotel Cheyenne* genau das Richtige. Holzhäuser, die einer Kulisse für einen Western-Film entsprungen sein könnten und die nach Westernfiguren wie *Wyatt Earp, Billy the Kid* und Annie Oakley sowie Häuptlingen der amerikanischen Ureinwohner benannt wurden, sorgen für eine gelungene und authentische Westernatmosphäre. Besonders schön ist die Lage des Hotels am nahegelegenen Fluss Rio Grande.

Die öffentlichen Bereiche des Hotels (Rezeption, Restaurant und Bar) sind im Haupthaus untergebracht. Dort schauen regelmäßig Woody und Jessy vorbei. Die Gästezimmer befinden sich in den Nebengebäuden. Die rustikal eingerichteten Zimmer empfangen Gäste mit Toy Story-Thematisierung (Sheriff Woody lässt grüßen).

Gäste kommen in diesem Hotel auf jeden Fall auf ihre Kosten, ohne dafür die höheren Preise der meisten anderen Hotels in Kauf nehmen zu müssen. Dafür ist der Weg zum Park zwar etwas länger (ca. 20 Minuten), was durch die kostenlosen Pendelbusse aber geschickt umgangen werden kann.

Seit neuestem gibt es einen Pfad der Biodiversität, der dem ökologischen Bewusstsein des Resorts Nachdruck verleiht. Das angebaute Obst und das Gemüse wird in den parkeigenen Restaurants verarbeitet.

Restaurant und Bar:

- **Chuck Wagon Café (Buffet-Restaurant)** – Internationales Essen im Hotel-Restaurant, das wie eine Scheune eingerichtet ist. Fans von Barbecue kommen bei diesem Buffet ebenso auf ihre Kosten wie Fans asiatischer Küche. Erwachsene zahlen 40 Euro für das Buffet, Kinder 22 Euro (inklusive Getränk). Im Sommer wird regelmäßig der Grill angeheizt, so dass frische Grillwaren zu bekommen sind.
- **Red Garter Saloon** – gemütlicher Western-Saloon, in dem durchgängig Country- und Westernmusik gespielt wird. Neben den üblichen Getränken gibt es Pizza (18 Euro) und kleine Snacks. Im Außenbereich gibt es ausreichend Sitzgelegenheiten, um bei trockenem Wetter und angenehmen Temperaturen einen ereignisreichen Tag gemütlich ausklingen zu lassen.

Besondere Hotel-Ausstattung:

- Toy Story-Themenzimmer
- Starbucks-Filiale am Hotel
- Outdoor-Spielplatz *Indian Village* und *Fort Apache*
- Jogging-Pfad
- Ponyreiten (saisonal, gegen Aufpreis. Eine Runde kostet 9 Euro, das Mindestalter beträgt 3 Jahre. Maximalgröße ist 1,50 cm. Das Ponyreiten findet ausschließlich vormittags statt.)
- Pfad der Biodiversität
- Die *Laundry* beherbergt einen Waschsalon; ein Waschgang kostet 4 Euro, der Trockner kostet 2,20 Euro je Ladung. Waschmittel kann für 1,60 Euro erworben werden.

- Snackautomaten und Eiswürfelmaschine
- Trainingsakademie der Cast Member.

Disney's Hotel Cheyenne früher:

Die öffentlichen Wege im Außenbereich waren früher mit Sand gekiest, um eine möglichst authentische Westernatmosphäre zu schaffen. Da der Sand seinen Weg aber auch in die öffentlichen Hotelbereiche und die Zimmer fand, wurden die Wege im Zuge einer Kernsanierung des kompletten Hotels geteert. Im Zuge dieser Sanierung hielten auch die Toy Story Figuren Einzug in das Hotel.

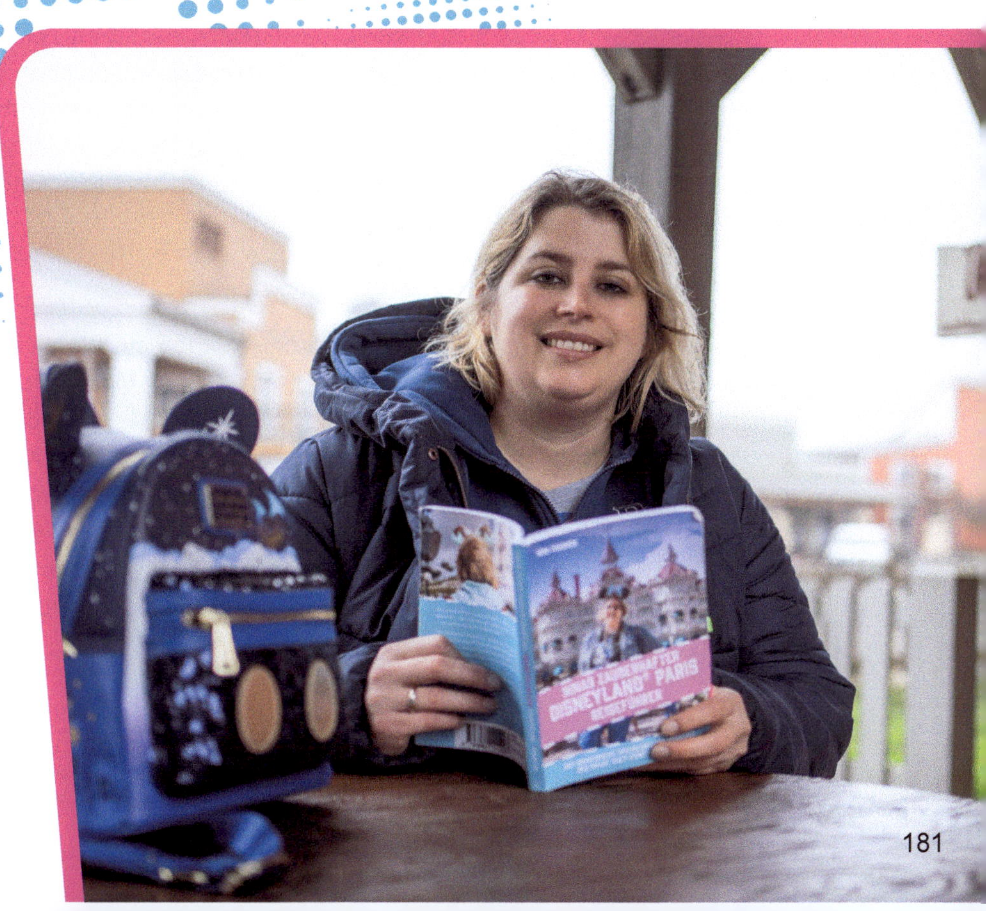

Disney‘s Hotel Santa Fe

2 Sterne, Value-Kategorie

Im mexikanischen Stil erbaut, bietet das *Hotel Santa Fe* südamerikanisches Flair und viel Trubel. Namenspate des günstigsten Hotels unter den Resort-Hotels ist die Hauptstadt von Neu-Mexiko, Santa Fe. Aufgrund seiner Lage an der legendären Route 66 dreht sich thematisch ansonsten alles um Autos. Nichts lag daher näher, als Elemente im und am Hotel sowie die Inneneinrichtung der Zimmer nach Motiven aus dem Film *Cars* zu gestalten. So grüßen *Lightning McQueen* und *Sally* ankommende Gäste bereits weithin sichtbar vom Eingang des Hotels aus und an der Rezeption; die Deko in den Zimmern besteht u. a. aus Pylonen, die Fliesen in den Badezimmern erinnern an Start- und Zielflaggen von Autorennen.

Da das Hotel aufgrund der im Verhältnis zu den anderen Hotels günstigeren Preisen gerne von Familien gebucht wird, geht hier der Trubel nach Verlassen der Parks weiter. Aber genau das macht das Hotel aus und nicht zuletzt die außergewöhnliche Lage des Hotels am Fluss macht einen Aufenthalt zu etwas besonderem.

Restaurant und Bar:

- **La Cantina** (Buffet-Restaurant) – Mexikanisch thematisiertes Restaurant, das einem Marktplatz mit verschiedenen Marktständen nachempfunden ist. Zur Auswahl stehen neben Tex-Mex-Gerichten auch internationale Gerichte, so dass sich für jeden Geschmack und die ganze Familie etwas Leckeres findet. Hier verlässt garantiert niemand das Restaurant, ohne zu viel gegessen zu haben. Das Buffet kostet 35 Euro für Erwachsene, Kinder zahlen 22 Euro. *Ninas Tipp:* Dieses Restaurant führt eine besonders große Auswahl an vegetarischen Gerichten.

- **Rio Grande Bar** – farbenprächtige Bar mit typisch mexikanischer Farbgestaltung, die dazu einlädt, mit Freunden und Familie zu feiern. Die Bar befindet sich im gleichen Raum wie das Restaurant, jedoch sind die beiden Bereiche voneinander getrennt. Zusätzlich zu den Getränken werden Sandwichs (ab 8 Euro) und Salate angeboten.

Jede Bar hat eigene Cocktails im Angebot.

Besondere Hotel-Ausstattung:

- Cars-Themenzimmer
- Starbucks-Filiale am Hotel
- Jogging-Pfad
- aufwändig gestaltete Außenanlage, u.a. findet sich dort ein Vulkan
- Kinder-Ecke
- nahegelegene Tankstelle (Esso).

Disney's Hotel Santa Fe früher:

Wo sich heute die Helden aus Cars tummeln, ging es früher deutlich rauer zu. Während heute Montgomery „Lightning" McQueen und Sally von der überdimensionalen Leinwand über der Hotelzufahrt grüßen, zierte früher Clint Eastwoods Konterfei diese Leinwand – selbstverständlich in seiner Rolle als *Mann ohne Namen* aus der Western-Trilogie von Sergio Leone.

Der New Mexiko-Style ist zwar auch heute noch sichtbar, jedoch war die gesamte Ausrichtung früher deutlich authentischer und spartanischer. Der kulturelle Einfluss der amerikanischen Ureinwohner sowie der spanischen und mexikanischen Bevölkerung waren im Fokus der kargen Deko und definierten das Erscheinungsbild sowohl im Innen- als auch im Außenbereich.

In den Zimmern der *Pueblos,* wie die traditionellen Gebäude in der Stadt

Santa Fe genannt werden, mussten die in Braun-, Ocker- und Rosttönen gehaltenen Patchwork-Decken und Bordüren weichen und wurden um die Helden aus Cars ergänzt bzw. teilweise ganz ausgetauscht. Im Außenbereich wurden ebenfalls Veränderungen vorgenommen: Zu den auffallendsten Veränderungen gehören sicher die Beleuchtungselemente mit liebevoll gestalteten Silhouetten entlang der Flachdächer der Pueblos, die mit ihrem warmen Licht dann doch wieder die romantische Lichtstimmung in New Mexico aufgreifen sollen.

Disney Nature Resorts

Naturfreunde und Ruhesuchende sind in den beiden *Disney Nature Resorts* am richtigen Ort. In Blockhütten (*Davy Crockett Ranch*) bzw. Apartments (*Villages Natures© Paris*) finden Familien und größere Gruppen ausreichend Platz und die Möglichkeit zur Selbstversorgung. Beide Resorts sind idyllisch im Grünen gelegen und bieten verschiedene zusätzliche Freizeitmöglichkeiten als Ergänzung zu den Angeboten in den Vergnügungsparks.

Disney's Davy Crockett Ranch

Mitten im Grünen befinden sich die nach dem Vorbild amerikanischer *Mobile Homes* gebauten Blockhütten. Wer nach einem langen Tag im Park Ruhe sucht und sich gerne selbst verpflegt, ist hier genau richtig. Außerdem bietet die Ranch mit dem *Blue Springs (Indoor) Pool* ein echtes Highlight. Helden der Ranch sind die beliebten Hörnchen Chip & Chap.

Die Blockhütten der nach dem amerikanischen Trapper *Davy Crockett* bekannten Ranch sind in drei verschiedenen Kategorien verfügbar. Sie bieten immer Platz für bis zu sechs Personen sowie Koch- und Grillmöglichkeiten Das Frühstück wird als Paket gepackt und morgens an zentralen Stellen zur Abholung bereitgestellt.

Die Küchenausstattung umfasst eine Kaffeemaschine mit Filter, Spülmaschine, Herd und Backofen, Kühlschrank mit Eisfach und eine Grundausstattung an Geschirr. Beim Check-In erhält man zudem ein Reinigungskit und Spülmaschinetabs. Der Vorrat kann an der Rezeption wieder aufgestockt werden. Die Hütten werden **nicht** jeden Tag gereinigt.

Ein Aufenthalt auf *Disney's Davy Crockett Ranch* bedarf besonderer Hinweise: Da sich die Ranch ca. 15 Autominuten vom Park entfernt befindet und kein Pendelbus eingesetzt wird, ist ein eigenes Fahrzeug zwingend notwendig. Außerdem sollte bei der Planung berücksichtigt werden, dass sich die Schlafmöglichkeit für die 5. und 6. Person im Gemeinschaftswohnbereich befinden können. Die Hütten sind ab 16 Uhr bezugsfertig. Tipp: Es empfiehlt sich, eigene (zusätzliche) Handtücher für die Küche und zum Duschen mitzubringen.

Tipp für Gäste mit Hund:

Auf der Ranch gibt es die Möglichkeit, Hunde mitzunehmen. Dies ist allerdings nur bei einer begrenzten Anzahl der Hütten möglich und muss im Vorfeld gebucht werden. Die Hütten werden entsprechend gekennzeichnet, damit Cast Member Bescheid wissen und die Hütten nicht betreten.

Tipp und Hinweis: Die Erlaubnis von Hunden in den Blockhütten schließt den Zutritt zum Park für Hunde nicht mit ein, außer natürlich, es handelt sich um einen Begleithund. Hundefutter gibt es in der Hotelboutique zu kaufen.

Restaurant und Bar

- **Crockett's Tavern (Buffetrestaurant)** – rustikal eingerichtetes Restaurant, in dem eine große Auswahl an Fleischgerichten, aber auch Fisch und Salate sowie standardmäßig eine vegane Chili-Option angeboten wird. Erwachsene zahlen 35 Euro pro Person, Kinder 22 Euro.

- **Crockett's Saloon** – ein rustikaler Saloon, der gut zur Ranch passt. Direkt an der Bar nimmt man in Pferdesätteln Platz. Pizza kann zum Mitnehmen bestellt werden (Selbstabholung).

Jede Bar hat eigene Cocktails im Angebot.

Besondere Ausstattung:

- Innenpool (der schönste im ganzen Resort; Schwimmbrillen, Badeanzüge und Badehosen können an einem Automaten erworben werden)
- Überdachter Tennisplatz
- Outdoor-Spielplatz
- *Davy Crockett Adventure*: Hochseilgarten (gegen Aufpreis)
- Minigolf (gegen Aufpreis)
- Videospielhalle *The Lucky Racoon* (gegen Aufpreis)
- Souvenirshop
- Supermarkt mit Lebensmitteln zu fairen Preisen, der auch Backwaren und frisches Grillgut führt.

Villages Natures ©Paris

4-Sterne Hotel

In Zusammenarbeit mit Center Parcs entstand 2017 das *Villages Natures© Paris* – ein eigenes Ferienresort nach dem Vorbild der europaweit etablierten Center Parcs-Kette.

Das *Villages Natures© Paris* ergänzt das bestehende Angebot für Gäste, die neben dem Freizeitpark-Erlebnis Freizeitaktivitäten in der Natur nutzen möchten. Es gibt insgesamt fünf verschiedene Themenbereiche, darunter auch ein In- und Outdoor-Wasserparadies sowie einen idyllischen See mit eigenen Wassersportangeboten. Vom Outdoor-Pool aus hat man einen direkten Blick auf den See – einfach malerisch.

Hinweis: Die Gesellschaftergruppe von Disneyland Paris hat 2022 alle Anteile am Villages Natures© Paris an die Betreibergruppe von Center Parcs verkauft. Welche Auswirkungen dies hat ist bisher nicht absehbar.

Zum Aufenthalt

Für das Villages Natures© Paris können bislang neben Pauschalen auch Tagestickets erworben werden. Eine Pauschale umfasst zwei Tage Parkeintritt (auch wenn der gebuchte Aufenthalt mehr Tage umfasst).

Die Villages Natures© Paris sind sowohl mit dem Auto (ca. 5 Minuten) als auch mit einem Pendelbus erreichbar (Fahrtdauer etwas länger als mit dem Auto; die Nutzung ist aufpreispflichtig).

Partnerhotels

Aufgrund der großen Nachfrage nach Übernachtungsmöglichkeiten sind in den vergangenen Jahren eine ganze Reihe an Partnerhotels bekannter Hotelketten in direkter Nachbarschaft des Resorts entstanden. Die Partnerhotels können eine günstigere Alternative zu den offiziellen Disney-Hotels sein. Alle Partner-Hotels verfügen über einen kostenlosen Shuttle-Service zu den Parks. Die Fahrtdauer beträgt ca. 10 Minuten.

Gebucht werden können sie sowohl als Paket aus Übernachtung und Eintritt über die Disneyland Paris Website, telefonisch, im Reisebüro oder direkt bei den Hotels (Achtung, im letztgenannten Fall müssen Eintrittskarten individuell bezogen werden).

Die folgenden Partnerhotels stehen zur Auswahl:

Hotel L'Elysee Val d'Europe

4-Sterne Hotel

Mit dem Hotel *L'Elysee Val d'Europe* weht ein Hauch von Pariser Flair im *Val d'Europe*. Das Hotel ist sehr gut gelegen, wenn man neben einem Parkbesuch Wert auf Geschäfte, Cafés und Restaurants in der Nähe legt und das Outlet besuchen möchte. Außerdem gibt es dort einen nahegelegenen Bahnhof mit direkter Zugverbindung nach Paris.

Besondere Ausstattung:

- Fahrgeschäft (gegen Aufpreis).

Adagio Marne-La-Vallée Val d'Europe

3-Sterne Hotel

Das Apartment-Hotel *Adagio Marne-La-Vallée Val d'Europe* ist ideal für Selbstversorger und bietet, je nach gebuchtem Apartment, bis zu sieben Personen Platz.

Besondere Ausstattung:

- Innenpool

Explorers Fabulous Hotels Group

3-Sterne Hotel

Ein Paradies für Kinder und Familien findet man im *Explorers Hotel* – thematisch dreht sich hier alles um Piraten und wirkt dabei wie ein großer Abenteuerspielplatz. Ein toller Indoor-Pool mit Wasserrutschen und integriertem Wasserspielbereich sowie großzügige In- und Outdoor-Spielplätze machen das Hotel zu einem echten Erlebnis. Im Eingangsbereich steht ein beeindruckend großer Brunnen mit einem Drachen, der von Zeit zu Zeit sogar Geräusche von sich gibt.

Die Zimmer sind kindgerecht eingerichtet und setzen hierdurch die Piratenthematisierung fort. Sie bieten Platz für bis zu sechs Personen.

Besondere Ausstattung:

- Innenpool mit Wasserrutschen und Wasserspielbereich
- Indoor-Dschungelspielplatz, Innen- und Außenspielplätze mit Piraten-Thematisierung
- XD-Kino und Videospielzimmer (gegen Aufpreis)

Campanile Val de France
3-Sterne Hotel

Das *Campanile Val de France* ist eine Übernachtungsmöglichkeit mit sehr gutem Preis-Leistungsverhältnis. Als Besonderheit bietet das *Campanile* einen Lehrbauernhof für ökologische Haltung. Dort werden Ziegen, Schafe, Esel, Alpakas und Pferde gehalten, die bei gutem Wetter vom Frühstücksraum aus beobachtet werden können. Entspannung bietet der nahegelegene See.

Besondere Ausstattung:

- Lehrbauernhof
- Games Arcade im Hauptgebäude und Frühstücksraum (gegen Aufpreis)
- Bar mit Burgern und Sushi im Angebot
- Grill (saisonal)
- Souvenirshop.

B&B Hotel

2-Sterne Hotel

Das *B&B Hotel* besticht durch ein sehr gutes Preis-Leistungsverhältnis und eine großzügige Architektur, die äußerlich an ein Kloster erinnern soll. Das *B&B-Hotel* bietet Standard- und Familienzimmer an.

Als besonderen Service gibt es eine Disneyland® Paris-Boutique in diesem Hotel. Außerdem gibt es ein Restaurant mit familientauglichem Essensangebot, eine darin integrierte Bar und wirklich gutes und reichliches Frühstück.

Staycity Aparthotels Paris (ab Oktober 2023)

4-Sterne Hotel

Die Apartments in der Ferienanlage des Staycity Aparthotels sind perfekt für all diejenigen, die sich gerne selbst versorgen und gleichzeitig in der Nähe von Disneyland® Paris und dem Val d'Europe unterkommen wollen. Die Anlage befindet sich mitten in der Natur und in der Nähe von Golf Paris Val d'Europe.

Besondere Ausstattung:

- beheizter Außenpool

Ninas Tipp: moxy Paris Val d'Europe

3-Sterne Hotel

Auch wenn das moxy kein Partnerhotel ist, so ist es doch erwähnens- und empfehlenswert. Die kreative und einzigartige Inneneinrichtung, die in vielen Elementen an Disneyfilme erinnert, macht das Hotel zu einer stylischen Alternative zu den Partnerhotels oder kommt insbesondere für eine Vorabendanreise oder Verlängerungsnacht in Frage. Die Hotelbar ist gut bestückt und auch das Frühstück kann sich sehen lassen.

Mit der RER kommt man innerhalb kürzester Zeit zu den Parks (eine Station). Die große Shopping-Mall erreicht man in wenigen Minuten zu Fuß. Das Hotel verfügt über hoteleigene Parkplätze.

Besondere Ausstattung:

- Mary Poppins Schirm
- großzügige Lounge/ Bar

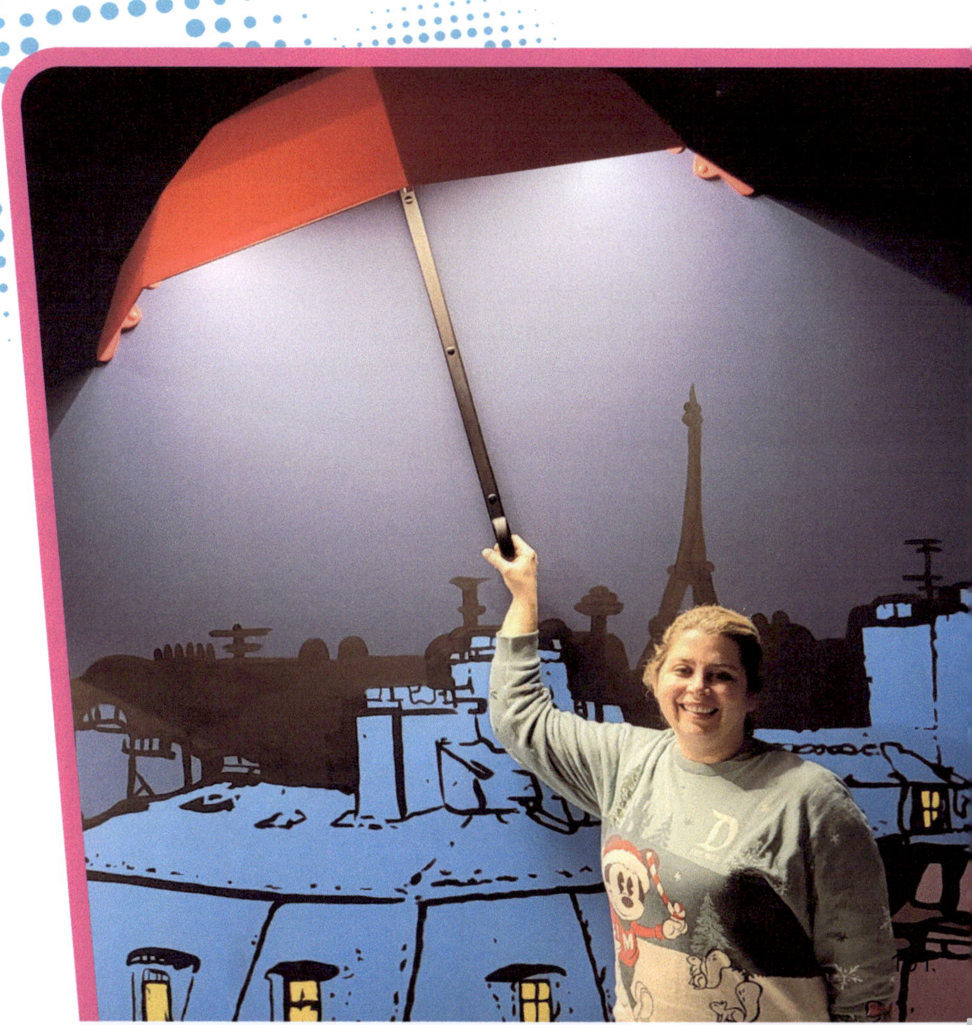

Disney®-Hotel oder Partnerhotel?

Die Wahl des Hotels ist Geschmackssache und oft auch eine Preisfrage. Partnerhotels bieten eine Reihe von Vorteilen, allen voran erweiterte Übernachtungskapazitäten für Gäste und teilweise günstige Angebote. Einige Gäste nutzen Partnerhotels, um bereits am Vorabend zu einer in einem Disney®-Hotel gebuchten Pauschale anzureisen. Auf diese Weise verliert man keine kostbare Zeit und kann am nächsten Tag ohne lange Anreise in das gebuchte Disney®-Hotel wechseln.

Zudem sind Partnerhotels oft neutraler gehalten, was für den ein oder die andere eine kleine Pause vom Trubel bedeuten kann und sie liegen näher am Shopping-Traum in Marne-la-Vallée. Und last, but not least, sind Partnerhotels oft noch verfügbar, wenn die Disney®-Hotels bereits ausgebucht sind.

Es gibt jedoch einige Punkte zu beachten, die Partner-Hotels nicht bieten:

- Disney-Magie fehlt
- die Parks sind eher schwierig zu Fuß erreichbar (Dauer des Fußwegs ca. 30 Minuten). Daher sind Gäste auf den kostenlosen Shuttle-Service bzw. selbst organisierten Transport (ÖPNV oder eigenes Fahrzeug) angewiesen
- zu besucherstarken Jahreszeiten und Stoßzeiten ist mit längeren Wartezeiten an den Shuttle-Bussen zu rechnen, da die Taktung der Shuttle-Busse größer ist als im Vergleich zum Shuttle-Service der Disney®-Hotels
- Parkplätze sind in der Regel leider nicht mehr kostenlos, außer die Hotels wurden direkt über deren Buchungsplattformen gebucht
- die Extra Magic Hours der beiden Parks können bei Übernachtung in den Partnerhotels nicht in Anspruch genommen werden

- es gibt keinen Besuch von Disneyfiguren im Hotel sowie
- keinen Babysitter-Service und, der wichtigste Punkt:
- lediglich Gäste der Disney®-Hotels erhalten automatisch Zugang zu den Parks entsprechend der gebuchten Übernachtungen. Bei Übernachtung in Partner-Hotels muss der Zugang zu den Parks über eine Pauschale separat reserviert oder über datierte Tickets abgesichert werden (siehe Abschnitt Ticketpreise und Zugangsvoraussetzungen).

Ninas Tipp: Welches Hotel den Urlaub zur schönsten Zeit des Jahres macht, hängt von vielen Faktoren ab und ist bekanntlich Geschmacksache. Für das perfekte Disney®-Feeling bieten sich nach Ansicht der Autorin in jedem Fall die Disney®-Hotels an, da die Partnerhotels keine Disney®-Magie versprühen.

Das schlaue Buch

Altersempfehlung für Familien

Eine der häufigsten Fragen ist die nach einer Altersempfehlung für Kinder. Regelmäßig wird in Fangruppen ein Mindestalter von sechs oder sieben Jahren empfohlen, auch weil Kinder dann schon die richtige Größe haben, um mehr Attraktionen fahren zu können und generell ein intensiveres und bewussteres Parkerlebnis haben.

Da die Bedürfnisse kleiner und großer Menschen jedoch so individuell sind wie die Menschen selbst kann dieses Fragen eigentlich nicht pauschal beantwortet werden – daher hier ein paar Entscheidungshilfen:

- für Babys und kleine Kinder (bis 3 Jahre) gibt es eine schöne Auswahl an familientauglichen Attraktionen ohne Mindestgröße. Hierzu zählen u.a. *Dumbo, der fliegende Elefant*, das *Labyrinth von Alice*, *Peter Pan's Flug* über London, der Zirkuszug *Casey Jr*. und die *Feenboote im Märchenland*

- für Kinder ab drei bis sechs Jahren bzw. in Abhängigkeit von der Körpergröße des oder der Kinder sind darüber hinaus eine ganze Reihe weitere Fahrgeschäfte möglich, bspw. der *Toy Story Parachute Drop* (ab ca. 80 cm), *Big Thunder Mountain* oder *Star Tour: The Adventures Continue* (ab ca. 1,02 cm)
- zudem gibt es viele bunte und kurzweilige, kindertaugliche Shows
- auch sollte man den Aspekt Budget nicht außer Acht lassen, denn Kinder unter drei Jahren sind bei der Buchungspauschale inklusive und essen in Buffetrestaurants bei ihren Eltern mit. Außerdem kann man mit nicht schulpflichtigen Kindern die günstigeren Reisezeiträume (Off-Season) buchen.

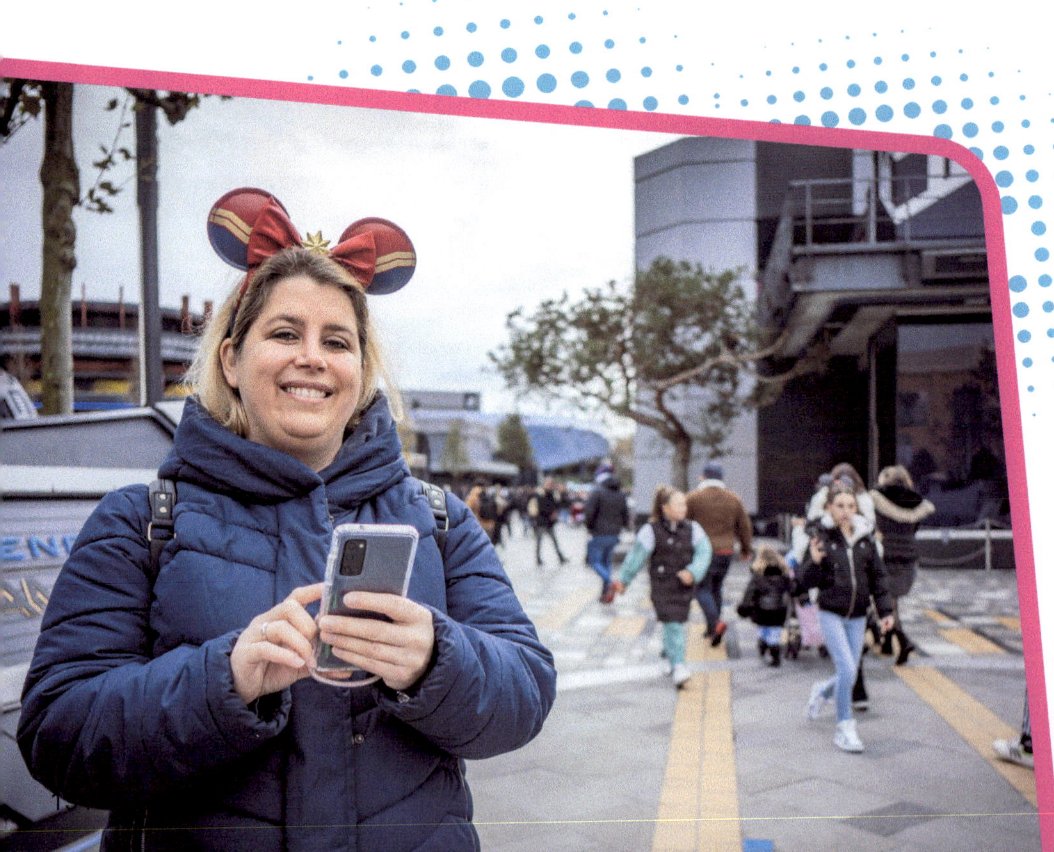

(Disneyland® Paris) App

Die kostenlose *Disneyland® Paris App* ist eine wirklich gelungene App, die sowohl vor als auch während des Aufenthalts äußerst hilfreich ist. Dort sind Parkpläne, das Programm der Shows und die Öffnungszeiten einsehbar. Außerdem können Eintrittskarten für die Parks und Tickets für Sonderveranstaltungen sowie Premier Access-Zugänge über die App gekauft werden. Ebenfalls möglich sind Restaurantreservierungen.

Die App bekommt man kostenlos in den gängigen App-Portalen. Es empfiehlt sich, die App schon vor Abreise mit einem Disney®-Kundenkonto zu verknüpfen und ein Zahlungsmittel zu hinterlegen.

Behinderung

Entsprechend des Grundsatzes MAGICALL möchte Disney© den Gästen mit Behinderung einen möglichst unbeschwerten Parkbesuch ermöglichen. Hierzu gibt es eine Reihe von Hilfestellungen:

- Sonderausstattung in den Disney© Hotels
- Zugangskarten, zusätzlich gültig für vier Begleitpersonen in Attraktionen und Shows und zwei Begleitpersonen bei Paraden
- 25 % Rabatt auf das Ticket für eine Begleitperson; der Rabatt wird unter Vorlage des offizielle Schwerbehindertenausweis gewährt
- besondere Eingänge zu den Attraktionen; teilweise gibt es verschiedene Zugangsmöglichkeiten in Abhängigkeit von der Art der Behinderung, u.a. über den Premier Acces-Eingang. Cast Member helfen gerne weiter, bspw. wenn langes Stehen nicht möglich ist
- Zugänglichkeitsleitfaden (über die Webseite oder die App abrufbar)
- besondere Informationen für Gäste mit Autismus-Spektrum-Störung oder kognitiven Beeinträchtigungen

- Hilfe-App für Gäste mit Sehbehinderung (in Englisch und Französisch).

Zugangskarten (sogenannte **Easy Acces Cards**) können den Zugang zu Attraktionen, meet&greets, Shows, Restaurants und anderen Aktivitäten erleichtern und die Anstehzeiten deutlich reduzieren, da man einen separaten, barrierefreien Eingang benutzen kann, einen festen Zeitpunkt für die Rückkehr zugewiesen bekommt und Paraden und Shows in einem separaten Bereich verfolgen kann.

Für die Zugangskarten benötigt man einen Schwerbehindertenausweis oder ein amtliches Dokument, das den Grad der Behinderung bescheinigt. Die Zugangskarte beantragt man direkt bei der Ankunft, besser jedoch online im Voraus bis zu einem Monat vor dem Besuch (spart Zeit). Hierfür wird neben dem Ausweis bzw. der Bescheinigung des Grades der Behinderung auch ein digitales (Pass)Foto benötigt. Vor Ort muss eine amtliche oder medizinische Bescheinigung im Original vorgelegt werden. Ein ärztliches Attest reicht hierzu offiziell nicht aus.

Auf der Website sowie an offiziellen Stellen in den Parks (beispielsweise in der City Hall) können sich Gäste über die Zugangsbedingungen zu den Attraktionen informieren.

Ninas Tipp: Es empfiehlt sich, die Reise aufgrund der besonderen Bedürfnisse mit Unterstützung der Hotline von Disneyland® Paris zu planen.

Bezahlen

Überall im Park kann mit Bargeld bezahlt werden, fast überall auch mit Kreditkarte. Da an kleinen Handwagen oft nur mit Bargeld gezahlt werden kann lohnt es sich, eine kleine Menge Bargeld mitzuführen.

Ninas Tipp: Die Höhe des Reisebudgets ist so individuell, dass eine Empfehlung selten passt. Ich kalkuliere pro Person in der Regel 100 Euro pro Tag für Verpflegung und Souvenirs.

Cast Member

Mitarbeitende in Disneyland Paris heißen Cast Member. Sie sind also nicht nur normale Beschäftigte, sondern Teil einer Gruppe, eines Casts.

Defibrillatoren

Defibrillatoren befinden sich an ausgewiesenen Plätzen im Park, oft in Nähe der Toiletten bzw. in den früheren Telefonbuchten. Daher kann es sich im Ernstfall lohnen, auch auf Telefonschilder zu achten.

Erste Hilfe

In beiden Parks sowie im Disney Village® befinden sich *Erste-Hilfe-Stationen*. Die Standorte sind im Parkplan gekennzeichnet. Im Notfall ist Hilfe schnell zur Stelle. Bei Notfällen in Hotels kann mittels der entsprechenden Taste auf dem Zimmertelefon Hilfe geholt werden.

Extra Magic Hours (EMH)

Während der Extra Magic Hour (8.30 Uhr bis 9.30 Uhr) öffnen einzelne Länder und Fahrgeschäfte exklusiv für Gäste der Resort-Hotels. Welche Länder und Attraktionen dies jeweils sind, erfährt man im Hotel – oder lässt sich im Park überraschen.

Fotos mit Charakteren

In beiden Parks gibt es Plätze, an denen man wechselnde Charaktere von Disney®, Marvel und Disney•Pixar treffen kann. Dort stehen die Charaktere für Fotos zur Verfügung. Die Uhrzeiten und Treffpunkte stehen im Programm und können über die Disneyland® Paris-App eingesehen werden.

Fotografie in Attraktionen

Indoor-Attraktionen wie *Phantom Manor, Peter Pan* oder *Schneewittchen* leben davon, dass sie überwiegend dunkel sind. Blitzlicht oder Lichter von Handys stören daher enorm. Außerdem werden die Fotos leider selten so schön, als dass sie das entgangene Vergnügen aufwiegen würden. Am besten genießt man die Fahrt ohne Erinnerungsfoto und lässt den Zauber von Disney® auf sich wirken – andere Gäste danken es.

Ninas Tipp: An manchen Attraktionen, bspw. bei Buzz Lightyear, den Pirates of the Caribbean oder Big Thunder Mountain werden sogenannte Onride-Fotos gemacht, die man am Ausgang kaufen kann. Nähere Infos gibt es unter dem Tipp *Photopass*.

Geburtstag feiern

Wer seinen Geburtstag in Disneyland® Paris feiern möchte, kann sich einen Geburtstagskuchen in eines der Buffet- oder Á-la-carte-Restaurants bestellen. Der Kuchen kostet 35 Euro und reicht für bis zu acht Personen. Bestellungen müssen rechtzeitig vorgenommen werden.

Kostenlos hingegen gibt es einen *I'm celebrating*-Button (nach Verfügbarkeit), den Geburtstagskinder an der Rezeption der Disney®-Hotels sowie in der City Hall und den Studio Services erhalten. In der City Hall kann man außerdem einen Anruf von Micky Maus entgegennehmen, der höchstpersönlich zum Geburtstag gratuliert – Happy Birthday!

Geldautomaten

Geldautomaten finden sich an diversen Stellen in den beiden Parks sowie im Disney Village. Es können Gebühren anfallen.

Gepäckaufbewahrung

Der Gepäck Service am Eingang von Disneyland Park sowie an dem Walt Disney Studios Park öffnet um 8.30 Uhr, also gemeinsam mit den Extra Magic Hours. Der Service ist bis 45 Minuten nach Parkschluss geöffnet.

Kosten pro Stück: 8 Euro (klein), 11 Euro (mittel), 12 Euro (groß). Accessoires kosten 2 Euro.

Eine Alternative ist der Gepäckservice am Bahnhof, der morgens deutlich bessere Öffnungszeiten hat. Der Gepäckservice befindet sich im 1. OG des Bahnhofs und hat jeden Tag von 7-22 Uhr geöffnet. Die Schließfächer sind zur Selbstbedienung und kosten 9,50 Euro.

Haustiere

Haustiere sind im Park nicht gestattet. Lediglich Blindenführ- und Assistenzhunde sind erlaubt. Katzen und Hunde können jedoch kostenpflichtig in der Haustierpension (*Ménagerie*) untergebracht werden. Dort werden Tiere in Boxen untergebracht und auf Wunsch mit Futter und Wasser versorgt. Für Freilauf sind die Tierbesitzer aus rechtlichen Gründen selbst verantwortlich.

Die *Ménagerie* befindet sich in der Nähe des Gästeparkplatzes. Voraussetzung für die Unterbringung ist ein gültiger Impfausweis sowie ein offizieller Tollwut-Impfschein (mindestens einen Monat, jedoch weniger als ein Jahr alt, auf Französisch) sowie ein Mikrochip. Eine vorherige Anmeldung ist leider nicht möglich. Wenn die Plätze belegt sind, werden keine weiteren Tiere aufgenommen.

Die Unterbringung in der Ménagerie ist Geschmackssache: Selbstverständlich sind Boxen nicht das Non-Plus-Ultra im Hinblick auf artgerechte Haltung, jedoch ist dies um Längen besser als die Unterbringung im Auto oder allein daheim.

Hidden Mickeys

Unter *Hidden Mickeys* versteht man die grafische Anordnung von drei Kreisen, die scheinbar zufällig angeordnet sind und erst beim näheren Hinschauen die Silhouette des Micky-Kopfes offenbaren.

Überall im Resort, von den Parks über das Disney Village® bis zu den Hotels, finden sich *Hidden Mickeys*, mit deren Suche man sich prima nebenbei beschäftigen kann.

Kinderwagen- und Rollstuhl(-verleih)

Selbstverständlich können eigene Kinderwagen- und Rollstühle sowie faltbare Bollerwagen mit in den Park genommen werden. In beiden Parks können außerdem Kinderwagen und Rollstühle (*Fauteuils Pousettes bzw. Roulants*) gegen eine Gebühr und Pfand geliehen werden.

Tipp: Es gibt überall im Park ausgewiesene Parkplätze für Kinderwagen. Es empfiehlt sich, Leihkinderwagen zu kennzeichnen, um Verwechslungen auszuschließen.

Kreditkarten

Anders als in Deutschland erfreut sich in Frankreich das Zahlen mit Kreditkarte großer Beliebtheit. Nicht nur zum Tanken oder Zahlen der Mautgebühren lohnt es sich daher, eine Kreditkarte mitzunehmen.

Viele Kreditinstitute bieten Kreditkarten an, deren Jahresgebühr ab einem Mindestumsatz wieder gutgeschrieben wird und die oft sogar noch eine praktische Reiserücktrittsversicherung beinhalten.

Lebensmittelallergie

Für Gäste mit Lebensmittelallergie wird in Buffet- und À-la- carte-Restaurants ein Spezialmenü (Natama-Menü) angeboten, das bis zu 16 Allergien abdeckt. Alternativ helfen auch die Cast Member in den Restaurants bei der Speisenauswahl. Informationen für Lebensmittelallergiker findet man auch auf der offiziellen Website.

Luftballons

Ein besonders beliebtes Souvenir sind mit Helium gefüllte Luftballons, die zum Preis von 10 Euro überall in den beiden Parks verkauft werden. Die Luftballons halten circa drei Wochen.

Flugreisende sollten beachten, dass diese Luftballons leider *nicht* mit ins Flugzeug genommen werden dürfen. Auch am Bahnhof bzw. an Bahngleisen mit Oberleitungen ist Vorsicht geboten.

Magic Pass

Der Magic Pass wird an der Rezeption im Hotel ausgegeben. Er fungiert für Gäste von Disney©-Hotels als Zimmerschlüssel und Zugangsberechtigung für die beiden Parks. Hierauf sind auch Zusatzleistungen wie vorab gebuchtes Frühstück und Meal Plans sowie Tickets für Zusatzveranstaltungen hinterlegt.

Medikamente

Medikamente dürfen selbstverständlich mitgeführt werden. In der *Wish Lounge* neben dem *Baby Care Center* im *Disneyland® Park* können Medikamente in aller Ruhe eingenommen werden. Cast Member stehen bei Rückfragen gerne zur Verfügung.

Medikamente, die gekühlt gelagert werden müssen, können entweder an den Erste-Hilfe-Stationen der Parks oder an der Rezeption der Disney®-Hotels abgegeben werden. Die Partnerhotels bieten diesen Service mit Ausnahme des *Hôtel Élysée Val d'Europe* nicht offiziell an. Die Minibar ist zur Aufbewahrung nicht gedacht und auch nicht in jedem Hotel verfügbar.

Mobile Order

Ausgewählte Schnellrestaurants bieten sogenannte Mobile Order-Services an. Essen kann hier (neben des üblichen Bestellweges direkt am Schalter) per App vorbestellt und zu einem ausgewählten Zeitfenster abgeholt werden. In diesen Restaurants ist der Service verfügbar (Stand Oktober 2023):

- Casa de Coco
- Casey's Corner
- Café Hyperion
- Restaurant en Coulisse
- Restaurant Hakuna Matata

Tipp: Es lohnt sich, die Bestellung zügig abzuschicken, da sich das verfügbare Zeitfenster bei großem Andrang schnell ändern kann.

Notfall

Im Notfall wird auch in Frankreich die 112 gewählt. Nicht vergessen: Vom Handy aus muss die Vorwahl für Frankreich 0033 + Notrufnummer gewählt werden.

Parkplätze

Für Tagesgäste steht ein großer Parkplatz zur Verfügung. Die Preise sind abhängig vom Fahrzeug:

- PKW: 30 Euro
- Motorrad: 25 Euro
- Wohnmobil: 45 Euro

Gäste der Davy Crocket Ranch nutzen diesen Parkplatz ebenfalls. Für sie ist die Benutzung kostenfrei. Es lohnt sich, früh anzureisen, denn an besucherstarken Tagen füllt sich der Parkplatz schnell und der Weg wird mit jeder weiteren Parkreihe immer länger.

Am Disney Village® steht ein öffentliches Parkhaus zur Verfügung. Die Tages-Höchstgebühr beträgt dort 24 Euro.

Tipp: Jede Parkreihe ist mit einer anderen Disney-Figur gekennzeichnet, damit man das Auto schneller wiederfindet. Ein Tag voller Eindrücke in den Parks macht das Erinnern am Abend jedoch schwer und kann zu Verwechslungen führen, bei welcher Figur man parkt. Am besten fotografiert man die Figur am Morgen direkt und findet so am Abend schneller wieder zum Fahrzeug.

Fun Facts: Im Zuge der Nachhaltigkeit wurde der Parkplatz mit Sonnenkollektoren überdacht. Das Fahrzeug steht nun ganztags geschützt vor der Witterung und nebenbei wird Energie gewonnen.

Entlang der Einfahrt zum Parkplätz stehen die Disney©-eigenen Bienenstöcke. Den daraus gewonnenen Honig gibt es, sofern verfügbar, in einzelnen Shops zu kaufen.

Pin Trading

Pin Trading hat eine lange Tradition in den Disney®-Resorts, so auch in Disneyland® Paris. Pins mit den beliebten Disney®, Marvel- und Pixar-Figuren werden in vielen Shops sowie in der *Pueblo Trading Post* im Frontierland verkauft. Außerdem können Pins mit Cast Membern und anderen Fans getauscht werden, wenn diese ein entsprechendes, mit Pins bestücktes Lanyard tragen.

Fun Facts: Hin und wieder gibt es organisierte Pin Trading-Events. Wenn diese Events bspw. an der Pueblo Trading Post oder in Disney's Hotel Newport Bay Club stattfinden, bauen Pin Trader ihre Tische auf und es wird gefeilscht und getauscht. Es gibt besonders begehrte Pins in limitierte Auflage, die Sammlerherzen höherschlagen lassen. Wenn limitierte Pins auf den Markt kommen, ist die ansonsten unscheinbare *Pueblo Trading Post* regelrecht umlagert.

PhotoPass und PhotoPass+

In einigen Attraktionen, bei Treffen mit Disney®-Figuren und an Magic Shot-Punkten werden Fotos gemacht – diese Fotos können käuflich erworben werden. Gespeichert werden die Fotos auf einem *Standard-PhotoPass.* Der Preis einzelner Fotos ist an den jeweiligen Attraktionen bzw. auf der Website des Anbieters ausgewiesen.

Auf dem *PhotoPass+* hingegen können alle während eines Aufenthalts erworbenen Fotos gespeichert werden und sind damit im Preis enthalten. Der *PhotoPass+* kostet 74,99 Euro (Stand September 2023), ist zehn Tage lang nutzbar / ein Jahr gültig und kann an den Verkaufsstellen von Fotos und in einigen Geschäften erworben werden.

In beiden Fällen können die Fotos im Nachhinein online abgerufen werden. Zum Download ist eine Internetverbindung erforderlich; der Download via App erfolgt mit geringerer Datenqualität. Ob Fotos einzeln gekauft werden oder ob sich der Erwerb eines *PhotoPass+* lohnt, ist ein Rechenexempel.

Tipp: Bei Treffen mit Figuren besteht die Möglichkeit, die Fotos mit eigenen Handys oder Kameras machen — entweder selbst oder durch anwesende Cast Member, falls diese dazu bereit sind und Zeit haben.

Powerbank-Leihstation / Ladestationen

An verschiedenen Stationen in den beiden Parks können Powerbanks geliehen oder Handys aufgeladen werden – beides selbstverständlich gegen Gebühr: 2 Stunden kosten 4 Euro Leihgebühr, 10 Euro werden für den kompletten Tag fällig. Verleihstationen sind im Disneyland® Park bspw. auf der Main Street U.S.A.® u.a. beim Stroller and Wheelchair-Rental sowie im Ein- und Ausgangsbereich des Studio 1 in Walt Disney® Studios Park. Die Lade- und Verleihstationen findet man auch in der App.

Tipp: Eigenes Kabel mitbringen, damit das Handy problemlos angeschlossen werden kann.

(Disney) Premier Access One und (Disney) Premier Access Ultimate

Für schnelleren Zugang zu den beliebtesten Attraktionen können mit dem Disney Premier Access spezielle Tickets erworben werden. Diese Tickets kosten ab fünf Euro, teilweise deutlich mehr (über 10 Euro), je nachdem für welche Attraktion man das Ticket kauft, und berechtigen zum einmaligen Zugang während des gebuchten Zeitfensters. Die Preise schwanken in Abhängigkeit von der Attraktion, saisonal und in Abhängigkeit vom Besucherandrang. Der Premier Access ist für die Attraktionen

- Autopia*
- Big Thunder Mountain*
- Buzz Lightyear Laser Blast*
- It's a small world*
- Orbitron
- Peter Pan's Flight*
- Phantom Manor*
- Pirates of the Caribbean
- Star Tours: The Adventures Continue*
- Star Wars Hyperspace Mountain* sowie
- Avengers Assemble: Flight Force*
- Cars ROAD Trip*
- Crush's Coster*
- Spider-Man W.E.B. Adventure
- Ratatouille: Das Abenteuer*
- The Twilight Zone Tower of Terror™

erhältlich. Pro Gast und Tag können maximal drei Zugangstickets je Attraktion erworben werden. Die Höchstzahl pro Attraktion und Zeitfenster liegt bei 12 Tickets. Die Tickets pro Zeitfenster sind grundsätzlich nur begrenzt verfügbar.

Buchung des *Premier Access*:

- offizielle Disneyland® Paris App öffnen; Disney®-Konto anlegen oder in das vorhandenes Konto einloggen

- Auswahl des gewünschten und verfügbaren Zeitfensters (erst mit Anwesenheit in den Parks möglich)
- Bezahlung, bspw. per PayPal oder Kreditkarte (die Kreditkarten müssen im Vorfeld beim Kreditinstitut für Online-Zahlung freigeschaltet worden sein). Nach erfolgter Bezahlung kann die gewählte Attraktion während des ausgewählten Zeitfensters über einen speziellen Zugang betreten werden (unter Vorlage des QR-Codes im entsprechenden Menüpunkt der App); kurze Wartezeiten sind trotz Premier Access-Zugang möglich
- Gäste ohne Smartphone oder Disney®-Konto können Tickets in der City Hall oder in den Studio Services erwerben. Kinder unter 3 Jahren benötigen keinen eigenen Pass, müssen jedoch von einem Erwachsenen mit gültigem Disney® Premier Access begleitet werden

Alternativ kann man auch den Disney Premier Access Ultimate buchen, der den einmaligen Zugang für vorgegebene Attraktionen (in der Auflistung mit * gekennzeichnet, erweitert um die Indiana Jones-Attraktion) beinhaltet. Die Kosten kann man ebenfalls der App entnehmen. Der Disney Premier Access Ultimate kann ab sieben Tage im Voraus einer bestehenden Buchung hinzugefügt oder vor Ort gekauft werden.

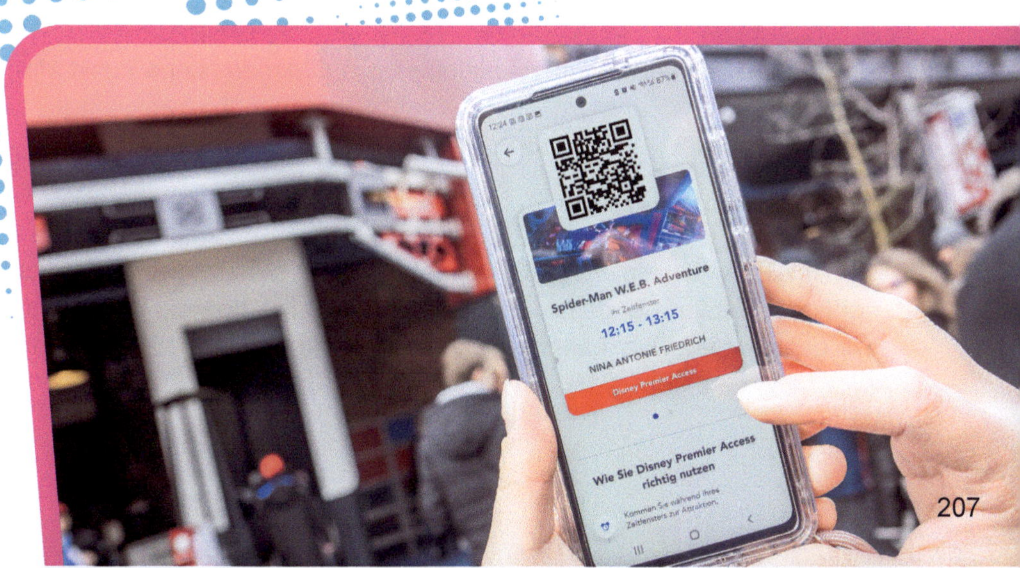

Rauchen

Rauchen (und Dampfen) ist nur an ausgewiesenen Plätzen erlaubt. Diese Plätze sind gekennzeichnet und können über die offizielle Disneyland® Paris-App im Menüpunkt *Liste / Gästeservice* selektiert werden. Alternativ zeigen Cast Member gerne die Raucherbereiche.

Restaurants

Im Resort gibt es eine Vielzahl an Restaurants. In Buffet- und À-la-carte-Restaurants empfiehlt sich eine Reservierung. Anderenfalls kann es passieren, dass man keinen Tisch bekommt oder lange Wartezeiten einkalkulieren muss.

Reservierungen können ab 60 Tage (2 Monate) vorher über die offizielle App oder telefonisch (auf Englisch oder Französisch) unter (+33) 160 30 40 50 vorgenommen werden. Tipp: Hotelgäste können bereits ab Erhalt der Buchungsbestätigung einen Tisch reservieren.

Vor Ort können Reservierungen für die entsprechenden Restaurants je nach Verfügbarkeit beim Concierge-Service in den Hotels, in der City Hall oder in den À-la-carte-Restaurants für jedes der Restaurants vorgenommen werden. Trotz Reservierung gilt vor Ort entsprechend des amerikanischen Standards: *Please wait to be seated,* übersetzt: *Bitte warten, bis Sie einen Tisch zugewiesen bekommen.*

Tipp: Einige Schnellrestaurants bieten *Mobile Order* an (siehe Punkt *Mobile Order*).

Rider Switch Service

Wer mit Baby in den Parks unterwegs ist steht früher oder später vor der Herausforderung, dass ein großer Teil der Attraktionen nicht für Babys geeignet ist. Damit alle Begleitpersonen in den Genuss einer Fahrt kommen können, gibt es über den *Rider Switch* die Möglichkeit, nacheinander zu fahren. Wichtig: Die Cast Member müssen spätestens beim Einsteigen informiert werden.

Schwanger unterwegs in Disneyland® Paris

Einzelne Attraktionen sind für Schwangere aus Sicherheits- und Schutzgründen nicht nutzbar. Sie sind in der App und an der jeweiligen Attraktion entsprechend gekennzeichnet. Auch wenn dies eine Einschränkung darstellt ist es doch zum Schutz des Ungeborenen und der werdenden Mutter wichtig. Immerhin gibt es die Möglichkeit, in der City Hall oder den Studio Services nach Vorlage des Mutterpasses und eines ärztlichen Attestes ein spezielles Bändchen zu erhalten, um Wartezeiten an den übrigen Attraktionen zu reduzieren.

Selfie-Sticks

Selfie-Sticks sind in beiden Parks aus Sicherheitsgründen verboten.

Sicherheit

Sicherheit wird groß geschrieben: Eine große Anzahl an Sicherheits- und Gesundheitspersonal bestehend aus Feuerwehr, Security und Sanitäter:innen garantieren einen sicheren Aufenthalt und sind im Notfall schnell zur Stelle. Das Außengelände wird zusätzlich von Soldaten der französischen Anti-Terroreinheit gesichert.

Single Rider

An einigen Attraktionen gibt es das Angebot, leere Einzelplätze als Single Rider (Einzelperson) aufzufüllen. Hierzu gibt es eine entsprechend gekennzeichnete Warteschlange, über die man Zeit beim Anstellen spart.

Das Angebot gibt es aktuell nur an den Attraktionen *HyperSpace Mountain: Mission Rebel, Ratatouille, Toy Soldiers Parachute Drop, Crush's Coaster, Avengers Assemble: Flight Force und Spider-Man W.E.B. Adventure.*

Hinweis: Single Rider können *nicht* zusammen mit ihrer Begleitung fahren. Auch Betteln am Einstieg hilft nichts. Es gibt ein Mindestalter, ab dem Kinder überhaupt alleine fahren dürfen.

Souvenirs und Shopping

Für Shoppingfans sind die beiden Parks und das Disney Village® ein echtes El Dorado. In über 60 Shops werden alle möglichen Souvenirs angeboten: Kleider, Tassen, Schmuck, Kunstgegenstände und allerhand Nippes lassen Herzen höher schlagen. Auch wenn es ein umfangreiches Grundsortiment an Souvenirs gibt, werden spezielle Sortimentsbestandteile themenbezogen nur in einzelnen Shops angeboten.

Nahezu jede Attraktion hat einen angeschlossenen Shop. Auch die Hotels beherbergen eigene Boutiquen mit speziellen, thematisch zum Hotel passenden Souvenirs, die es sonst kaum oder gar nicht in den Parks zu kaufen gibt. Es kann auch passieren, dass Souvenirs über den Tag hinweg abverkauft werden und nicht mehr verfügbar sind – wenn man etwas unbedingt kaufen möchte, sollte man daher nicht lange zögern.

Shopping-Service (kostenlos)

Für alle, die ihre Souvenirs nicht den ganzen Tag mit sich herumtragen möchten, bietet Disney® ab 50 Euro Einkaufswert einen kostenlosen Shopping-Service an. So können alle vor 15 Uhr gekauften Waren in Disney®-Hotels geliefert werden. Ins Hotel gelieferte Waren können dort nach 20 Uhr in der Hotelboutique abgeholt werden. Alternativ können die

Einkäufe auch direkt in den Shops bis zur Schließung des Shops aufbewahrt werden.

Souvenirs im Online-Shop

Wer nach der Rückkehr merkt, dass das eine oder andere Shoppingaccessoire noch fehlt, kann Souvenirs über den Online-Shop von Disney bestellen. Dort gibt es allerdings selten exakt die im Park erhältlichen Souvenirs, dafür aber schöne Alternativen. https://www.shopdisney.de/ (unbeauftragte Werbung).

Souvenir-Münzen

An vielen Stellen gibt es Münzautomaten, in denen Münzen zu Souvenirs gepresst werden können. Entsprechende Automaten stehen z.B. in den beiden Arcaden im Disneyland® Park, im Durchgang unter dem Bahnhof Main Street Station sowie in dem Walt Disney Studios® Park und im Disney Village®.

Sprache

Die offizielle Parksprache ist Französisch. Man muss jedoch nicht französisch sprechen, um einen Urlaub in Disneyland® Paris erfolgreich und entspannt zu meistern. Einige Cast Member sprechen Deutsch, in jedem Fall aber Englisch. Die Sprachen, die von den Cast Membern gesprochen werden, erkennt man an den Länderflaggen am Revers. Tragen Cast Member keine Länderflagge am Revers, kann man davon ausgehen, dass sie überwiegend Französisch sprechen.

Tanken

Tanken funktioniert in Frankreich grundsätzlich genau wie in Deutschland. Es ist jedoch ratsam, eine EC- oder Kreditkarte zum Bezahlen parat zu haben, da man vereinzelt nur direkt an den Säulen bezahlen kann. Dies kann an Selbstbedienungstankstellen und außerhalb der Öffnungszeiten der Fall sein. Außerdem ist zu beobachten, dass die Preise steigen, je näher man Paris kommt. Für Elektrofahrzeuge stehen mittlerweile an vielen Tankstellen Schnellladesäulen zur Verfügung.

Tipp: Hinter *sans plomb* verbirgt sich Benzin, hinter *Gazole* Diesel. *GPL* steht für Autogas. Die Anforderung *prepayant* bedeutet, dass vor dem Tankvorgang eine Kreditkarte eingelesen werden muss.

Toiletten

Überall in beiden Parks und im Disney Village® stehen kostenlose Toiletten zur Verfügung. In einigen Toilettenanlagen gibt es sogar spezielle Kindertoiletten. Wo sich die Toiletten befinden, ist außen an den Einrichtungen gekennzeichnet. Außerdem können sie über die offizielle Disneyland® Paris-App im Menüpunkt *Liste / Gästeservice* gesucht werden.

Tour hinter den Kulissen

In beiden Parks sowie in der Attraktion *The Twilight Zone Tower of Terror*™ sind geführte Touren hinter den Kulissen gegen Aufpreis möglich. Die Touren werden nach Möglichkeit in der Sprache der Gäste durchgeführt. Buchbar sind die Touren in der City Hall bzw. in den Studio Services.

Umweltschutz

Umweltschutz ist ein großes Thema in Disneyland® Paris. So wurden mittlerweile Einwegverpackungen durch Mehrwegverpackungen ersetzt und umfangreiche Maßnahmen zur Energievermeidung und Eigenproduktion von Energie in die Wege geleitet. Das größte Projekt der vergangenen Jahre war sicherlich die Überdachung des Gästeparkplatzes mit Solarpaneelen. Als positiver Nebeneffekt stehen die Fahrzeuge nun im Trockenen bzw. sind vor Sonne geschützt.

Vegetarische / Vegane Ernährung

Gäste mit vegetarischen oder veganen Ernährungsgewohnheiten stehen in Disneyland® Paris vor einer Herausforderung: Nicht überall wird ein vegetarisches, seltener ein veganes Essen angeboten. Immerhin gibt es fast überall Salat und das vegetarische und vegane Angebot steigt kontinuierlich. Am einfachsten finden sich vegetarische und vegane Optionen in Buffetrestaurants, vegane Optionen gibt es nicht selten an Imbisswagen.

Ninas Favoriten: Pym Testkitchen, Hakuna Matata, Plaza Gardens, Casa de Coco.

Verkleidung

Da Gäste ab 14 Jahren in den Parks keine Disney®-Kostüme tragen dürfen (außer zur Halloween-Party), wurde von Fans das so genannte *Bounding* entwickelt. Beim *Bounding* trägt man Kleidung mit Farbkombinationen, gerne auch kombiniert mit speziellen Accessoires, die der Kleidung des nachgeahmten Disney®-Charakters entsprechen.

Bei Donald Duck wäre das beispielsweise blau/weiß/gelb, bei Winnie Pooh rot/gelb. Zunehmend beliebt werden in den letzten Jahren auch Boundings zu Marvel-Charakteren. Der Fantasie sind keine Grenzen gesetzt.

Wetter

In Frankreich ist, wie im Großteil Europas, mit allen Wetterlagen zu rechnen. Das Wetter kann mehrfach am Tag wechseln und Regenschauer sind keine Seltenheit. Es gibt einige gute Tipps, die man grundsätzlich beachten sollte und mit denen man trotz Regen gut durch den Tag kommt:

- Zwiebel-Look tragen. Morgens und abends kann es, auch im Sommer, kühl sein
- eigene Regenkleidung mitnehmen. Wer keine Regenkleidung dabei hat, kann Ponchos und Regenschirme erwerben. Ponchos kosten jedoch 13 Euro (10 Euro für Kinder)
- bei Regen Shows und Indoor-Fahrgeschäfte ansteuern. Alternativ: Outdoor-Fahrgeschäfte leeren sich bei Regen. Es lohnt sich, dies zu nutzen, wenn man passende Kleidung trägt
- Regenpausen für einen kleinen Snack oder eine Getränkepause in den Schnell-Restaurants nutzen
- Shoppen
- in den Arcaden auf der *Main Street U.S.A.®* unterstellen
- *Ninas Tipp:* Es ist problemlos möglich, trockenen Fußes vom Bazar zum Frontierland (und zurück) zu gelangen: Der Eingang befindet sich zwischen dem Laden *Girafe Curieuse* und der *Passage Enchanté d'Aladdin.* Der Ausgang befindet sich im Shop *Tobias Norton & Sons (Bonanza Outfitters / Thunder Mesa Mercantile)* direkt im *Fort Comstock.*

Geld sparen:
„Den Geldspeicher schonen."

Es gibt sicher kostengünstigere Urlaube als einen Aufenthalt in Disneyland® Paris, jedoch bekommt man für das Geld auch einiges geboten. Immerhin gibt es Möglichkeiten, Geld zu sparen. Onkel Dagobert ist hierbei immer mein Vorbild.

Anreise

- Möglichst früh buchen und Sonderangebote nutzen – Bahn und Flugzeug bieten oftmals günstige Angebote; je früher man bucht, desto günstiger sind die Angebote
- Fliegen statt Fahren - bei einer bis zwei Personen kann das Flugzeug die günstigere Variante im Vergleich zum Auto sein
- Flüge separat anstatt im Rahmen eines Anreisepakets buchen (Preisvergleich über die Websites der Airlines kann sich lohnen)
- Mit dem TGV anstatt dem Magic-Shuttle vom Flughafen zum Resort fahren.

Eintrittskarten

Über die Website www.disneylandparis.de gibt es eine Vielzahl an Ticketoptionen. Der Eintrittspreis hängt stark vom Datum des Aufenthalts ab. Als Faustregel gilt, dass Tickets in der Nebensaison deutlich günstiger sind als zur Hauptsaison, sprich außerhalb von Ferienzeiten und nicht rund um Feiertage. Daher sollte man direkt bei der Planung einen Blick in den Kalender werfen und vorausschauend planen (und zusätzlich auf französische Feiertage und Ferien achten).

Außerdem sind die Tickets für einen Park deutlich günstiger als Tickets für beide Parks, was nicht nur Geld spart, sondern den Tag weniger stressig gestaltet.

Günstige Tickets bietet auch https://www.attractionticketsdirect.de/ (mit Vorlaufzeit zu buchen)

Wer mehr als einen Aufenthalt in einem Jahr plant kann über den Kauf von Jahreskarten nachdenken – ein Preisvergleich lohnt. Siehe auch den Abschnitt *Eintrittspreise und Jahreskarten*.

Souvenirs

- *Magical Offer*-Angebote in den Stores shoppen: Ab einem gewissen Mindesteinkaufswert gibt es einzelne Produkte zu einem deutlich günstigeren Preis, die in anderen Shops möglicherweise zum vollen Preis angeboten werden
- reduziertes Merchandise kaufen – der Sortimentswechsel macht es möglich
- den französischen Schlussverkauf nutzen – immer ab dem zweiten Mittwoch im Januar und Mitte Juni
- Regenponchos von daheim mitbringen – im Park sind sie wirklich teuer und halten selten lange.

Übernachtung

- Möglichst früh buchen, Sonderangebote abwarten
- Günstige Hotels buchen: Da man sich hauptsächlich zum Schlafen im Hotel aufhält, ist es ausreichend, in den beiden günstigeren Hotels *Santa Fe* oder *Hotel Cheyenne* zu übernachten
- Urlaub auf der Ranch buchen: Für Gruppen / Familien ab fünf Perso-

nen ist *Disney´s Davy Crockett Ranch* eine der günstigsten Lösungen, wenn man in einem Disney®-Hotel übernachten möchte

- Partner-Hotels buchen: Diese sind über die einschlägigen Online-Buchungsportale wie www.booking.com buchbar
- Zelten - beispielsweise auf dem Campingplatz Camping *Le Soleil de Crécy* und auf dem Campingplatz *Camping International de Jablines* möglich (unverbindliche Empfehlungen)
- Auf Übernachtung gänzlich verzichten: Durch einen Ein-Tages-Trip können Kosten für Übernachtung gänzlich gespart werden. Ab Frankfurt beispielsweise ist es möglich, Disneyland® Resort Paris mit dem Zug in einem Tag zu erleben. Im Park selbst stehen dann circa. fünf Stunden zur Verfügung.

Verpflegung

- Am günstigsten isst man bei McDonald‘s im Disney Village®
- Snacks und Getränke mitbringen: Picknicken ist an ausgewiesenen Stellen erlaubt und überall im Park finden sich Trinkwasserspender für den kleinen Durst (allerdings sind diese mit Chlor versetzt). In den Wintermonaten und bei besonderen Hygieneanforderungen sind die Wasserspender jedoch außer Betrieb
- Selbstversorger: *Disney‘s Davy Crockett Ranch* sowie das *Villages Nature® Paris* bieten Kochgelegenheiten für Selbstversorger, denn dort stehen Koch- und Grillmöglichkeiten sowie ein Kühlschrank zur Verfügung
- Halbpension buchen: Disney® bietet hin und wieder Angebote an, die Halbpension beinhalten. Das kostenpflichtige Hinzubuchen der Halbpension lohnt sich allerdings nicht zwangsläufig, außer man möchte das Budget fest im Überblick behalten
- Happy Hours der Restaurants und Bars im Disney Village® nutzen.

Zeitraum

Als Faustregel gilt: Außerhalb der Ferien und in der absoluten Nebensaison, z.B. Februar, März und November, reisen. Im Sommer, zu Halloween und in der Weihnachtszeit ist ein Parkbesuch besonders teuer.

Leider gehören Ferienzeiten und Feiertage auch in Disneyland® Paris zu den teuersten Reisezeiten. Außerdem sollte man Besuche an Brückentagen, Samstagen sowie rund um den französischen Nationalfeiertag (14. Juli) vermeiden. Hier platzt der Park sowieso aus allen Nähten.

Zeit sparen mit
Daniel Düsentriebs Zeitumkehrer

Allgemein

- in Hotels antizyklisch frühstücken gehen (entweder vor 8 Uhr oder wieder ab 9.30 Uhr) oder einfach einen Kaffee bei Starbucks holen
- *Extra Magic Hours (EMH)* nutzen (nur für Gäste der Disney®-Hotels)
- Single Rider Eingang nutzen
- Essen mit Charakteren buchen, um sie dort ohne Wartezeit und parallel zum Essen zu treffen
- kommt früh und bleibt lang – schlafen könnt Ihr daheim.

An Attraktionen

- zur Parköffnung und während der Extra Magic Hours (EMH) direkt zu den Lieblingsattraktionen gehen (wenn die Attraktion während der

EMH bereits geöffnet hat; Infos hierzu gibt es im Hotel)

- weniger ist mehr – sucht Euch vorher die Attraktionen aus, die ihr unbedingt erleben wollt – jede zusätzliche Attraktion ist Bonus
- rechtzeitig vor Öffnung des jeweiligen Themenlandes vor einem der Ländereingänge anstellen
- entweder direkt nach Parköffnung oder erst wieder am späten Nachmittag zu den beliebtesten Attraktionen gehen, wenn die Tagestouristen bereits auf dem Heimweg sind
- die Showzeiten zum Besuch von Attraktionen nutzen: Vor der großen Parade am Nachmittag und abends während der Show am Schloss sind die Wartezeiten deutlich geringer, da sich viele Gäste schon lange vor der Parade / Show einen guten Platz suchen
- Outdoor-Attraktionen im Regen besuchen: Bei Regen leeren sich die Outdoor-Aktivitäten ziemlich schnell und die Indoor-Attraktionen füllen sich entsprechend; mit der richtigen Kleidung ist es jedoch kein Problem, Outdoor-Attraktionen auch bei Regen zu nutzen – und das bei geringeren Wartezeiten
- Premier Access Pass Ticket(s) kaufen (siehe *Das schlaue Buch*)
- Attraktionen als Single-Rider fahren (siehe *Das schlaue Buch*)
- den Besuch mit der Disneyland-App planen, in der man aktuelle Wartezeiten abrufen kann (Download kostenlos; Internetverbindung notwendig). Hier gibt es außerdem Informationen über geschlossene Attraktionen; Wartezeiten und Schließungen sind ebenfalls auf den Tafeln an der *Central Plaza* bzw. vor dem *Tower of Terror* ausgewiesen
- Wartezeiten direkt an den Attraktionen beobachten. Die dort angegebenen Wartezeiten passen in der Regel sehr gut, außer es kommt zu technischen Problemen oder größere Gruppen drängeln sich vor

- Zu guter Letzt: Toiletten links neben der City Hall oder nach dem Ausgang des Disneyland® Park nutzen – diese sind nicht gut ausgeschildert und daher oftmals ohne lange Warteschlange nutzbar.

Paraden, Shows und saisonale Events in den Parks

In beiden Parks gibt es neben den rund 60 Attraktionen ein buntes Angebot an wunderschönen, liebevoll und hochwertig umgesetzten Paraden, Shows und Events. Diese finden teilweise saisonal, teilweise ganzjährig statt. Aktuelle Shows und Paraden sowie die jeweiligen Zeiten können der offiziellen App entnommen werden.

Die Paraden und Shows sind im Eintrittspreis enthalten. Der Besuch von (Musik-) Events und anderen Sonderveranstaltungen erfordert in der Regel ein kostenpflichtiges Zusatzticket.

Fun Fact: Seit der Eröffnung im Jahr 1992 haben mehr als 35.000 Paraden und Live-Shows stattgefunden.

Paraden und Shows:

Disney® Stars on Parade

Besonders schön ist die tägliche, große Parade am Nachmittag. *Stars on Parade* präsentiert die Paradewagen, die zum Jubiläum 2017 komplett neu konzipiert wurden und seitdem die Gäste erfreuen. Ein Highlight jagt das nächste in dieser Show, in der beliebte Disneyfilme auf Paradewagen gefeiert werden. Insbesondere der imposante Drache bringt Gäste zum Staunen. Insgesamt bahnen sich (wetterabhängig) bis zu neun Paradewagen ihren Weg entlang der Paradestrecke. Die Wagen werden von farbenfrohen Fußgruppen begleitet, die ausgelassen tanzen und Kunststücke vorführen. Die Fußgruppen der Parade(n) sind nur aus den vorderen Reihen gut zu sehen. Kleine Besucher werden nach Möglichkeit einbezogen.

Die Parade beginnt im Fantasyland© und endet am Ende der Main Street U.S.A.® auf dem Town Square. Die genaue Route der Parade kann man dem offiziellen Parkplan entnehmen.

Disney® Dreams

Ein Highlight eines jeden Aufenthalts ist die abendliche Show Disney® Dreams, die zur Parkschließung am Schloss aufgeführt wird. Die Show ist ein musikalisches und visuelles Meisterwerk, bei dem Film-Sequenzen aus aktuellen Filmen und Klassikern an das Schloss projiziert werden. Wasserspiele, Laser, Fontänen und Feuerwerk sowie Drohnen runden das Spektakel ab.

Tipp: Für einen guten Platz empfiehlt es sich, sowohl für die Parade als auch für die abendliche Show mindestens eine Stunde vorher nach einem passenden Platz zu suchen und diesen entsprechend zu besetzen.

Hinweis: Ausfälle oder Änderungen bei schlechten Witterungsverhältnissen sind möglich. Außerdem kann es sein, dass Shows und Paraden im Zuge besonderer Hygienemaßnahmen nicht oder nur spontan stattfinden können.

Fun Facts: Von der Idee bis zur Fertigstellung eines Paradewagens vergehen in der Regel 18 Monate. Zusätzlich zu Musik und Tanz wird während der Paraden mit Geruchstoffen gearbeitet, um eine besondere Stimmung zu zaubern.

Die Dächer des Schlosses sind mit LED-Technologie ausgestattet und leuchten synchron zur Musik. Durch energieeffiziente Laser-Videoprojektoren konnte der Energieverbrauch deutlich reduziert werden.

Events

Magical Pride in Disneyland® Paris

Auch bei Disney® wird Vielfalt großgeschrieben: Eine bunte Parade zu Ehren der LGBT+ Community macht den Walt Disney Studios® Park einmal im Jahr noch bunter. Bis in die Nacht hinein ist der Themenpark geöffnet und lädt, unterstützt von internationalen Special Guests, zum Tanzen und Feiern ein. Für das Magical Pride-Event benötigt man ein kostenpflichtiges Zusatz-Ticket.

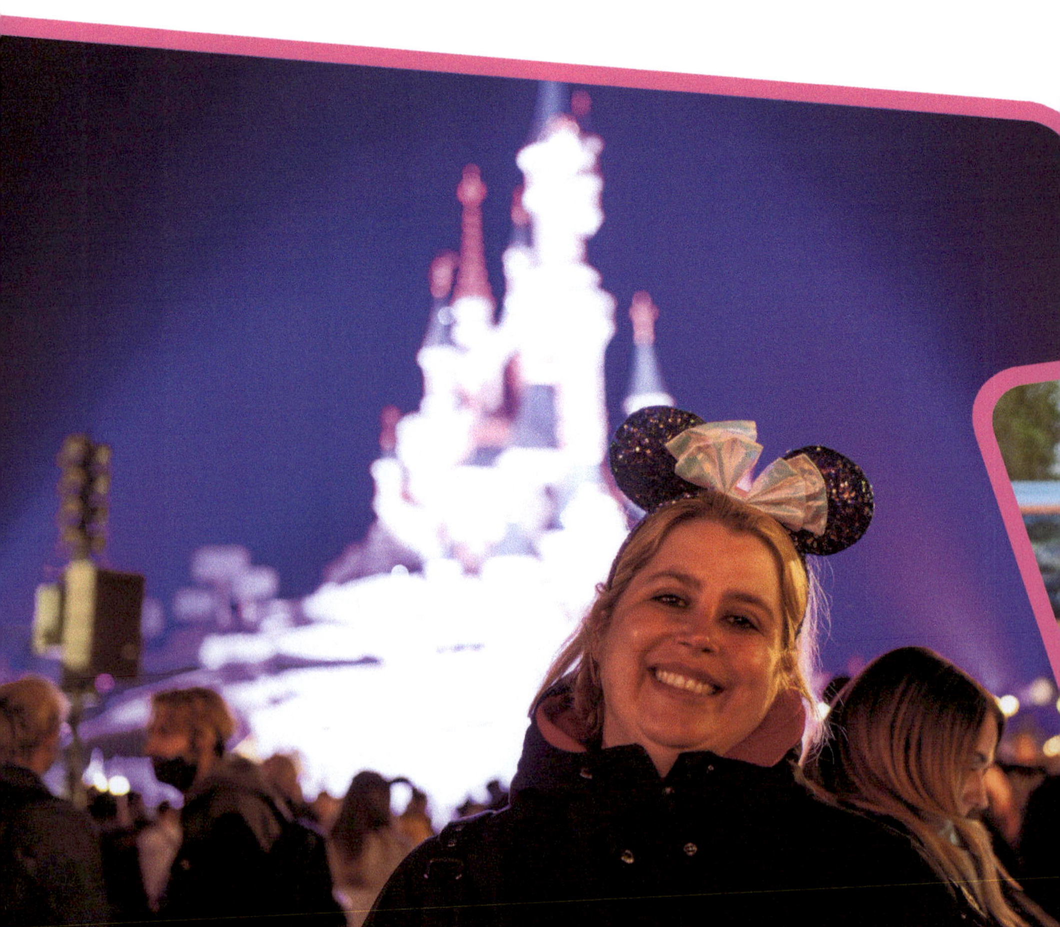

Le Rendez-vous Gourmand

Fast das ganze Jahr hindurch können sich Gäste im Walt Disney Studios® Park durch Spezialitäten europäischer Küche probieren. In kleinen Holzhütten werden Speisen und landestypische Getränke verkauft, die Lust auf den nächsten Urlaub machen oder Erinnerungen wecken – oder beides.

Disney's Halloween Season

Den ganzen Oktober hindurch wird im Disneyland® Park Halloween gefeiert. Quasi über Nacht ziehen freundliche Geister und spezielle Herbst- und Halloween-Deko entlang der Main Street U.S.A.® und im Frontierland ein und verbreiten gute Laune. Durch spezielle Shows, Paraden und Partys wird Halloween neben Weihnachten zur buntesten Jahreszeit.

Hinweis: Falls eine Abendveranstaltung stattfindet (die große Halloween-Party wird dann natürlich am 31.10. gefeiert) benötigt man zusätzliches, kostenpflichtiges Ticket.

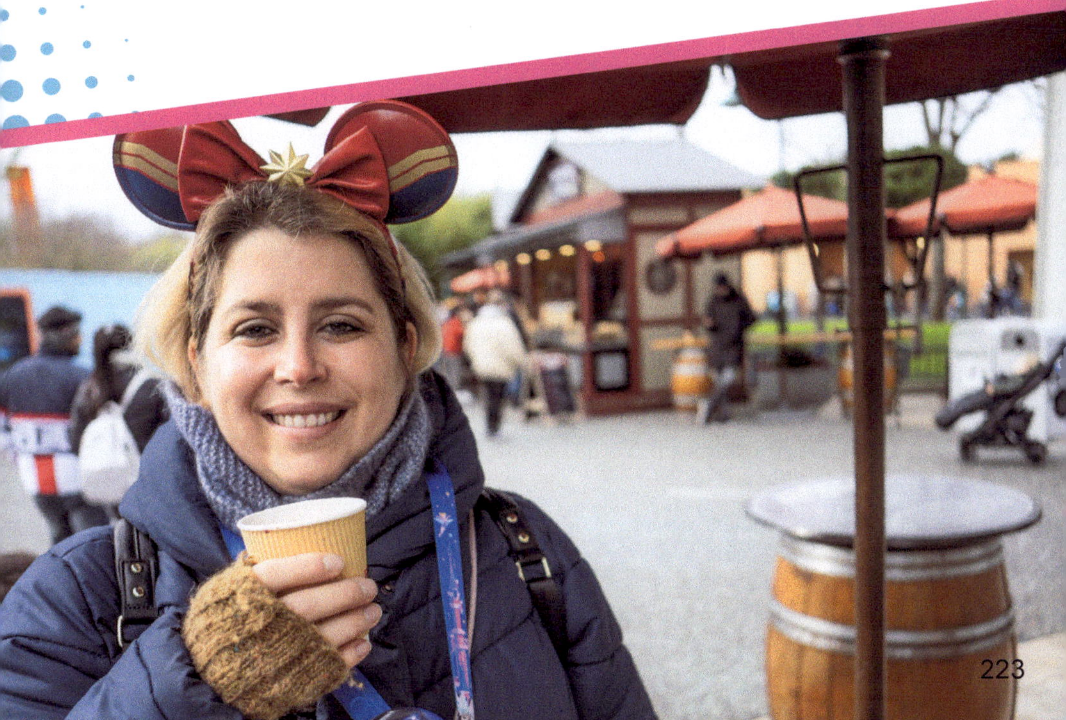

Tipp: Die Halloween-Saison endet offiziell am 31.10., jedoch ist die Deko bis in die erste November-Woche hinein zu bestaunen.

Weihnachten

Weihnachten ist eine besonders festliche Zeit in Disneyland® Paris. Gefeiert wird von Mitte November bis Anfang Januar mit speziellen Shows und Paraden, die nur zur Weihnachtszeit aufgeführt werden, sowie mit festlicher Deko in vielen Teilen der Parks die einen ganz besonderen Zauber entstehen lässt. Jeden Abend wird der Weihnachtsbaum (zum Glück mehrmals) auf der Main Street U.S.A.® im Disneyland® Park in einer festlichen Zeremonie illuminiert – einfach magisch.

Die Weihnachtsparade *Mickey's Dazling Christmas Parade* versetzt kleine und große Gäste ins Staunen. In fünf festlich dekorierten und beleuchteten Paradewagen rollen Micky und seine Freunde über die Paradestrecke. Begleitet werden sie von Tinkerbell und festlich gekleideten Disney-Prinzessinnen. Stargast ist der Weihnachtsmann höchstpersönlich. Lichtprojektionen an den Fassaden entlang der Paradestrecken runden das festliche Weihnachtsspektakel ab.

Fun Fact: Die Weihnachts-Deko im gesamtem Resort umfasst ungefähr rund zehn Kilometer Girlande, 12.000 Ornamente und 80 Weihnachtsbäume. Auch die Disney-Hotels sind wundervoll weihnachtlich geschmückt und auch musikalisch komplett auf Weihnachten eingestimmt.

Silvester

Selbstverständlich wird in Disneyland® Paris das alte Jahr standesgemäß verabschiedet und das neue Jahr mit einer großartigen Show und Feuerwerk begrüßt. Es ist ein besonderes Erlebnis, mit vielen Menschen gemeinsam den Countdown für das Neue Jahr herunterzuzählen! Zudem haben die Attraktionen bis tief in die Nacht hinein geöffnet.

Sofern keine Silvesterparty (31.12) stattfindet hat der Park über Mitternacht hinaus geöffnet. Für eine Party benötigt man ein zusätzliches, kostenpflichtiges Ticket. Mindestens einer der beiden Parks steht dann jedoch auch ohne Zusatzticket zur Verfügung oder man wechselt ins Disney® Village.

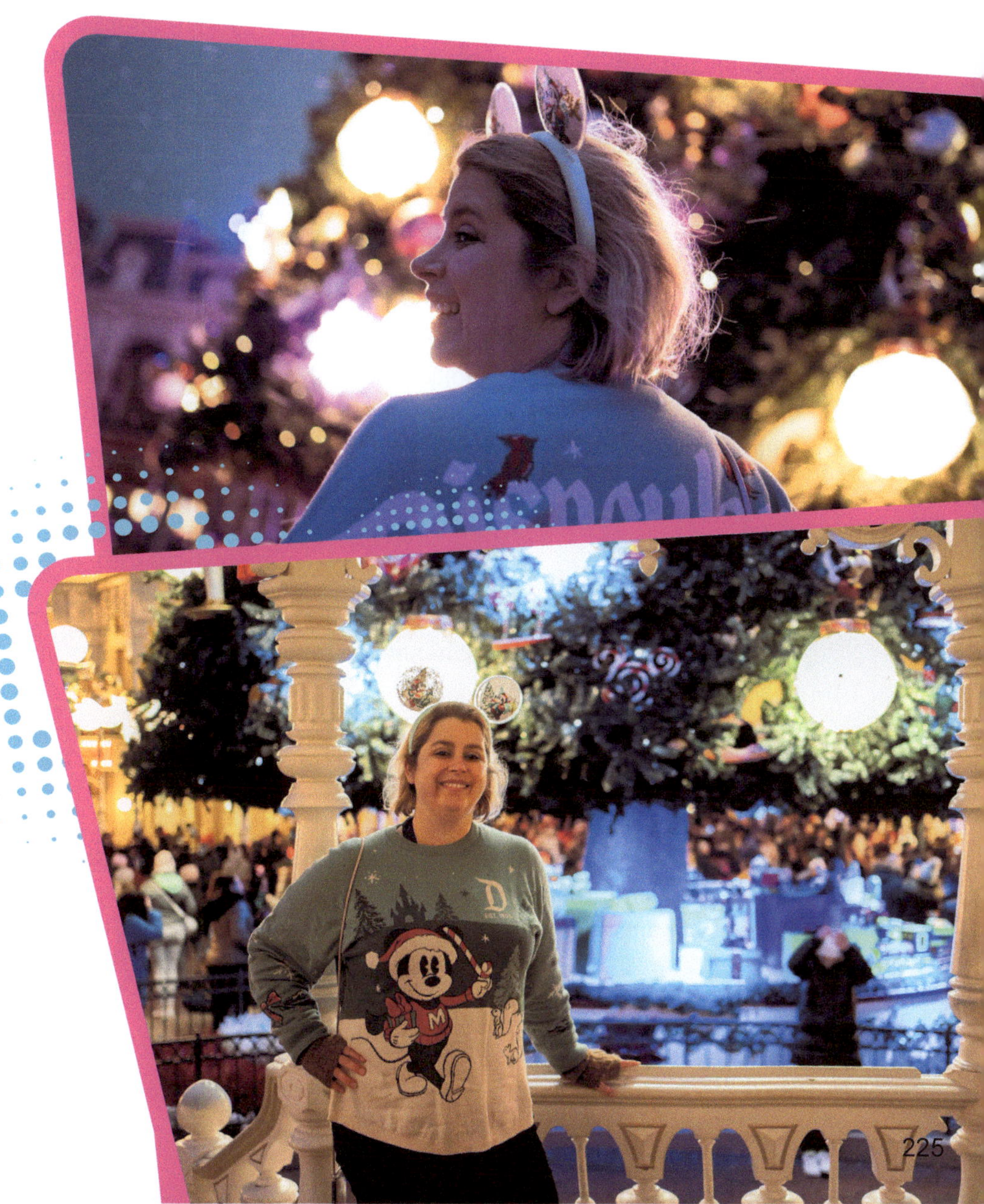

Besondere Anlässe und Feiertage

In Disneyland® Paris kommen viele Nationen und dadurch auch verschiedene Feiertage und Bräuche zusammen – Grund genug, besondere Anlässe und Feiertage neben den großen, internationalen Feiertagen entsprechend zu würdigen oder sogar zu feiern:

- Valentinstag (14. Februar): Disney®-Filme mit ihrem immerwährenden *Happily ever after* wären nicht Disney®, wenn der Valentinstag nicht entsprechend gefeiert werden würde
- Wales-Day (Anfang März): Feiertag des britischen Landes Wales
- Weltfrauentag 8. März – besondere Events und kleine Geschenke für Frauen
- Saint Patrick‘s Day (17. März): Mit vielen liebevoll gestalteten Events zollt Disney® der irischen Tradition Tribut: Es gibt spezielle Shows in den Parks und als Highlight zum Abend erstrahlt das Schloss in Grün – ein grünes „irisches Feuerwerk“ inklusive
- Star Wars™-Tag: 4. Mai – May 4th (the force) be with you
- Muttertag (Mai)
- Fête Nationale (französischer Nationalfeiertag, 14. Juli): An diesem Tag ist in ganz Frankreich Ausnahmezustand – so auch in Paris und in Disneyland® Paris.

Paris und Umgebung

Auch wenn der Besuch primär den Disneyland® Parks gilt, bietet sich auch ein Besuch in Paris oder einer der außerhalb des Resorts gelegenen Sehenswürdigkeiten an.

Städtetrip Paris

Ein Aufenthalt in Disneyland® Paris lässt sich wunderbar mit einem Besuch in Paris, der *Stadt der Liebe,* verbinden.

Paris liegt nur knapp 32 Kilometer entfernt und ist in unter einer Stunde mit öffentlichen Verkehrsmitteln (Metro & RER) direkt vom Bahnhof neben Disneyland Paris aus erreichbar. Infos zu Preisen und Abfahrtszeiten erhält man unter https://www.ratp.fr/en/ (Seite auf Englisch).

Disney® bietet außerdem organisierte Tagesausflüge an, die man bereits mit der Buchung des Aufenthalts, auf jeden Fall aber im Voraus, buchen kann. Zur Auswahl stehen verschiedene Angebote mit unterschiedlichstem Leistungsinhalten und Ausflugsdauer, beispielsweise ein *Tagesausflug nach Paris mit Bootstour* oder *Highlights von Paris*.

Natürlich kann man auch mit dem eigenen Fahrzeug in die Pariser Innenstadt fahren, muss dann allerdings tief für Parkgebühren in die Tasche greifen. Empfehlenswert ist der Anbieter Indigo (Vinci Park). Auf dessen Website kann man eine Übersicht der Parkhäuser im Zentrum von Paris finden. Leider ist die Website nur auf Französisch verfügbar. Unter „Trouver un parking" kann man die gewünschte Zieladresse oder eine Sehenswürdigkeit eingeben und erhält die Adresse der nahegelegenen Parkhäuser.

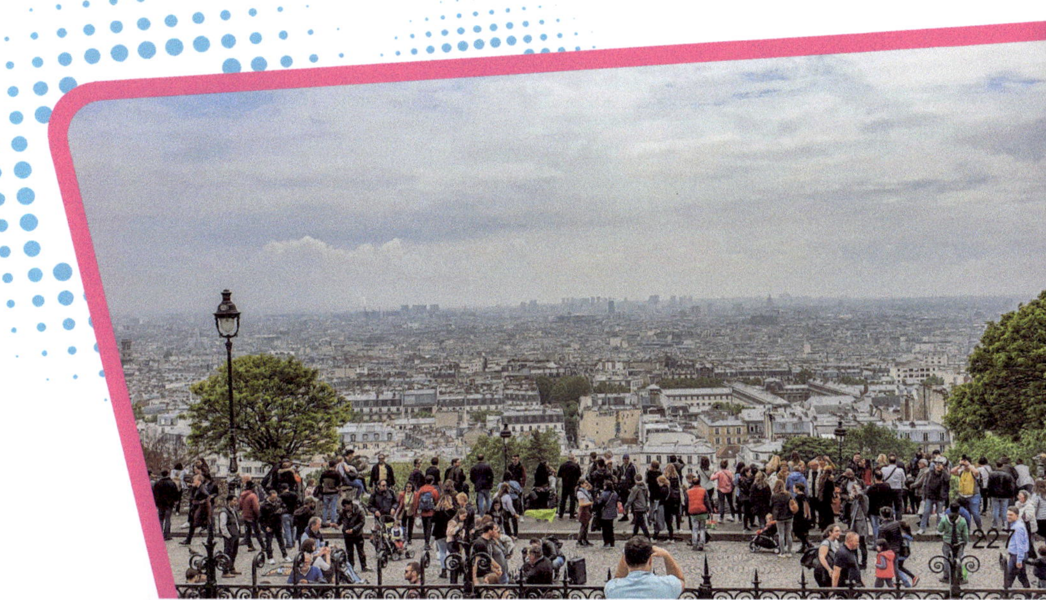

Außerdem ist eine *Crit'Air Vignette* (Umweltplakette) für das Fahrzeug notwendig. Nähere Infos gibt es unter https://www.certificat-air.gouv.fr/de/

Ninas Tipps: Neben Disney Village® befindet sich ebenfalls ein Parkhaus von Indigo, in dem die Tageshöchstpauschale 24 Euro kostet. Auto abstellen und dann mit den öffentlichen Verkehrsmitteln nach Paris reinfahren kann eine echte Alternative sein.

Wer die berühmte *Mona Lisa* im *Louvre* ohne Schlange und viele Menschen anschauen möchte, nutzt am besten die direkten Tage vor Weihnachten. Die beiden Parks und die Geschäfte in Paris sind voll, die Sehenswürdigkeiten jedoch eher leer.

Shopping in Marne-la-Vallée

In der Shoppingmall *La Vallée Village Chic Outlet Shopping®* und dem *Centre Commercial Val d'Europe* kommen Shoppingfans voll auf ihre Kosten: Rund 190 Shops und 30 Restaurants bieten alles, was das Shopping-Herz begehrt. Hinter dem *Centre Commercial Val d'Europe* verbirgt sich eine große Indoor-Shoppingmall, in der sich u. a. ein Supermarkt sowie ein riesiger Primark befinden. Das *La Vallée Village Chic Outlet Shopping®* ist eine Outdoor-Mall, in der Designer-Kleidung zu reduzierten Preisen angeboten wird.

SEA Life Aquarium

Im *Sea Life Aquarium* finden sich Aquarien mit heimischen und tropischen Fischen, begehbare Haitunnel, ein Touchpool und das *Antarctic Adventure* mit Esels- und Kaiserpinguinen.

Der Eintritt kostet ab 13,80 Euro für Erwachsene und ab 11,40 Euro für Kinder. Kinder unter Jahren haben kostenlosen Eintritt. Es gibt verschiedene Rabattmöglichkeiten, u.a. für online gekaufte Tickets und an bestimmten Wochentagen. Ein Preisvergleich über die Website lohnt sich.

Golf Paris Val d'Europe

Fans des gehobenen Ballsports werden fündig: Der 27-Loch-Golfparcours mit dem angeschlossenem Clubhaus bietet alles, was das Spielerherz begehrt. Der Golfparcours ist an sieben Tagen in der Woche geöffnet; Ausrüstung kann vor Ort geliehen werden. Die Anlage liegt in Magny-le-Hongre. Im Clubhaus werden leckere Sandwichs, Salate und Hauptgerichte für den gehobenen Anspruch serviert.

Disney® zum Nachlesen und Nachschauen

- *Alice im Wunderland* von Lewis Carrol und in der Realverfilmung von Tim Burton (2010)

- *Mary Poppins* als Roman von P.L. Travers und der Film *Saving Mr. Banks* (2013) von John Lee Hancock Jr.: Wer sich mit dem Schaffen und Werk von Walt Disney näher beschäftigen möchte, dem sei der Film *Saving Mr. Banks* empfohlen. Hier wird die Entstehungsgeschichte eines Disney®-Films am Beispiel von Mary Poppins eindrucksvoll nachgezeichnet. Ganz nebenbei erfährt man Interessantes über Walt Disney und die Autorin von Mary Poppins, P.L. Travers

- *Peter Pan* als Roman von J.M. Barrie und der Film *Wenn Träume fliegen lernen* von Marc Forster (2004) über die Entstehungsgeschichte von Peter Pan

- Buch *Imagineering – A Behind the Dreams Look at Making More Magic Real* von The Imagineers (für echte Fans).

Weiterführende Links im Ent-Net (Internet)

- *www.disneylandparis.de* Offizielle Website Disneyland® Resort Paris, deutsche Version

- *www.dein-dlrp.de* Größte deutschsprachige Community, die mit viel Liebe betreut wird. Aktuellere Informationen gibt es kaum

Podcasts zu Disney® und Disneyland® Paris:

- *Mausgebabbel* – hörenswerter Podcast von Jens und Maribel, die regelmäßig über News aus Disneyland Paris berichten und gerne einen Blick über den großen Teich werfen

- Podcast *Feenstaub & Mauseohren* - Spinatmädchens Podcast zu aktuellen Disney® Filmen und News und Hintergrundinformationen rund um die Disney® Resorts weltweit

- Podcast *Sei hier Gast* – News und Special Guests rund um das Thema Disney® mit Shari und Franzi

Disney® Ziele weltweit

Disneyland® Resort Paris ist der einzige Disney®-Themenpark in Europa. Weltweit gibt es jedoch insgesamt sechs Resorts, die sich auf den nordamerikanischen und den asiatischen Markt fokussieren:

Nordamerika	Disneyland® Resort Anaheim, Kalifornien (1955)	Walt Disney World Resort Orlando, Florida (1971)
Japan	Tokyo Disney Resort (1983)	
Europa	Disneyland® Resort Paris (1992)	
China	Hong Kong Disneyland® Resort (2005)	Shanghai Disney Resort (2015)

Nach der Eröffnung des Disney® Resorts in Shanghai ist vorerst kein neues Resort in Planung. Fans von Kreuzfahrten und solche, die es werden wollen, sollten sich eine Kreuzfahrt mit einem der Schiffe der Disney®-Flotte nicht entgehen lassen.

Walt Disney – Genie und Visionär

"It was all started by a mouse."[13]

Ohne ihn und seine visionären Ideen würde es heute keines der Disney®-Resorts geben: Walter Elias Disney (1901-1966) ist die Vergangenheit, Gegenwart und Zukunft von Disney®. Mit seinen Ideen und Visionen schuf er etwas Einzigartiges, das schon zu seinen Lebzeiten zukunftsweisend war. Es ist dieses Streben nach Perfektionismus, das Disney®-Produktionen bis heute auszeichnet und Maßstäbe setzt.

Er selbst wusste schon früh, wohin ihn sein beruflicher Weg führen sollte. Zu Beginn selbst noch Zeichner, erkannte er schnell, dass er für perfekte Leistung die Besten ihres Faches engagieren musste, damit die Werke seinen eigenen hohen Ansprüchen genügen konnten. Zusammen mit seinem Bruder Roy Disney® erschuf er auf den Schultern einer kleinen Maus ein Imperium, das bis heute Milliardenumsätze generiert.

Walt Disney hat den Trickfilm aus seiner Nische befreit und mit dem ersten abendfüllenden Zeichentrickfilm *Schneewittchen und die sieben Zwerge* aus dem Jahr 1937 Filmgeschichte geschrieben. Bis heute gelten Disney®-Produktionen als Garant für hochwertige Zeichentrick- und Animationsfilme, die damals wie heute weltweit ein großes Publikum begeistern.[14]

Mit den Vergnügungsparks hat Walt Disney Orte erschaffen, an denen kleine und große Menschen ihre Sorgen und Nöte für die Dauer ihres Aufenthalts vergessen können. Sich selbst hat er mit dem Bau des ersten Disney®-Themenparks in Anaheim, Kalifornien, einen Traum erfüllt und hatte bis zu seinem Tod eine ganz besondere Verbindung zu *seinem* Freizeitpark. Zeitweise wohnte er mit seiner Familie dort sogar – in einer

13 Dokumentarfilm „Walt Disney - Der Zauberer", Dokumentarfilm, USA 2015
14 vgl. Dokumentarfilm „Walt Disney - Der Zauberer", Dokumentarfilm, USA 2015

Wohnung über der Feuerwache am *Town Square*. Seine Anwesenheit wurde durch eine eingeschaltete, gut sichtbare Lampe im Fenster angezeigt. Bis heute wird diese Lampe nie gelöscht, um zu symbolisieren, dass Walt Disney® und seine visionären Ideen im Park auch heute noch allgegenwärtig sind.

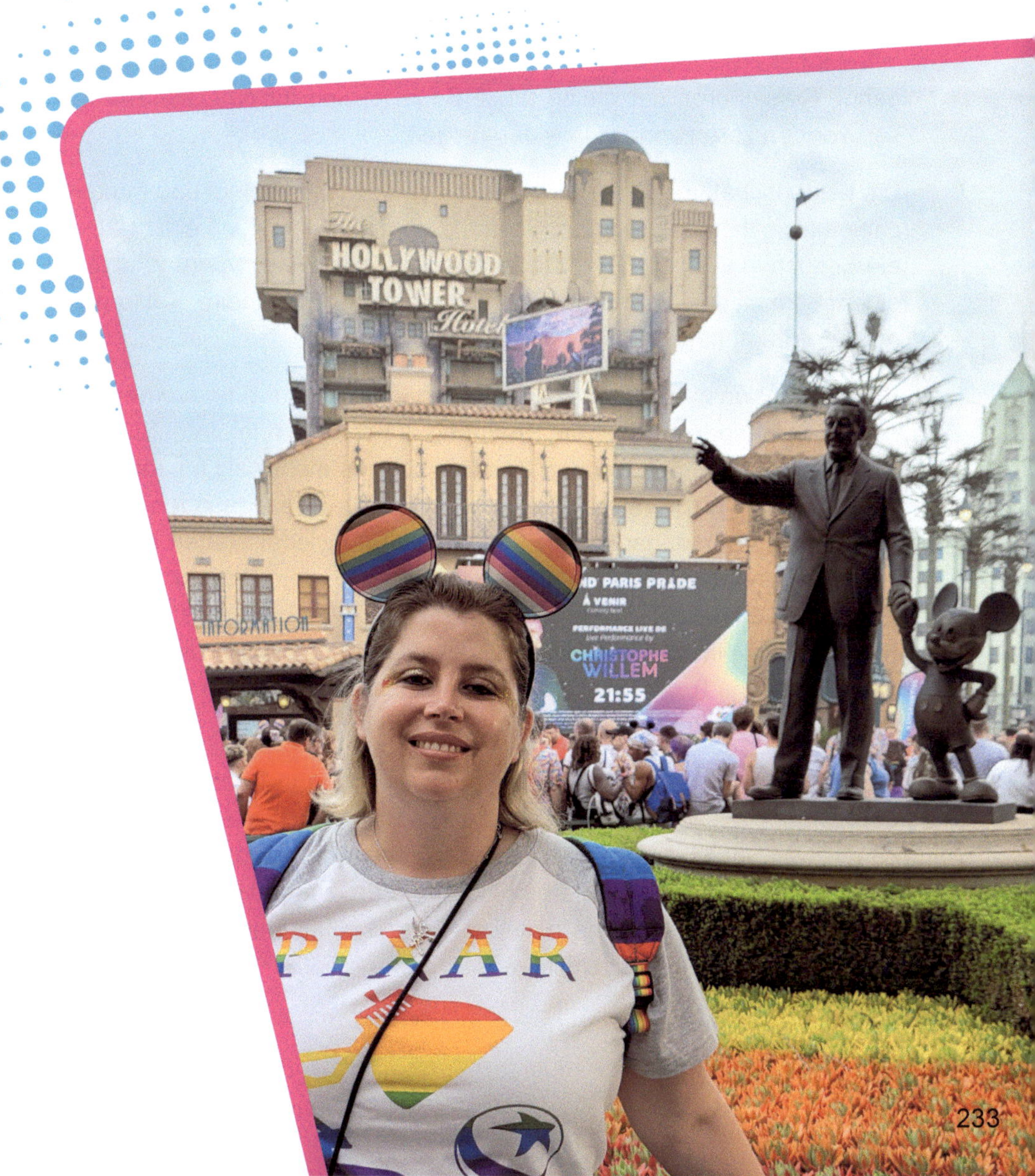

Zur Autorin und der Entstehungsgeschichte des Reiseführers

Wenn ich mich nicht gerade in Frankreich oder einem anderen schönen Land dieser Erde aufhalte, schreibe und erzähle ich Geschichten und lebe in der Nähe von Darmstadt. Neben „quack"igen Kinderbüchern, spannenden Kurzgeschichten und einem regionalen Krimi entstand in jahrelanger Recherchearbeit dieser mittlerweile in der 3. Auflage vorliegende Reiseführer, der meine totale Begeisterung für das Disney©-Resort vor den Toren von Paris widerspiegelt.

Die Leidenschaft für Disney© wurde mir in die Wiege gelegt und mütterlicherseits zeitlebens gefördert. So stand bereits in jüngsten Lebensjahren ein Besuch in Walt Disney World Resort in Orlando an, während ich von einem Besuch des ursprünglichsten Disneyparks in Anaheim, Kalifornien, noch geträumt habe.

Bis dieser Wunsch im Jahr 2008 endlich in Erfüllung ging, wurden Disney©-Themenparks durch die Eröffnung in Frankreich im Jahr 1992 nun erheblich einfacher erreichbar. Seitdem geht es mehrmals im Jahr nach Disneyland® Paris, entweder mit meiner Familie oder Freunden, um der gemeinsamen Leidenschaft zu frönen. Hin und wieder stehen auch Besuche in den amerikanischen Disney©-Parks auf dem Programm, wobei Disneyland© Paris nach wie vor die Nummer eins für mich ist. Wenn es dort eine Suite im Schloss wie im Cinderella Castle in Walt Disney World gäbe, wäre das Resort perfekt, denn meiner Meinung nach ist das Pariser Schloss das schönste Disney©-Schloss weltweit.

Wenn neben all dem noch Zeit bleibt, sind mein Mann Torsten und ich mit der Kamera auf Motivsuche. Und dann sind da noch die Meerschweinchen sowie unsere adoptierten, leicht mürrischen Katzen Cleo und Patra (Achtung Wortspiel). Die Vierbeiner ziehen es jedoch vor, nicht mit uns auf Reisen zu gehen, sondern bleiben betreut in unserem Fachwerkhaus und warten auf neue Geschichten.

Ein besonderer Dank geht an meine Disney-Freunde, die für Fotos posiert haben und mit Rat und Tat zur Seite standen. Doch ohne den unermüdlichen Support meiner Mutter und meines Mannes, der für den unfassbar aufwändigen Satz dieses Reiseführers und die Fotos verantwortlich ist, würde es diesen Reiseführer nicht geben. Danke, dass es Euch gibt!

Bei Fragen und Anregungen freue ich mich auf Eure Nachrichten, gerne auch bei Instagram!

Eure Nina Friedrich

P.S.: Zum Abschluss noch ein ganz persönlicher Tipp: Für mich ist es das Schönste, Abends durch die einzelnen Themenländer zu schlendern und die besondere Lichtstimmung zu genießen - besonders in den Abendstunden sind die Attraktionen wunderschön beleuchtet und laden zum Träumen und verweilen ein.

@NINAS_ZAUBERHAFTE_REISEN

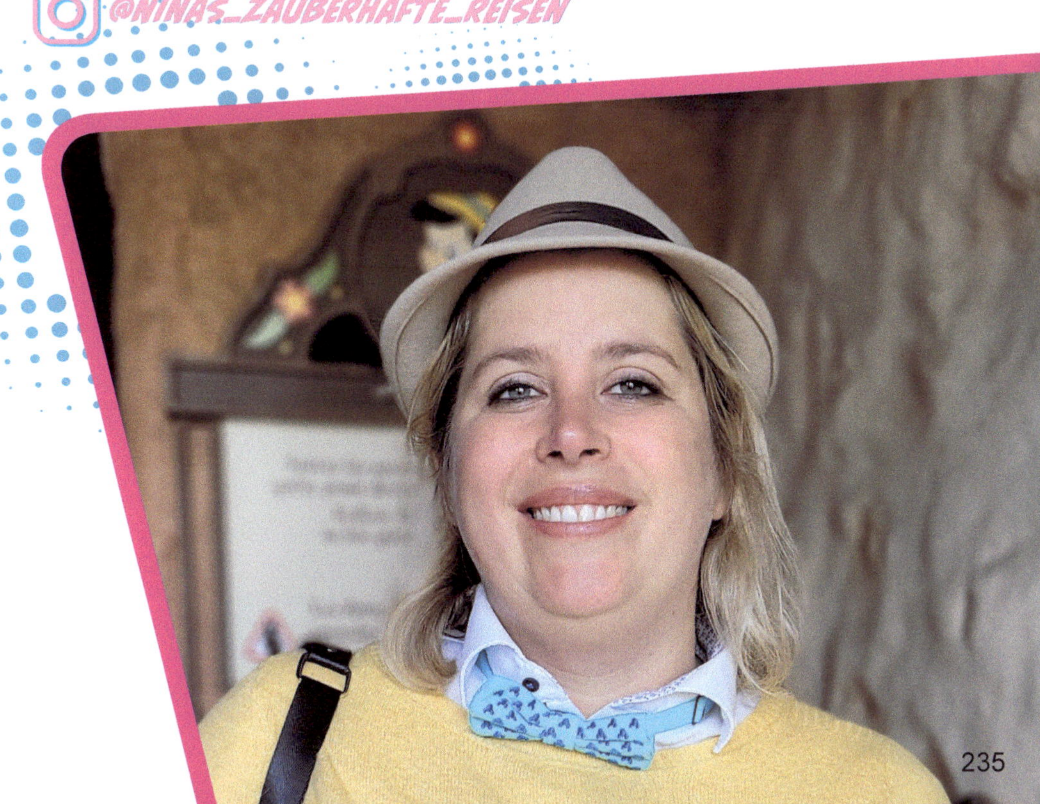